Introducción al Antiguo Testamento

Introducción al Antiguo Testamento

Segunda parte: Job a Malaquías

Donald D. Turner

Introducción al Antiguo Testamento: Segunda parte: Job a Malaquías por Donald D. Turner.

Diseño gráfico: Nicholas G. Richardson

EDITORIAL PORTAVOZ
P. O. Box 2607
Grand Rapids, Michigan 49501 USA.

Visítenos en: www.portavoz.com.

ISBN 0-8254-1753-8

1 2 3 4 5 edición/año 03 02 01 00 99

Printed in the United States of America

Cómo matricularse en la Academia Cristiana del Aire

Este tomo es el texto del curso por correspondencia de la Academia Cristiana del Aire. Si lo prefiere, puede leer y estudiar este material por sí mismo o en grupo sin ningún contacto con la Academia. Pero si quiere este curso y rendir los exámenes para obtener los certificados y el diploma que ofrece la Academia, tiene que matricularse. Hay un pequeño costo por la inscripción. Para pedir más información, escríbanos a:

Academia Cristiana del Aire
Apartado 50
San Juan, Texas 78589
EE.UU.

La Academia Cristiana del Aire es un ministerio de...

P.O. Box 39800 □ Colorado Springs, Colorado □ 80949-9800 □ EE.UU.

Contenido

Introducción al Antiguo Testamento - 2

Prefacio

El estudio de la Palabra de Dios es sumamente importante para el hijo de Dios y su sana vida espiritual. El estudio de su Palabra vale muchísimo. No sólo por conocer mejor a Dios, sino por recibir tanto valor práctico en esta vida. *"Toda la Escritura es inspirada por Dios, y útil para enseñar, para redargüir, para corregir, para instruir en justicia, a fin de que el hombre de Dios sea perfecto, enteramente preparado para toda buena obra". (2 Ti. 3:16-17)* Por esta razón se ha dedicado este volumen.

Esta serie de libros de la "Academia Cristiana del Aire" son los textos de los cursos por correspondencia ofrecidos por este ministerio. Toda la serie incluye libros de doctrina, exposición y prácticas bíblicas a un nivel superior. El lector puede leerlos y estudiarlos por sí mismo o en grupo y/o estudiar los textos y cumplir con los exámenes de la Academia para recibir los certificados y el diploma. Para matricularse en la Academia, véase la página titulada así.

Estos libros han sido parte del estudio bíblico de miles de personas desde el principio de la Academia Cristiana del Aire. Esta Academia fue fundada por los doctores Donaldo Turner y Alan H. Hamilton en 1949 como parte del ministerio de HCJB, La Voz de los Andes en Quito, Ecuador. Es un ministerio mundial por radio de onda corta. La Academia fue iniciada para realizar una visión, del fundador de HCJB, el doctor Clarence Jones, de enseñar la Biblia a través de la radio.

Este tomo fue escrito por Francisco Cook, colaborador del doctor Turner. Francisco Cook nació de padres misioneros en la República Argentina en enero de 1916. Después de haber pasado su primera juventud en la Argentina, fue llevado por sus padres a Canadá donde siguió sus estudios teológicos en el Seminario Bautista de Toronto. Después de servir a Dios en Bolivia por unos ocho años, acepó el llamado del Señor Jesucristo para servirle en el Ecuador en la obra de la radio emisora evangélica, HCJB, La Voz de los Andes. Después de muchos años sirviendo a Dios en esta obra misionera por varios papeles significados, el hermano Cook pasó a la presencia del Señor en febrero dc 1995.

Es la oración de todos quienes han colaborado en este libro, que reciba usted bendiciones grandes y ricas por estudiar la Palabra de Dios y que este libro le sea de mucha ayuda.

Phillip "Felipe" Leach
Editor de la segunda edición

Lección 1

INTRODUCCIÓN GENERAL A LOS LIBROS POÉTICOS

BOSQUEJO

A. Su fidelidad a la verdad

El Señor Jesucristo, Poeta Divino, usó las palabras del salmista para expresar Sus más íntimos sentimientos, cuando estaba en la cruz y exclamó: "Dios mío, Dios mío, ¿por qué me has desamparado?" (Mr. 15:34). También dijo en Lucas 24:44 que los Salmos hablan de Él.

B. Su uso en la historia

Una tercera parte del Antiguo Testamento está escrita en forma de poesía. La poesía hebrea es siempre fiel a la Ley y a la doctrina, especialmente a la de la unidad de Dios. En forma de poesía los hebreos celebraban sus victorias en las batallas, los patriarcas bendecían a sus hijos, y endechaban la muerte de sus héroes. Los Salmos fueron usados en el culto del Templo para alabar a Dios.

C. Sus características

La característica sobresaliente de la poesía hebrea es el uso de paralelismos que se dividen en tres formas: antitética, sinónima y sintética. Debido a que la poesía hebrea consta de un ritmo o correspondencia de ideas más que de sonidos, se presta fácilmente para la traducción a otros idiomas sin perder mucho de su belleza original.

LECCIÓN 1

Introducción general a los libros poéticos

Es el Señor Jesucristo, el Mesías, el que ha servido de inspiración para muchísimas poesías. Muchas de sus enseñanzas han sido citadas y consideradas con suma autoridad. Además, se ha contado la obra de Jesucristo más que cualquier otra historia.

Dios tuvo más complacencia en Su Hijo amado que en Job; fue Él el que inspiró los Salmos mesiánicos. Jesucristo fue más sabio que Salomón y digno de mayor honra. Él es el que satisface el alma más que todas las experiencias del que habló el predicador de Eclesiastés. Él es el que inspira el más puro y fuerte amor que aquel que se encuentra en el Cantar de los Cantares. Es Él el que pronunció el discurso más grande llamado el "Sermón del Monte", el cual comienza con las incomparables "bienaventuranzas" y termina con la ilustración de las dos casas, una edificada sobre la roca y la otra sobre la arena y que fueron probadas por las lluvias, los ríos y los vientos. Ciertamente este predicador tenía el alma de poeta más grande que el mundo jamás haya conocido. No es de extrañarse, entonces, que el Señor varias veces haya citado pasajes de los Salmos y que haya expresado sus sentimientos íntimos en las palabras del salmista (compare Sal. 22:1 con Mr. 15:34, etc.). Recordemos además, que Jesús mismo dijo que los Salmos hablaban de Él (Lc. 24:44).

Luego de considerar brevemente otras facetas del Señor Jesucristo, entraremos al estudio de los libros poéticos. La poesía hebrea tiene algunas características que no sólo se limitan a los cinco libros que llamamos poéticos, sino que también incluyen a los libros proféticos que en su mayor parte son escritos en forma de poesías, o como algunos los llaman, en prosa poética.

Los hebreos consideraban sólo tres libros poéticos, a saber: Job, Salmos y Proverbios. Y en realidad, estos tres tienen un estilo más estrictamente poético que los otros libros que nosotros denominamos también poéticos. Estos libros tienen un ritmo de cláusulas con un sistema peculiar de acentuación. En este sentido, si tomamos en cuenta la prosa poética de los profetas podemos decir que una tercera parte del Antiguo Testamento es poesía.

A. Su fidelidad a la verdad

La poesía hebrea se distingue de la de otras naciones por la expresión de su conocimiento del único Dios verdadero que existe en el mundo. Se puede decir entonces que es una poesía original y viva, con pensamientos, ideas, comparaciones y verdades sencillas y profundas, expresadas en un lenguaje que logra elevarnos a reflexiones sublimes, con escritos tan majestuosos que sólo Dios pudo haberlos inspirado. Junto con esto está el hecho de que la poesía, con tanta variedad entre una parte y otra, se muestra siempre fiel a la Ley de Dios y a la verdad acerca del único Dios, Jehová, quien siempre está presente con todo Su poder, guiando al pueblo en su diario vivir. La vida del pueblo es reflejada en la poesía hebrea.

Al estudiar estos libros encontraremos referencias a los eventos sobresalientes en la historia del pueblo, las cuales resultan ser alusiones dignas de confianza, verídicas y fieles a los hechos. Si encontramos un detalle agregado al relato de los libros históricos, debemos considerarlo como revelación con autoridad divina, y no simplemente como licencia poética. Por cierto, se debe dar lugar a la utilización del lenguaje figurado (como los "montes saltando"), el cual es usado también en la prosa literaria. Las declaraciones acerca del carácter de Dios son veraces y no producto de la imaginación del autor. Las palabras atribuidas al Señor son revelaciones fidedignas, y no simples mensajes que los escritores humanos decidieron utilizar para glorificar a Dios de ese modo.

También vemos que las profecías contenidas en los libros poéticos son verdaderos pronósticos inspirados por Dios. Sabemos que Cristo cumplió aquellas profecías que tenían que ver con Su primer advenimiento y de igual modo se han de cumplir aquellas que tienen que ver con Su segunda venida, cuando establezca Su reino (compare Sal. 41.9 con Jn. 13:18, etc., mientras que el Salmo 2 sigue pendiente en cuanto a su cumplimiento).

Pero, por encima de las enseñanzas doctrinales y las profecías de aquellos poemas hebreos, encontramos las expresiones más profundas del alma y experiencias con Dios (véase, por ejemplo, el Salmo 63). Es a través de la poesía que se reviste la vida religiosa cuya expresión en palabras y cantos acompañados de música, brotan del alma cuando la adversidad, el dolor, la victoria y todas las experiencias de la vida tañen las cuerdas del amor, la fe, y demás sentimientos del corazón humano. Es por esto que los salmos o cantos de los hebreos jamás envejecerán.

B. Su uso en la historia

En Génesis 4:23-24 encontramos el primer ejemplo de un canto preservado en forma escrita en la historia humana. Su tema es acerca de algo inmoral ya que el cantor se jacta de sus maldades y de su carácter vengativo. El séptimo hombre desde Adán a través de la línea de Set, fue Enoc, quien predicó en contra de las impiedades de los hombres (Jud. 14 y 15) y fue arrebatado sin ver la muerte (Gn. 5:24). Por otro lado, el séptimo hombre desde Adán a través de la línea de Caín fue Lamec, quien cantó acerca de su propia gloria como agresivo homicida y vengador. Noé también, en Génesis 9:25-27, profetizó en forma poética respecto a sus hijos.

Quizá la primera poesía hebrea fue la bendición de Isaac sobre sus hijos Jacob y Esaú en Génesis 27:27-29 y 39-40. También encontramos la profecía de Jacob respecto a sus doce hijos, los patriarcas o cabezas de las tribus de Israel (Gn. 49). Estos trozos, sin embargo, apenas merecen ser llamados poemas.

Más adelante encontramos en Éxodo 15 el canto de Moisés y el cántico de María. Estos son poemas hebreos que dan lugar a muchos Salmos y obras poéticas que la nación produciría para el deleite del mundo entero. Fueron inspirados por una victoria sobre los enemigos del pueblo, de modo que igual que muchos de los Salmos, son históricos. A éstos se les clasifica como líricos pero tienen algo de épico en cuanto a su estilo a pesar de que no son tan extensos. En estos cantos la gloria es atribuida a Dios, quien es llamado

Jehová, Jah (forma poética de Jehová), Señor y Dios. También abundan los paralelismos de modo que uno sabría que son hebreos sin conocer que fueron expresados por Moisés y su hermana. La copla de María (Ex. 15:21) se caracteriza por su espontánea expresión que atribuye la honra a Jehová.

Otros ejemplos de poesía hebrea fuera de los libros poéticos y proféticos son: el canto de Débora con Barac en Jueces 5; la oración o canto de Ana en 1 Samuel 2:1-10; el "cántico del arco" o lamento de David sobre Saúl y Jonatán en 2 Samuel 1:19-27, y sobre Abner en 2 Samuel 3:33-34; el cántico de liberación en 2 Samuel 22, que es el mismo Salmo 18; y las últimas palabras de David en 2 Samuel 23:1-7.

El uso de la poesía en la nación hebrea, sin embargo, correspondía al empleo de los Salmos en el culto. Por medio de ellos los judíos expresaban sus acciones de gracias a Dios y fueron el vehículo para alabar el Nombre y tributar honra y gloria a Jehová. A los Salmos 120 al 134 se les llama "Cántico gradual" o "Canción de las subidas" según la inspiración de cada uno. Muchos consideran que los peregrinos que subían de todas partes a Jerusalén para celebrar las fiestas cantaban estos salmos.

C. Características

Una de las características sobresalientes de la poesía hebrea es el paralelismo existente. Podemos dividirlo en tres formas: la antitética, la sinónima y la sintética. Cada forma admite muchas variedades y también a veces se combinan dos formas en un verso.

1. La forma antitética (lo que denota contraposición) consta de dos cláusulas, en donde una hace contraste con la otra aclarando así el significado de ambas. Por esto se adapta bien a la pedagogía o la enseñanza, y es muy usada en el libro de los Proverbios. He aquí algunos ejemplos:

El que ama la instrucción ama la sabiduría;
Mas el que aborrece la reprensión es ignorante (Pr. 12:1).

El peso falso es abominación a Jehová;
Mas la pesa cabal le agrada (Pr. 11:1).

La memoria del justo será bendita;
Mas el nombre de los impíos se podrirá (Pr. 10:7).

Porque Jehová conoce el camino de los justos;
Mas la senda de los malos perecerá (Sal. 1:6).

A veces hay dos cláusulas o frases en la primera afirmación y dos en la segunda, como en el Salmo 44:3:

Porque no se apoderaron de la tierra por su espada,
Ni su brazo los libró;
Sino tu diestra, y tu brazo,
Y la luz de tu rostro.

2. La forma sinónima (o que tiene semejante significado) en la que el mismo pensamiento general es repetido en dos o más cláusulas, es muy usada, pero se encuentra más a menudo en la poesía apacible y contemplativa. En algunos versos las cláusulas paralelas repiten la verdad idéntica en palabras distintas, mientras que en otros casos hay solamente una semejanza general. He aquí unos ejemplos:

Porque de Jehová es el reino,
Y El regirá las naciones (Sal. 22:28).

Oh Dios, acude a librarme;
Apresúrate, oh Dios, a socorrerme (Sal. 70:1).

Sean avergonzados y confundidos
Los que buscan mi vida;
Sean vueltos atrás y avergonzados
Los que mi mal desean (Sal. 70:2).

El testigo falso no quedará sin castigo,
y el que habla mentiras no escapará (Pr. 19:5).

En el Salmo 28:4 hay un verso compuesto de dos paralelismos dobles:

Dales conforme a tu obra,
y conforme a la perversidad de sus hechos;
Dales su merecido conforme
a la obra de sus manos.

Hay casos de paralelismos en los que las cláusulas llegan a ser tan numerosas que finalmente constituyen una enumeración de frases que más o menos tienen el mismo significado, como:

¿Para quién será el ay?
¿Para quién el dolor?
¿Para quién las quejas?
¿Para quién las heridas en balde?
¿Para quién lo amoratado de los ojos? (Pr. 23:29).

También véase Eclesiastés 12:1-7.

A veces las cláusulas paralelas son precedidas o seguidas por una frase corta, como en el siguiente ejemplo:

Jehová, no se ha envanecido mi corazón,
Ni mis ojos se enaltecieron;
Ni anduve en grandezas,
Ni en cosas demasiado sublimes para mí (Sal. 131:1).

Bienaventurado el varón que no anduvo en
consejo de malos,
Ni estuvo en camino de pecadores,
Ni en silla de escarnecedores se ha sentado (Sal. 1:1).

Los Salmos 146 al 150 empiezan y terminan con la palabra ¡Aleluya! (que quiere decir "Alabad a Jehová"), mientras que cada Salmo es una lista de instrucciones sobre cómo alabar a Dios.

3. La tercera forma de paralelismo es la sintética (palabra griega que significa "reunida" o "juntada"). Bajo esta forma, una cláusula es necesaria para explicar el significado de la otra. La relación de la cláusula con la otra puede ser de comparación, o de causa y efecto, o de aclaración. A veces tal relación es sobreentendida y no expresada. Por ejemplo:

La insensatez del hombre tuerce su camino,
Y luego contra Jehová se irrita su corazón (Pr. 19:3).

Jehová es mi pastor;
Nada me faltará (Sal. 23:1).

No te jactes del día de mañana,
porque no sabes qué dará de sí el día (Pr. 27:1).

Mejor es reprensión manifiesta
Que amor oculto (Pr. 27:5).

Hay varias combinaciones de estas tres formas de poesía hebrea, creando versos bien variados y agraciados. En el Salmo 103:11-13 encontramos tres paralelismos sintéticos (una cláusula dependiente de la otra) los cuales forman un paralelismo sinónimo (de igual significado) triple:

Porque como la altura de los cielos sobre la tierra,
Engrandeció su misericordia sobre los que le temen.
Cuanto está lejos el oriente del occidente,
Hizo alejar de nosotros nuestras rebeliones.
Como el padre se compadece de los hijos,
Se compadece Jehová de los que le temen.

En el Salmo 28:5 vemos que dos paralelismos sinónimos juntos forman un paralelismo sintético:

Por cuanto no tendieron a los hechos de Jehová,
Ni a la obra de sus manos,
El los derribará, y no los edificará.

Otras veces la primera y la cuarta línea se corresponden, y de igual manera la segunda y la tercera:

Aunque amontone plata como polvo,
Y prepare ropa como lodo;
La habrá preparado él,
Mas el justo se vestirá,
Y el inocente repartirá la plata (Job 27:16-17).

A veces en estrofas de cuatro líneas, las cláusulas se corresponden alternadamente, la primera línea correspondiendo a la tercera y la segunda línea a la cuarta:

Desde los cielos miró Jehová;
Vio a todos los hijos de los hombres;
Desde el lugar de su morada miró
Sobre todos los moradores de la tierra (Sal. 33:13-14).

El Sr. Campbell dice: "La nerviosa simplicidad y lo conciso de la musa hebrea impide que el paralelismo degenere en monotonía. Al repetir la misma idea en diferentes palabras, parece como si diera vueltas a un precioso ópalo, el cual ofrece nueva belleza a cada nuevo brillo de luz que se mira. Las amplificaciones de un pensamiento dado, son como ecos de una solemne melodía. Sus repeticiones, como el reflejo de un paisaje en el arroyo, y sus preguntas y respuestas a la vez que dan un efecto de algo vivo, nos recuerdan las voces que alternan en un culto público, al cual se adaptaron de una manera marcada" (Angus y Green).

Además del paralelismo, hay algunas poesías que tienen una disposición alfabética de los versos, siguiendo las letras iniciales del orden del alfabeto hebreo. Así encontramos los Salmos 9, 10, 25, 119, etc., y otros trozos más como veremos posteriormente.

Repaso de la lección

1. Indique dos citas de los libros poéticos que se encuentran en el Nuevo Testamento.
2. ¿Cuánto fue escrito en poesía en el Antiguo Testamento?
3. ¿Qué utilidad tienen los libros poéticos del Antiguo Testamento?
4. Explique las tres formas de paralelismo que se encuentran en la poesía hebrea.

Lección 2

El Libro de Job

Bosquejo

El Señor Jesucristo es el Redentor en quien Job confiaba (19:25-27). Este patriarca fue el sacerdote de su familia y tuvo una larga vida. El libro no menciona la Ley de Moisés ni ningún otro libro de las Escrituras, por lo tanto, aceptamos la historia como fidedigna y no como el producto de la imaginación de un escritor varios siglos después de Moisés. La descripción de Satanás está de acuerdo con las enseñanzas de toda la Biblia.

La lección principal del libro es la soberanía de Dios. Esta se puede apreciar de tres maneras:

1. Dios puede tener propósitos espirituales más allá de nuestra comprensión al permitirnos sufrir.
2. Él hace que todas las cosas cooperen juntas para el bien.
3. Él nunca abandona a los Suyos, sino que ajusta la prueba a la necesidad con el fin de hacer bien, y nunca nos deja ser tentados mas allá de lo que podemos resistir.

A. El prólogo histórico (caps. 1 & 2)

La introducción, donde Satanás recibe permiso para probar a Job, quitándole sus posesiones y su salud. Como Dios sabía cuál sería el resultado, lo permitió como testimonio a Satanás y como medio para instruir y bendecir a Job.

B. Diálogos entre Job y sus amigos y, al fin, la voz de Jehová, (3:1—42:6)

Tres amigos discuten con Job acusándole de sufrir por su pecado. Job declara su inocencia y lamenta amargamente su injusta condición. Eliú censura a Job por dudar de la justicia de Dios. Finalmente, Jehová habla y Job se arrepiente de haber abierto su boca.

C. Conclusiones, la restauración de los bienes, (42:7-9)

Job es restaurado al lugar de honor y respeto de todos, y es bendecido con el doble de las posesiones que tuvo anteriormente.

Lección 2

El Libro de Job

Job habló del Señor Jesucristo como el Redentor eterno en 19:25-27. Cristo ya existía en el cielo cuando Job dio testimonio de su fe en Él, y más tarde el mismo Señor vino a la tierra y efectuó la obra de la redención y aseguró la resurrección de cada ser humano, como también Job lo manifestó en su declaración de fe. También vemos que Cristo, después de Su resurrección incluyó este libro cuando hablaba de "Los Salmos" en Lucas 24:44.

Muchos piensan que este libro es tal vez el más antiguo de toda la literatura. Por lo menos es el poema o historia dramatizada más antigua que se conoce. En el libro de Job, el concepto de Dios como Ser Supremo, ejerciendo todos los atributos de personalidad, de ser justo, santo, verdadero, omnipresente, omnipotente, omnisciente, amando a Sus criaturas y obrando en ellas de tal modo que Le llegasen a conocer mejor, prueban su inspiración divina. Este libro también presenta a Satanás como un ser angelical, maligno, deseando destruir el buen testimonio del justo patriarca, y con todas las características delineadas en las Escrituras subsecuentes, y a Dios como el Todopoderoso quien limita la actividad de Satanás, protege a Su siervo de la muerte y aun hace que la persecución de Satanás resulte en mayores bendiciones para el fiel Job.

Tales conocimientos acerca de las realidades espirituales sobrepasan la filosofía humana en tal grado que uno tiene que reconocer que el libro fue una revelación hecha por Dios y no el producto del pensamiento humano. Hasta el día de hoy no se ha producido en el mundo una obra literaria de este estilo que la supere.

Existen varias razones para creer que este libro fue una historia verídica del tiempo de los patriarcas, y no una alegoría o parábola escrita muchos siglos después. Job era un padre de familia que ofrecía sacrificios de animales, y holocaustos a Dios por todos los hijos, conforme a la costumbre de los patriarcas. No encontramos la menor mención acerca del Tabernáculo del Templo, de la Ley de Moisés, de los levitas o de sacerdocio alguno. Más bien, la historia es contada con sencillez sin recurrir a ningún artificio para eliminar del escrito referencias a estas instituciones que llegaron a ser parte integral de la vida de los hebreos. Tampoco hay ninguna referencia a los milagros relacionados con el éxodo de Egipto, y al considerar la vida tan larga de Job se le coloca en el período de los patriarcas.

Por estas razones se cree que Job era contemporáneo de Abraham, o tal vez de Isaac o de Jacob. Algunos identifican a Elifaz, temanita (Job 2:11) con Elifaz hijo de Esaú, quien tuvo un hijo llamado Temán (Gn. 36:10-11), pero eso no es concluyente. Lo mismo puede decirse acerca de la afirmación de que

Job 15:34, 18:15 y 20:26 prueban que Sodoma y Gomorra ya habían sido destruidas por el fuego y azufre, según Génesis 19.

Es verdad que hay cierta semejanza entre algunos pasajes de Job y algunos Proverbios y Salmos, como Job 28:28 comparado con Salmo 111:10 y Proverbios 1:7; 9:10 y Eclesiastés 12:12, pero según Proverbios 1:6 éstos pudieron haber sido citados del libro de Job, de modo que no prueban, de ninguna manera, que el libro de Job fuera escrito mil años después del tiempo de los patriarcas.

En Ezequiel 14:14 y 20 Jehová menciona a Job junto con Noé y Daniel como personas históricas, y Santiago 5.11 usa la paciencia de Job como un ejemplo y estímulo a los hermanos cristianos. Tales referencias no tendrían valor si Job hubiera sido una persona ficticia y no histórica.

El autor

No se sabe quién fue el autor de este libro. Algunas tradiciones alegan que Moisés escribió la introducción y la conclusión en prosa, pero que el poema mismo lo redactó de documentos antiguos. Otros creen que Eliú hijo de Baraquel lo escribió, basándose en el uso del pronombre "yo" en Job 32:6. Concluimos entonces que el autor humano es desconocido, pero que sí fue Dios el que inspiró el libro. Ciertamente Satanás nunca hubiera querido que el mundo conociera las cosas aquí reveladas acerca de él, su carácter y sus acciones.

El propósito y el mensaje

Antes de entrar en el estudio del texto, será provechoso considerar por un momento el propósito y el mensaje general del libro. Es fácil decir de Job que lo que pretende es explicar o dar la solución al problema del sufrimiento de los justos en la tierra, o decir que el libro no soluciona el problema, sino que prueba que Dios impone su voluntad sobre el hombre y le obliga a someterse sin quejas ni dudas. Sin embargo, estas declaraciones son verdad en parte. No hay en el libro de Job un credo o artículo de fe que incluye todo lo que se puede saber o que debe creerse en cuanto al sufrimiento, pero seguramente hay una preciosa revelación de parte de Dios para alentar al hombre ante el sufrimiento. Sin duda, la verdad acerca de la soberanía de Dios es Su mensaje principal.

Al descorrer el velo sobre la escena celestial y escuchar el diálogo entre Dios y Satanás, Jehová nos enseña que nuestro Padre Celestial puede tener propósitos espirituales más allá de nuestra comprensión, al permitirnos sufrir. Como dijo el Señor en Juan 11:4: "Esta enfermedad no es para muerte, sino para gloria de Dios". Efesios 2:6-7 y 3:10, comparados con 2 Corintios 4:4; Efesios 2:2 y 6:12 prueban que los cristianos de hoy en día tenemos que tratar con estas potestades malignas en los aires.

Dios tiene el derecho de usarnos con fines desconocidos para nosotros, a fin de dar testimonio a los perdidos por medio de nuestra paciencia y fe en medio del dolor. En 2 Corintios 2:14-16 vemos que el Señor usa a los Suyos para traer sobre otros, es decir, a los que rechazan el testimonio, la condenación de la muerte espiritual. El cristiano no puede evadir esta responsabilidad, ni le es dado saber siempre quiénes son los que reciben o rechazan su testimonio.

También el libro de Job es un gran comentario sobre Romanos 8:28. Job era tan justo que Dios pudo usarle como ejemplo a Satanás de que es posible que un hombre sea fiel al Señor bajo toda circunstancia. Aunque a Job le faltaba conocer a Dios más íntimamente, Jehová hizo que todas las cosas cooperasen juntas para su bien.

Otra lección importante es que Dios no abandonó a Su siervo ni por un momento. Estuvo a su lado sosteniéndole a cada paso. Así, vemos la verdad de 1 Corintios 10:13 ilustrada patentemente. Job no fue tentado más allá de lo que podía resistir. Fue Satanás y no Dios que le tentó, como también lo dice Santiago 1:13. Sin embargo, el Señor puso los límites, diciéndole a Satanás hasta dónde podría atacar a Su siervo. Cuando al principio de la prueba su esposa le aconsejó que renegara de Dios y muriera, Job pudo decirle que estaba hablando como cualquier persona insensata. Cuando los tres amigos "miserables consoladores", lo estaban acusando y empezaban su segunda serie de arengas, Job les dijo: "Aunque él me matare, en él esperaré" (Job 13:15). Vemos que Dios no abandonó a Job a una lucha desigual con Satanás, sino que le fortaleció y le llevó a una gloriosa victoria.

Para muchos, el problema más serio del libro es que dice que Satanás se presentó personalmente delante de Dios en el cielo. Debemos decir que el Todopoderoso no teme al diablo, ni nunca está obligado por él a nada. Lo que leemos aquí está de acuerdo con el resto de las Escrituras. En Apocalipsis 12:10 leemos: "Ahora ... ha sido lanzado fuera el acusador de nuestros hermanos, el que los acusaba delante de nuestro Dios día y noche". Zacarías 3:1-2 describe otra escena muy semejante a ésta en Job.

A. El prólogo histórico, capítulos 1 y 2

1. La persona de Job, el héroe del libro, y una descripción de su carácter y su grandeza (1:1-5).

a. Su origen: de la tierra de Uz (o Huz) que era una tierra fértil y llena de árboles; generalmente se cree que estaba ubicada entre el Jordán y el Eufrates al nordeste de Idumea (1:1a).

b. Su carácter: perfecto, recto, temeroso de Dios, y apartado del mal (1:1 b).

c. Sus riquezas: 7 hijos y 3 hijas (1:2-3); una gran hacienda con: 7.000 ovejas, 3.000 camellos, 500 yuntas de bueyes, 500 asnas y mucha servidumbre.

d. Sus prácticas: gozar en comunión íntima de la familia y madrugar diariamente para ofrecer holocaustos por ellos (1:4-5).

2. Jehová obliga a Satanás a considerar el testimonio y el carácter de Job, 1:8. La idea aquí es que si Job, bajo condiciones tan inferiores podía ser fiel a Dios, ¿qué excusa tuvo Satanás para haberle sido infiel bajo condiciones superiores?

3. Satanás acusa a Job de haber sido fiel a Dios por motivos y con intereses egoístas, y pide permiso para probarle, 1:9-11. La forma en que lo pide es más bien un reto a Dios; sin embargo, Jehová comprendió el deseo del diablo y sabía también que Job permanecería fiel, soportando la prueba.

a. Primera prueba de Job - la pérdida de sus posesiones, 1:12-19.

(1) El permiso es concedido pero se le prohibe al diablo tocar la persona de Job, 1:12.

(2) La pérdida de sus posesiones e hijos, 1:13-19. Todo sucedió aparentemente por accidentes naturales, pero por lo que antecede sabemos que el diablo inspiró a los sabeos, a los caldeos, al fuego y al viento. Satanás es llamado el príncipe de la potestad del aire (Ef. 2:2). En Apocalipsis 13:13 hace descender fuego del cielo, y en Marcos 4:39 el Señor Jesús reprendió al viento, por lo que se podría concluir que el viento en ese caso era causado por Satanás.

b. La fidelidad, constancia y paciencia de Job, 1:20-22.

Lo que Job dijo en el versículo 21 ha sido de gran estímulo y consuelo para muchos: "Jehová dio, y Jehová quitó; sea el nombre de Jehová bendito".

c. La segunda acusación por parte de Satanás, 2:1-5.

El versículo 4 contiene una de las mentiras que usa Satanás. Es verdad que lo dijo, pero lo que dijo no es la verdad. Millares de hombres han muerto por su fe, escogiendo el martirio antes que negar a su Señor.

d. La segunda prueba - la pérdida de la salud, 2:6-9.

Algunos creen que esta enfermedad fue la lepra, pero es imposible saberlo, y en todo caso no es de importancia. Tal vez la prueba más difícil de Job resultó ser el consejo de su esposa, sugiriéndole que renegara de Dios y muriera.

e. La fidelidad y paciencia de Job, 2:10.

3. La visita de los tres amigos de Job, 2:11-13.

B. Diálogos entre Job y sus supuestos amigos, e intervención directa de la voz de Dios, 3:1—42:6

1. Primera serie de discursos controversiales en los que Job y sus tres amigos plantean el problema del sufrimiento del patriarca, capítulos 3 al 14.

a. Job abre la discusión con un derroche de lamentos, capítulo 3.

(1) Job maldice el día de su nacimiento, 3:1-10.

(2) Se queja de vivir cuando la vida es tan amarga, 3:11-26.

b. Elifaz, temanita, habla y Job contesta, capítulos 4 al 7.

(1) Elifaz enfatiza la propuesta de que el hombre siega lo que sembró, y que ¿quién pereció jamás siendo inocente? Por lo tanto, da a entender que Job sufre porque pecó, capítulos 4 y 5. Tal ponencia fue apoyada por una visión nocturna que tuvo Elifaz y que creyó ser una revelación divina (4:12-21). Insinúa también que Job debe arrepentirse (5:8-27).

(2) Job contesta, afirmando que tiene razón para quejarse, capítulos 6 y 7, y continua haciéndolo, deseando la muerte, y acusando a Dios de haberle tratado injustamente.

c. Bildad, suhita, habla y Job contesta, capítulos 8 al 10.

(1) Luego Bildad también afirma que Dios castiga el pecado y por lo tanto Job debe reconocer su pecado, capítulo 8. Bildad apoya su ponencia en base a aquello que decían los antiguos (8:8-10), quienes enseñaron que la ruina viene sobre aquellos que se olvidan de Dios (8:11-22).

(2) Job contesta, alegando que sufre sin causa, y que Dios es tan grande, tan terrible, y tan arbitrario, que no le permite defenderse, capítulos 9 y 10.

d. Finalmente Zofar, naamatita, también habla y Job contesta, capítulos 11 al 14.

(1) Zofar regaña severamente a Job diciéndole que Dios le está castigando menos de lo que su iniquidad merece, capítulo 11. Apela a la sabiduría para apoyar su acusación, y dice que si Job enderezara su corazón, Dios le bendeciría otra vez.

(2) Job contesta, capítulos 12 a 14. Hace mofa de la supuesta sabiduría de los tres lo cual no explica nada acerca de Dios, sino que es lo que todos conocen, capítulo 12. Resuelve apelar él mismo a Dios, quien debe tratarle con justicia, capítulo 13. Pero el hombre es de pocos días y tiene poca esperanza, capítulo 14. Luego vemos el versículo 13:15 que dice: "Aunque me matare, en El esperaré", lo cual prueba que a pesar de su pesadumbre, Job nunca dejó de creer en Dios como Aquel que cuida de los Suyos.

2. Segunda serie de discursos controversiales entre Job y sus tres amigos, capítulos 15 al 21.

a. Elifaz habla por segunda vez y Job contesta, capítulos 15 al 17.

(1) Elifaz acusa a Job de haber hablado con iniquidad y soberbia, y discurre acerca del castigo de Dios sobre los malos, capítulo 15.

(2) Job contesta, llamandoles a los tres: "consoladores molestos", que tienen palabras vacías y describe su desolación por parte de Dios, pero espera que finalmente será vindicado, capítulos 16 y 17.

b. Bildad habla por segunda vez y Job contesta, capítulos 18-19.

(1) Bildad regaña a Job por sus palabras y describe el castigo del pecador endurecido, cap. 18.

(2) Job contesta, quejándose de las acusaciones falsas de sus amigos y del mal trato que recibe de todos, pero expresa su fe en el Redentor y en la resurrección, cap. 19. Los versículos 25-27 resultan ser maravillosos como una expresión de fe bajo tales circunstancias.

c. Zofar habla por segunda vez y Job contesta, caps. 20-21.

(1) Zofar habla acerca de la inteligencia probando que las riquezas y la prosperidad de los malos dura poco tiempo y terminan en la miseria, cap. 20.

(2) Job apela a sus amigos para que consideren que algunos hombres malos viven largos años en prosperidad, mientras que otros mueren sin haber nunca gozado del bien, cap. 21.

3. Tercera serie de discursos controversiales entre Job y sus amigos, capítulos 22-31.

a. Elifaz habla por tercera vez y Job contesta, caps. 22-24.

(1) Elifaz alega que los sufrimientos de Job prueban que tiene innumerables iniquidades, pero que si se convirtiere será restaurado, cap. 22.

(2) Job refuta la aseveración planteada por los tres, de que todo sufrimiento es castigo por el pecado y alega que Dios se retrae del hombre y que por eso no se le puede encontrar para que haga justicia en la tierra, caps. 23-24.

b. Bildad toma la palabra por última vez y Job contesta, capítulos 25-31.

(1) Con un discurso corto Bildad termina las pláticas de los tres y menciona nuevamente que Dios es grande y que todo hombre es injusto delante de Él, cap. 25.

(2) Job desprecia tal consejo o aparente consuelo y describe en frases más elocuentes la grandeza de Dios, cap. 26. Reafirma su inocencia y a la vez su confianza de que el malvado pagará algún día por su maldad, cap. 27.

Declara que la verdadera sabiduría está en Dios y que conviene al hombre someterse a Él, cap. 28; describe su pasada prosperidad, benevolencia y honradez, cap. 29, y su triste condición presente, cap. 30; para terminar finalmente reafirmándose en su inocencia, cap. 31.

4. Eliú, hijo de Baraquel, buzita, de la familia de Ram, pronuncia un largo discurso en el cual subraya la verdad de que Dios en amor usa el sufrimiento para purificar e instruir al hombre, caps. 32-37. Aquí indicaremos que Buz y Aram eran hijos de Nacor y Milca (Gn. 22:21). De esta manera empieza a esclarecerse el problema del sufrimiento del justo en la tierra y hasta donde éste puede llegar.

a. Presentación y explicación de las razones por las cuales él habla, cap. 32. Eliú ruega a Job que le escuche con calma, puesto que Job no está siendo un juez imparcial en cuanto a su propia inocencia o culpa, cap. 33.

b. Discurso sobre la justicia absoluta de Dios, cap. 34.

(1) Censura a Job por dudar de ella, 34:1-9.

(2) Prueba la justicia de Dios a través de Su gobierno en el mundo, 34:10-30.

(3) Si Job acusa a Dios de ser injusto, ¿por qué entonces quiere presentar su causa delante de Él? 34:31-37.

c. Discurso con el que prueba que la piedad sí trae bendición, cap. 35. Explica que Dios no castiga y rescata al hombre enseguida, sino que espera a fin de que el hombre aprenda a temer a su Hacedor.

d. Último discurso de Eliú sobre los atributos de Dios, Su benevolencia y ejercicio de justicia en cuanto al gobierno del mundo, capítulos 36 y 37. Cuando los inicuos se rebelan son destruidos, pero los que responden con humilde obediencia son bendecidos. Termina declarando que es Dios, el Todopoderoso, el que ahora viene a hablar, cap. 37:22-24.

5. Jehová habla desde el torbellino, capítulos 38:1—42:6.
Se da a entender que el Dios Todopoderoso y Omnisciente con quien ningún hombre debe disputar, puede ordenar el sufrimiento a fin de probar a los justos.

a. Primer discurso o revelación, capítulos 38 y 39.

(1) Introducción, 38:1-3.

(2) Dios hace preguntas a Job con el fin de que éste no confíe más en su propio saber, y para aumentar su confianza en el cuidado que Dios sí tiene por los Suyos, 38:4—39:30.

- Preguntas y revelaciones en cuanto a la creación, 38:4-15.

- Preguntas en relación al espacio, aquello referente a lo alto sobre la tierra y lo profundo debajo de ella, 38:16-38.

b. Jehová invita a Job a que responda, pero Job contesta que no puede porque es vil y mejor calla, 40:1-5.

c. Segundo discurso o revelación de Jehová, capítulos 40:6— 41:34.

(1) Censura severamente a Job por dudar de Su justicia, 40:6-14.

(2) Dios compara la debilidad o impotencia de Job con aquella de las grandes criaturas que hay en la naturaleza, 40:15—41:34. Generalmente se traducen las palabras "Behemot" como "hipopótamo" y "Leviatán" como "cocodrilo".

d. Job se arrepiente confesando su falta de conocimiento y por lo tanto su necedad por haber hablado, 42:1-6.

C. Conclusión y restauración de Job, capítulo 42:7-17

1. Jehová censura a los tres amigos y justifica a Job delante de ellos, 42:7-9.

2. Jehová restituye a Job el doble de todo lo que tuvo antes de la prueba, 42:10-17. El hecho de que Job tuvo sólo diez hijos más, no quiere decir que no recibió el doble de todo. Más bien, es un poderoso testimonio en cuanto a la verdad de la inmortalidad del alma humana, ya que se puede decir que los animales que tuvo al principio perecieron, pero sus diez primeros hijos, aunque muertos, todavía existían.

Repaso de la lección

1. ¿Por qué se puede declarar que el libro de Job es una historia que corresponde al tiempo de los patriarcas?
2. ¿Qué lecciones espirituales ha recibido de este libro, que sean de consuelo o de utilidad en su vida?
3. ¿En qué sentido tiene Ud. un concepto nuevo de Dios?
4. ¿Qué versículos prueban que, a pesar de las amargas quejas, Job nunca perdió su fe en Dios?
5. Si Job recibió doble bendición después de la prueba, ¿por qué no tuvo también el doble número de hijos?
6. ¿Hasta dónde resuelve este libro el problema del sufrimiento del justo en la tierra?

Lección 3

Introducción general a los Salmos

Bosquejo

El Señor Jesucristo y los apóstoles emplearon los Salmos a menudo. De esta manera ilustraron la importancia que ocupa este libro en la vida de los judíos. Hoy es el libro más usado y más conocido del Antiguo Testamento.

Anastasio testificó acerca del valor de los Salmos.

A. Los autores y las inscripciones

En las inscripciones recibimos detalles sobre el autor, la circunstancia histórica y la música adecuada que acompañaba al salmo. Aunque no las aceptamos como inspiradas, no hay razón para dudar de su autenticidad.

B. Formación del libro

Los cinco libros de los Salmos fueron formados como colecciones separadas. El Libro I fue usado en el Templo en los días de Salomón. El Libro II poco después, y el Libro III tal vez se formó en días de Josafat, mientras que el Libro IV en días de Ezequías. El último Libro se formó en días de Esdras y Nehemías. No hay razón para aceptar la teoría de que hayan salmos correspondientes a la época de los Macabeos.

C. La clasificación o divisiones del libro

1. Según su contenido
2. Por su cronología
3. Dividido en cinco libros:

Libro I	Salmos 1-41
Libro II	Salmos 42-72
Libro III	Salmos 73-89
Libro IV	Salmos 90-106
Libro V	Salmos 107-150

Lección 3

Introducción general a los Salmos

El Señor Jesucristo estimó grandemente el libro de los Salmos, y millares de creyentes han seguido este saludable ejemplo durante los siglos. Cuando en Marcos 14:26 dice que al terminar la Cena cantaron un himno, todos entendemos que lo que entonaron fue un salmo y no debe extrañarnos que el Hijo de Dios cantara, ni que usara las palabras de un salmo para alabar a su Padre Celestial.

Jesús dijo en Lucas 24:44 que los salmos hablaban de Él, y cuando los sacerdotes y escribas se indignaron porque Él aceptó las alabanzas de los que le aclamaban en el Templo, diciendo "¡Hosanna al Hijo de David!", el Señor Jesús citó como justificación el Salmo 8:2 y les contestó: "¿Nunca leísteis: De la boca de los niños y de los que maman, perfeccionaste la alabanza?" (Mt. 21:16). Así que, las mismas expresiones de adoración que el pueblo y los niños usaron, fueron las palabras del salmista (Sal. 118:25-26; Mt. 21:8, 9, 15).

El Señor Jesús también usó los salmos en Sus enseñanzas al pueblo, como en el Sermón del Monte cuando dijo que los mansos heredarán la tierra (Mt. 5:5 relacionado con Sal. 37:11); al hablar por parábolas (Mt. 13:35 con Sal. 78:2), y hasta el final de su vida terrenal mientras enseñaba en el Templo, un poco antes de ser crucificado. Profetizó el rechazo que sufriría citando el Salmo 118:22-23 (en Mt. 21:42). En cierta ocasión, el Maestro usó una cita del Salmo 82:6 para probar a Sus enemigos lo injusto de su juicio contra Él (Jn. 10:34-36).

Por otro lado, muchos de los acontecimientos en el ministerio de Jesucristo fueron predichos en los salmos, por ejemplo, su celo por la casa de Dios; y al principiar Su ministerio recordó a los discípulos el Salmo 69:9 (en Jn. 2:17). Al referirse al que había de traicionarles, el Señor lo hizo con las palabras del Salmo 41:9 (Jn. 13:18). En la misma Cena, refiriéndose al odio del pueblo, citó el Salmo 35:19 y 69:4 en el que dice: "Sin causa me aborrecieron" (Jn. 15:25). Estando sobre la cruz, en medio de su agonía más profunda física y emocionalmente, las palabras que brotaron de Sus sagrados labios fueron las siguientes frases de los Salmos: "Dios mío, Dios mío, ¿por qué me has desamparado? (Sal. 22:1 con Mt. 27:46); y sus últimas palabras: "En tus manos encomiendo mi espíritu", están registradas en el Salmo 31:5 (Lc. 23:46).

Es importante notar que su resurrección, glorificación y reino futuro, fueron predichos en los salmos mesiánicos, como veremos más adelante.

Los apóstoles también usaron las palabras de los Salmos para dar sus enseñanzas. Pedro citó del Salmo 16 cuando dio su sermón en el día de

Pentecostés (Hch. 2:27), y Pablo citó el mismo salmo cuando dio su sermón en Antioquía de Pisidia (Hch. 13:35). En su carta a la iglesia en Roma, el apóstol a los gentiles explica el evangelio indicando como Dios salva al pecador que cree y encontramos que la epístola contiene varias referencias tomadas de los salmos (Ro. 3:4 - Sal. 51:4; Ro. 3:20 - Sal. 143:2; Ro. 15:11 - Sal. 117:1). El libro de Hebreos contiene también muchas frases y verdades tomadas de estos himnos (He. 1:5; 5:5 - Sal. 2; He. 1:7 - Sal. 104:4; He. 1:8, 9 - Sal. 45:6; He. 1:10 - Sal. 102:26; He. 13:6 - Sal. 118:6; etc.). Estas referencias bastan para indicarnos la importancia del libro de los Salmos dentro de la estructura de la Biblia, la cual es la revelación permanente de la voluntad de Dios.

Se ha calculado que las tres séptimas partes, es decir casi la mitad de las citas del Antiguo Testamento que se encuentran en el Nuevo, han sido tomadas de los Salmos.

Desde tiempos antiguos esta colección de cantos sagrados ha tenido un lugar prominente en la vida de los cristianos. El Obispo Taylor afirma que la iglesia primitiva no admitía a nadie dentro de las ordenes superiores del clero a menos que, entre otros requisitos, pudiera citar de memoria todo el libro de los Salmos. Tertuliano (siglo II), nos cuenta que los cristianos cantaban los salmos antifonalmente. Hilario, Crisóstomo y Agustín, mencionan el uso de los salmos dentro de los cultos de los cristianos. El orden del culto era: lectura de una epístola, seguido de un salmo para la consagración, que podía ser leído en parte y después cantado, o cantado y recitado en parte por una persona seguido por el resto de la congregación, etc.; después se leía una porción de los evangelios.

Del Talmud y de las inscripciones en la Versión de los Setenta, se puede apreciar que el Salmo 63 fue utilizado para la apertura del culto matutino y el 141 en el culto vespertino. Durante la semana de la Pasión (La Semana Mayor) se cantaba el Salmo 22. Hay algunas iglesias hoy en día que no permiten otros himnos en sus cultos, sino únicamente los salmos.

Este libro que estamos estudiando fue la primera porción de la Biblia hebrea que se imprimió, una vez que se inventó la imprenta. También en muchas ocasiones se lo encuentra anexado a el Nuevo Testamento. Cuando el Concilio de Tolosa (año 1229) prohibió la lectura de la Biblia a los laicos, hizo una excepción con el libro de los Salmos.

La Biblia, en su mayor parte, es la voz de Dios a través de la cual Él habla al hombre, pero en los salmos tenemos las palabras inspiradas del hombre hablando con Dios. El libro de Job es distinto de todo otro libro producto de la mente hebrea; pero en cambio, los salmos exhiben las características peculiares de los israelitas y expresan más plena y exactamente que cualquier otro libro, lo que el hombre puede decirle a Dios. No ha habido libro en la literatura antigua, profana o sagrada, que manifieste una realidad tan amplia y perfecta sobre el hombre en cuanto a su debilidad y fuerza, su gozo y sufrimiento, que éste libro de los Salmos.

Atanasio (298-373) dice así: "En los otros libros (de las Escrituras) hay discursos de las cosas inicuas, pero en éste tenemos dibujado cómo debemos abstenernos de las cosas pecaminosas. Por ejemplo, tenemos el mandamiento de arrepentirnos, y arrepentirse significa dejar de pecar; pero aquí tenemos trazado cómo tenemos que arrepentirnos y lo que debemos decir al hacerlo. En el caso de Pablo, él ha dicho que la tribulación obra la paciencia para el alma, y la paciencia, prueba, etc. Pero en los salmos encontramos escrito cómo debemos soportar las aflicciones; qué debemos decir en medio de nuestras aflicciones, y qué decir después de haber sido afligidos; cómo cada uno es probado y cuáles son las palabras de aquellos que esperan en el Señor. Para dar un ejemplo, vemos que hay un mandamiento en el cual debemos dar gracias en todo, y son los salmos los que nos enseñan cómo debemos expresarnos para dar gracias. Así que, cuando oigamos: 'todos los que quieran vivir piadosamente en Cristo Jesús padecerán persecución', a través de los Salmos podemos saber lo que debemos decir al ser rechazados y perseguidos, y qué palabras debemos decirle a Dios cuando somos perseguidos y cuando somos librados de ellas. Por otro lado, somos exhortados a bendecir al Señor, y a confesar Su Nombre, y es en los salmos donde encontramos la manera de hacerlo. Y así, en cada caso, encontramos que estos cantos divinos son adecuados para nuestras necesidades, para expresar nuestros sentimientos y para saber cómo adaptarnos a las circunstancias".

Estas palabras de Atanasio tienen doble importancia al recordar cómo fue su vida, las muchas veces que fue desterrado, las persecuciones que sostuvo, y los muchos peligros de los cuáles fue salvado.

A. Los autores y las inscripciones

El título de este libro en la Biblia hebrea es "Tehillim" que quiere decir "alabanzas" o "cantos de alabanzas". También a veces se usa: "Sepher Tehillim" que significa: "Libro de alabanzas". La Versión de los Setenta usa el nombre: "Salmos", título que hasta hoy usamos y es el título de varios de los Salmos (3, 4, 5, 9, etc.); de esta manera hace referencia a la forma, que en sí es un poema cantado con el acompañamiento de instrumentos de música. Originalmente ésta terminología no tenía que ver con el contenido religioso del canto, pero su uso durante los siglos ha dado esta connotación a la palabra "Salmos".

Para considerar quiénes son los autores es necesario estudiar las inscripciones que allí se encuentran. Según las inscripciones, David escribió 72 de los salmos, Salomón 2, Asaf 12, los hijos de Coré 12, Etán 1, Hemai 1,

Moisés 1, y 49 son anónimos. Estas designaciones son un tanto flexibles, especialmente en cuanto al número de salmos atribuidos a David (y esto, cuando se acepta la afirmación de algunos que dicen que el Salmo 10 pertenece al 9, el 33 pertenece al 32, etc.). También existe una tradición que dice que Moisés no sólo escribió el Salmo 90 sino el 91 y aun todos desde el 90 hasta el 100.

Aquí es útil notar que hay una diferencia en la manera de dividir y enumerar los Salmos. Las versiones romanas siguen la Vulgata que es conforme a la Versión de los Setenta, mientras que la iglesia evangélica sigue el texto hebreo. Sin embargo, la versión romana "Nácar-Colunga" usa la enumeración hebrea, indicando entre paréntesis la de la Vulgata. La siguiente tabla ayudará al estudiante a conciliar las dos versiones:

El Hebreo	La Vulgata
1-8	1-8
9-10	9
11-113	10-112
114-115	113
116	114-115
117-146	116-145
147	146-147
148-150	148-150

Las inscripciones o aclaraciones encontradas al principio de la mayoría de los salmos tienen tres propósitos:

- Algunas indican el autor;
- Otras dan instrucciones para el uso de la música que los acompaña;
- Varias indican las circunstancias históricas que se conmemoraron o bajo las cuales fueron escritas. Ciertas inscripciones combinan dos o todos éstos propósitos.

En cuanto al primer propósito de las inscripciones, podemos decir que es natural esperar que un canto o poema lleve el nombre de su autor. Los poemas o composiciones líricas que se encuentran en los otros libros del Antiguo Testamento llevan inscripciones formales, como en Génesis 4:23; 49:1, 2; Éxodo 15:1; Deuteronomio 31:30; 33:1; Jueces 5:1; 1 Samuel 2:1; 2 Samuel 1:17; 22:1; 23:1; Isaías 2:1; 13:1; 38:9; Habacuc 3:1, etc. Es poco probable que estas inscripciones, que son muy antiguas, hayan sido cambiadas con el correr del tiempo, considerando el alto respeto que los hebreos tenían por las Escrituras. Algunos tratan de probar que David escribió todos los salmos, alegando que la preposición "de" al decir: "Salmos de Asaf", más bien debería leerse: "Salmo para Asaf", quien era el director de canto en el Templo. Esto está en contra de la tradición, y carece de suficiente evidencia interna o externa. Por otro lado, es muy natural decir: "Los Salmos de David", aunque él no los haya escrito todos, pero como hemos dicho, sí escribió la gran mayoría de los que llevan el nombre de un autor, y sin duda fue el que inició su compilación, según 2 Crónicas 23:18 (véase también 2 Cr. 29:30).

Ahora veamos las inscripciones que servían para señalar el tono de la música o cuál instrumento debía emplearse. La mayoría de las inscripciones están en el hebreo, pero hay algunas Biblias que las han traducido al español. Por ejemplo, la inscripción del Salmo 22 dice en la Versión Reina-Valera: "Al músico principal, sobre Ajeleth-sahar. Salmo de David". La Versión Moderna[1] dice: "Para el Director de canto, con la tonada de la Cierva del Alba. Salmo de David". Pero aun la Versión Moderna deja algunos nombres sin traducir excepto en el margen. Las dos palabras más comunes son: Masquil o Maskil, que se halla en el título de 13 salmos, y que significa "didáctico", dando a entender que el salmo es para que sirva de instrucción.

Otra palabra es Micta, que traducido significa varias cosas: "misterio" (véase Salmo 16 Versión Moderna, margen), o "de oro". Otros opinan que quiere decir simplemente: "poema escrito". Luego tenemos la palabra "Selah", que indica una pausa en la música, tal vez para meditar en lo que se acaba de cantar y por lo tanto, no debe leerse con el resto del texto sagrado.

En cuanto a los datos históricos que se encuentran en algunas inscripciones, cabe señalar que los Salmos de David se refieren a distintas épocas de su vida, y nos traen mayor bendición si se atiende a las inscripciones que se adjuntan, ejemplo de lo cual se ve claramente en los Salmos 3 y 51.

Sólo hay que agregar que las inscripciones nunca han sido consideradas como inspiradas, ni por los hebreos ni por los cristianos, a pesar de que son muy antiguas y hay muchas razones para considerarlas auténticas, al igual que las divisiones de los capítulos y versículos, que tampoco forman parte integral del texto sagrado.

B. La formación del libro de los Salmos

Aquí surgen algunas preguntas, tales como ¿cuándo?, ¿por quién? y, ¿bajo qué circunstancias fue redactado este libro? Además, ¿cómo se determinó el orden de los distintos salmos? Estas preguntas son difíciles de contestar, pero sabemos que la forma que tiene hoy es la misma que tuvo en el tiempo de Judas Macabeo, y no hay razón para creer que él haya alterado la forma compilada por Nehemías. Sabido es el respeto que los judíos mostraban por la tradición, por sus ancestros y especialmente el cuidado que tenían en

1. La Versión Moderna fue publicada por la Sociedad Bíblica Americana en 1893, y traducida por H. B. Pratt.

guardar intacto todo lo que tenía que ver con sus antiguos líderes y héroes de su fe.

Juzgando por las indicaciones internas, podemos afirmar que el Libro I (Salmos 1 al 41) fue agrupado en su forma presente poco después de organizarse el culto en el Templo de Salomón. Asaf y sus colaboradores no perdieron tiempo en transcribir los Salmos de David (1 Cr. 16:37). Probablemente el Libro II (Salmos 42 al 72) fue compilado con la mira de que fuera utilizado por el coro en el Templo y en los ritos del culto. Creemos que la frase con que se termina el libro "Se acaban las oraciones de David, hijo de Isaí", marca una época en la formación del libro de los Salmos.

Algunos han sugerido que los Salmos 1 y 2 eran introductorios; del 3 al 6 fueron ordenados para ser cantados por la mañana y por la tarde; del 8 al 13 corresponden al tiempo de la juventud de David; del 14 al 21 al primer período de su reino, mientras que los demás del primer libro, con ciertas excepciones, pertenecen a los días difíciles cuando huía de Absalón. Los salmos del segundo libro tal vez corresponden a este último período de su reinado. El tercer libro de Salmos (73 al 89) se cree que fue compilado más tarde, tal vez durante el reinado de Josafat; y el cuarto (90 al 106) durante el reinado de Ezequías (véase 2 Cr. 29:30). El quinto o último libro contiene salmos que corresponden al tiempo de Esdras (13) y de Nehemías, además de otros de David.

Algunos críticos afirman que ciertos salmos corresponden a la época de los Macabeos. Citan 2 Macabeos 2:14 que dice: "En esta manera también (eso es, como Nehemías lo había hecho), Judas (Macabeo) juntó todas aquellas cosas que fueron perdidas por causa de la guerra que tuvimos, y ahora quedan con nosotros". He aquí algunas razones que demuestran que ningún salmo corresponde a la época de los Macabeos:

- La cita no dice que Judas Macabeo escribiera algo propio; sólo alega que reunió los escritos ya existentes en el tiempo de Nehemías (que incluía todo el canon del Antiguo Testamento), y que los conservó. Nehemías vivió unos trescientos años antes que Judas Macabeo.
- Hay pruebas que indican que las doxologías que están al final de cada uno de los cinco libros de los Salmos ya existían cuando fue escrito el libro de 1 Crónicas (véase 1 Cr. 16:36). Esto habría sido más de cuatrocientos años antes de Cristo.
- No hay ninguna indicación en los libros de los Macabeos de que haya habido algún escritor inspirado en aquella época, o de que se haya escrito poesía lírica en aquel tiempo. Más bien, fue una época cuando la guerra más cruel ocupaba la atención y energía de los hombres. Si hubiese

habido un poeta capaz de escribir los salmos, ¿cómo es que todo rastro de aquel escritor haya desaparecido?

- Los salmos que los críticos atribuyen al tiempo de los Macabeos tienen el mismo estilo puro y bello que tienen los demás salmos. No difieren en cuanto a expresiones idiomáticas siquiera, ni son distintos de los hermosos salmos de la edad de oro de la nación judía.

C. Clasificación de los Salmos

Existen varias maneras de dividir los salmos según su contenido, lo cual necesariamente hace que algunos se puedan incluir en dos o más divisiones, pues nunca puede uno satisfacer a todos en su manera de clasificarlos. A continuación sugerimos cómo se podría hacer:

1. Salmos de agradecimiento, adoración y alabanza.

a. Acción de gracias personales: 9, 18, 30, 34, 40, 75, 103, 108, 116, 118, 138, 144.

b. Acción de gracias por parte de la nación: 46, 68, 65, 66, 68, 76, 81, 85, 98, 105, 124, 126, 129, 135, 136, 149.

c. Alabanzas a Dios por sus méritos: 8, 19, 24, 29, 33, 47, 50, 65, 66, 76, 93, 94, 95, 96, 97, 99, 104, 111, 113, 114, 115, 134, 139, 147, 148, 150.

d. Alabanzas a Dios por Su cuidado: 23, 34, 36, 91, 100, 103, 107, 117, 121, 145, 146.

e. Expresión de confianza en Dios: 3, 16, 27, 31, 54, 56, 57, 61, 62, 71, 86.

2. Salmos de oración y devocionales:

a. Los llamados siete salmos penitenciales: 6, 32, 38, 51, 102, 130, 143.

b. Oraciones pidiendo auxilio y liberación de pruebas: 4, 5, 11, 28, 41, 44, 55, 59, 60, 64, 70, 74, 79, 80, 83, 89, 94, 95, 102, 109, 120, 129, 137, 140, 141, 143.

c. Varias oraciones: 7, 13, 17, 20, 26, 35, 42, 43, 63, 67, 69, 77, 84, 88, 122, 132, 143, 144.

3. Salmos didácticos:

a. Enseñanzas éticas - la felicidad de los buenos y la desdicha de los malos; las virtudes, etc.: 1, 5, 7, 9, 10, 11, 12, 14, 15, 17, 24, 25, 34, 36, 37, 39, 40, 50, 52, 53, 58, 73, 75, 84, 90, 91, 92, 94, 112, 125, 127, 128, 132, 133.

b. Enseñanzas sobre la palabra de Dios: 1, 19, 119.

c. Enseñanzas sobre la naturaleza: 8, 19, 29, 65, 104.

d. Enseñanzas para los gobernantes: 82, 101.

LIBRO I, Salmos 1 al 41

En esta división todos los salmos son atribuidos a David excepto los siguientes cuatro: 1, 2, 10, 33. Los dos primeros parecen constituir una introducción, especialmente el primero. En estos 41 salmos el nombre "Jehová" es usado unas 275 veces, mientras el nombre "Elohim" se encuentra sólo 68 veces. Estos cantos fueron los que primero se compilaron tal vez por el mismo David, y probablemente fueron arreglados por Salomón en cuanto a la introducción y doxología (41.13), y fueron usados en los cultos del Templo de Salomón.

LIBRO II, Salmos 42 al 72

Esta división está formada por 31salmos, y contiene 7 que son atribuidos a los hijos de Coré, 18 a David, uno a Asaf, uno a Salomón y 4 anónimos. Aquí predomina el nombre "Elohim" usado para Dios, pero en la doxología al final del 72 los dos nombres son usados (72:18-19). Una comparación del Salmo 53 con el 14, los cuales se atribuyen a David y que son parecidos entre sí, pone de manifiesto el hecho de que el 14 del Libro I de los Salmos, usa más el nombre de "Jehová" para designar a Dios, mientras que en el 53 que forma parte del Libro II, se usa solamente "Elohim" o "Dios". Este segundo libro de los Salmos es notable por sus amplias inscripciones en cuanto a las circunstancias o épocas históricas particulares de dichos salmos.

LIBRO III, Salmos 73 al 89

Esta división de 17 salmos contiene 11 de Asa, uno de David, uno de Etán y cuatro de los hijos de Coré, de los cuales el 88 tiene además el nombre de Hemán. Este libro contiene varios términos musicales en sus inscripciones, manifestando su uso litúrgico en el Templo. Predomina el nombre Elohim, especialmente hasta el Salmo 84. El nombre Jehová se encuentra 44 veces, Elohim 80 veces, y Adonai (Señor) 15 veces.

LIBRO IV, Salmos 90 a 106

También es de 17 Salmos. Esta división empieza con el Salmo de Moisés, luego 14 son anónimos, y 2 son de David. El nombre de Jehová se encuentra 103 veces y Elohim 72 veces.

LIBRO V, Salmos 107 a 150

En esta última y más grande división, hay 13 de David, uno de Salomón y los demás son anónimos. El nombre de Jehová se encuentra 236 veces, con su forma "Jah" 32 veces más, mientras que Elohim se usa solamente 40 veces.

REPASO DE LA LECCIÓN

1. ¿Qué lugar ocuparon los Salmos en el ministerio del Señor Jesucristo?
2. ¿Cómo usaron los apóstoles los Salmos?
3. Explique cómo fueron usados los Salmos en la Iglesia primitiva.
4. Resuma el testimonio de Anastasio acerca del valor de los Salmos.
5. ¿Cuál es la utilidad de las inscripciones mencionando si son o no inspiradas?
6. ¿Cuándo fueron coleccionados los salmos y reunidos en un libro tal como lo tenemos ahora?
7. ¿De cuántas maneras se puede dividir el libro de los Salmos?

Lección 4

LIBRO I DE LOS SALMOS, 1-41

Salmo 1

El Señor Jesucristo, al plantear las leyes de Su Reino en el Sermón del Monte (Mateo 5, 6 y 7), empezó empleando la misma palabra con que principia el Salmo Uno: "Bienaventurado".

En este primer Salmo encontramos tres versículos que hablan sobre el hombre bienaventurado y tres sobre el hombre malo o impío. En el primer versículo se puede ver el lado negativo de una vida bienaventurada, mientras los versículos 2 y 3 descubren el lado positivo. Como dice el dicho, un pez vivo nada contra la corriente, y así mismo el hombre de Dios tiene la necesidad de decir "no" a la mundanalidad. Pero es preciso que haya lo positivo en la vida espiritual. Una cerca alrededor del jardín se edifica sólo cuando hay algo sembrado adentro para proteger. El versículo 2 explica que el secreto de la vida bienaventurada para una persona depende de donde tiene su deleite. Si se deleita en la ley de Jehová y no en su propia voluntad o deseo, entonces su vida será arraigada y fructífera. Aquí también llegamos a la frase: "Y todo lo que hace prosperará".

Los últimos tres versículos muestran el cuadro triste de aquella persona cuya vida no tiene raíz ni fruto. Las palabras: "No así" representan las sombras o las tinieblas, que son el lado opuesto de la luz de Dios. En vez de ser un árbol plantado, fuerte y nutrido, más bien es como el tamo (paja menuda que despiden las semillas trilladas) que arrebata el viento, el cual "no podrá estar en pie" y "su camino ... perecerá".

La división en el estudio de este Salmo es un ejemplo de cómo se debe estudiar el resto de los Salmos. Por supuesto que no comentaremos cada uno con detenimiento, pero deseamos dar algunas pautas y ejemplos para que el estudiante pueda dividir los Salmos en estrofas, hacer comparaciones y sacar para sí las enseñanzas principales de cada Salmo. Aquí trataremos sólo aquellos que pertenecen al Libro I.

Existen otros dos Salmos semejantes a éste primero que habla sobre la dicha que tiene aquel que anda en la Ley de Jehová, y éstos son el 15 y el 112, como también el 24 al que se le considera más bien mesiánico. En el Salmo 15 cada versículo forma una estrofa, describiendo lo que es ser un amigo y uno que ama a Dios. Como Salmos que ensalzan la Palabra de Dios, tenemos el 19 y el 119 a más del Salmo 1.

En el Salmo 19:1-6 encontramos una preciosa estrofa que describe la naturaleza, y en los versículos 7 al 10 y del 11 al 14 se hallan dos estrofas que hablan sobre la revelación escrita de Dios, de modo que las dos revelaciones forman un solo y precioso canto. Vemos entonces que la naturaleza y la revelación escrita están en la tierra como dos fieles testigos de Dios.

Salmo 2 y los salmos mesiánicos

Primeramente vamos a considerar el contenido del Salmo 2, para ver más adelante las características de los Salmos mesiánicos.

Este Salmo contiene cuatro estrofas de tres versículos cada una, y al leerlo incluso se podría adaptar al escenario o al micrófono como un drama. Imaginemos las distintas voces hablando y quedaría como sigue:

- (voz del profeta o del locutor): "Por qué se amotinan las gentes, y los pueblos piensan cosas vanas? Se levantarán los reyes de la tierra, y príncipes consultarán unidos contra Jehová y contra su ungido, diciendo:
- (voces de príncipes rebeldes): ¡Rompamos sus ligaduras, y echemos de nosotros sus cuerdas!
- (profeta-locutor): El que mora en los cielos se reirá: El Señor se burlará de ellos. Luego hablará a ellos en su furor, y los turbará con su ira.
- (voz celestial): ¡Pero yo he puesto mi Rey sobre Sion, sobre mi santo monte!
- (voz del Señor): Yo publicaré el decreto: Jehová me ha dicho.
- (voz celestial): Mi hijo eres tú; yo te engendré hoy. Pídeme, y te daré por herencia las naciones, y como posesión tuya los confines de la tierra. Los quebrantarás con vara de hierro; como vasija de alfarero los desmenuzarás.
- (profeta-locutor): Ahora pues, oh reyes, sed prudentes; admitid amonestación, jueces de la tierra. Servid a Jehová con temor, y alegraos con temblor. Honrad al Hijo para que no se enoje, y perezcáis en el camino; pues se inflama de pronto su ira. Bienaventurados todos los que en él confían".

Este salmo ha dado lugar a algunas elocubraciones, ya que todo esfuerzo para establecer en la historia de Israel eventos o circunstancias como las que están delineadas en este Salmo, ha sido infructuoso. No ha habido un tiempo en el que "los reyes de la tierra" se rebelasen contra un rey de Israel para "romper las ligaduras de su yugo", o cuando el rey de Jerusalén se haya reído de ellos y de su esfuerzo por librarse. Tampoco se pueden aplicar los versículos 7 y 8 a hombre alguno, ni a ningún rey histórico de Israel.

Así que, podemos preguntarnos, si no se refiere al rey David ni a su hijo Salomón, que fueron los únicos reyes de Israel que gobernaron en el apogeo de su gloria, ¿a quién entonces se refiere? Se ha dicho que había una regla rabínica que servía para la interpretación de los Salmos, y que consistía en que todo lo que no se refería claramente a David o a otro personaje conocido, de hecho estaba refiriéndose entonces al Mesías.

Por lo tanto, este segundo Salmo resulta claro y comprensible interpretándolo como una profecía relativa al Mesías en Su segundo advenimiento. Los Salmos que tienen por tema el primero o el segundo advenimiento de Cristo, son llamados los "Salmos mesiánicos". La palabra "Mesías", igual que el título "Cristo" quiere decir "Ungido". Estos términos escritos con letra mayúscula siempre se refieren al Señor Jesús. Él es el Escogido, el Ungido por Dios (Mt. 16:16). Hay profecías aisladas en otros Salmos, pero aquellos cuyo mensaje central es Cristo, se los conoce como "Mesiánicos".

Posteriormente, en el estudio de la profecía, estudiaremos con mayor detenimiento lo profetizado acerca del Mesías, pero aquí mencionaremos dos o tres cosas fundamentales acerca del tema. Hay profecías que ya se han cumplido y otras que todavía quedan por cumplirse. Están profetizados dos advenimientos del Mesías: el primero en el que se le ve viniendo en humildad para ser crucificado, y el segundo viniendo en gloria y poder para reinar. Las profecías referentes a la primera venida ya se cumplieron. El Salmo 2 no corresponde a aquello, pero el Salmo 22 sí.

Es verdad que en Juan 1:49; 6:69 y en Mateo 26:63 se hallan referencias acerca de Jesucristo como el Hijo de Dios, que es una doctrina que se enseña en el Salmo 2. Sin embargo, su presencia en el Nuevo Testamento no quiere decir necesariamente que sea el cumplimiento del Salmo. También Hechos 13:33 y Romanos 1:4 hablan de Jesucristo como el Hijo de Dios, lo cual fue demostrado por la resurrección de entre los muertos, como dice el Salmo 2:7; y en Hechos 4:25-28 se usa también el Salmo 2:1-2 en cuanto a los sufrimientos de Jesucristo bajo Herodes, Pilato y el pueblo; sin embargo, éstos acontecimientos no agotan todo el significado de este Salmo.

En otras lecciones estudiaremos la manera de interpretar las profecías y sus aplicaciones, pero según el Salmo 2 se espera un cumplimiento pleno que no dejará ninguna duda acerca de la fidelidad de Dios a Su Palabra. Todavía hemos de ver a las naciones amotinándose contra Dios para romper todo vestigio de Su dominio sobre ellos, y hay dos posibilidades en cuando al futuro cumplimiento de este Salmo:

- Podría ser al final de la gran tribulación cuando se establezca el reino milenario del Señor Jesucristo (compare Ap. 19:1 - 20:4 con el Sal. 2:8-12), o,
- Al final del reino de los mil años (compare Ap. 20:7-15 con Sal. 2:1-7).

Tal vez lo más aceptable es la primera, puesto que narra primero la batalla y luego el establecimiento del reino. De todas formas, no queremos con estas palabras menospreciar la aplicación del Salmo al primer advenimiento del Señor Jesús como ya se ha mencionado.

Otros Salmos proféticos en este Libro I son el 16, donde los versículos 9 y 10 se refieren a la resurrección del Señor Jesús (Hch. 2:27); el 22 que comentaremos por separado y el 40. En Hebreos 10:5-7 vemos que el Salmo 40:6-8 está hablando del primer advenimiento de Jesucristo.

Salmo 3

La consideración de este Salmo nos lleva a los Salmos de David y al problema de su orden cronológico. A pesar de haber 37 Salmos en este primer Libro atribuidos a David (según Hch. 4:25 el segundo también es de él), no hay sino cinco cuyas inscripciones indican, con cierta exactitud, la época de la vida del autor (3, 7, 18, 30 y 34). Sin embargo, tenemos suficientes detalles sobre la vida de David en los libros históricos (1 y 2 S. y 1 Cr.) y no nos es difícil imaginar lo que posiblemente dio lugar a los sentimientos expresados en varios de sus Salmos.

Ciertos Salmos podrían colocarse con mucha naturalidad en dos o tres épocas de su vida. El Salmo 23, por ejemplo, muy bien puede considerarse como una expresión de David durante la época de su juventud, cuando primeramente dejó el pastoreo de las ovejas y fue llevado a la corte del rey Saúl. En un comienzo había sido despreciado por su familia delante de Samuel cuando éste vino a ungirle, pero ahora estaba acompañando al rey. Por otro lado, este Salmo podría corresponder también al final de la vida de David, como expresión del cuidado de Jehová durante los 80 años de su peregrinación sobre la tierra, y de su confianza en que tendría un lugar de delicados pastos esperándole en el más allá.

Esta práctica de no limitar al Salmo a cierto acontecimiento histórico hace que el lector de cualquier edad, tenga la capacidad de identificarse con el poeta y utilizar las estrofas como expresión de su propia experiencia al estar bajo cualquier circunstancia que hagan apropiadas sus palabras.

Según las inscripciones, los Salmos de David corresponden en orden cronológico a la siguiente lista:

Inscripción	Salmo
David calumniado en la corte de Saúl	7
David perseguido por Saúl	59
Huída de David a Gat	34 y 56
Cuando huyó de Saúl a la cueva de Adulam	57 y 142
Cuando Doeg dijo a Saúl que David estaba con Ahimelec	52

Traicionado por los zifeos	54
Cuando escapó de la mano de Saúl	18
Estando en el desierto	63
Al dedicarse la casa de David	30
Al vencer a los moabitas y sirios	60
El gran pecado y arrepentimiento de David	51
Cuando huyó de Absalón	3

Muchos son los que han intentado establecer los demás Salmos de David en orden cronológico, pero todos difieren entre sí. No se necesita mucha imaginación para darse cuenta que el Salmo 32 pudo haber sido escrito un poco después que el 51, y quizá del 38 y 39, pero lo que importa es que son las mismas enseñanzas y también la utilidad para nosotros se mantiene. Si la fecha histórica hubiera sido necesaria, Dios la hubiera revelado.

Veamos por un momento el Salmo 3, cuya inscripción indica haber sido escrito "cuando David huía de delante de su hijo Absalón". Es el último según la lista arriba anotada, pero puesto entre los primeros, tal vez, por considerarse como una oración apropiada para ser usada por la mañana.

El Salmo 3 consta de cuatro estrofas de dos versículos cada una. Primero, David invoca a Jehová y le explica su situación de peligro. La segunda estrofa es una expresión de confianza en Jehová quien es Escudo o Defensor del necesitado, y Aquel que contesta la oración. El tiempo de los verbos en el versículo 4 prueba que la costumbre de David era orar a Dios, quien constantemente le respondía. La confianza expresada en la tercera estrofa es extraordinaria, dada la circunstancia de que en aquel tiempo para salvarse, David no tenía ni fortalezas, ni muros, ni defensa natural. "Yo me acosté y dormí, y desperté, porque Jehová me sustentaba". ¡Qué Dios nos dé esa misma fe! De tal manera que por la mañana, fortalecidos por el dulce sueño y descanso de la noche podamos decir: "No temeré a diez millares de gente, que pusieren sitio contra mí". La última estrofa es una oración, en la que el poeta pide a Jehová que le salve, quebrantando los dientes (siendo incapaz de dañar) de los enemigos. "La salvación es de Jehová".

Salmo 4

Este Salmo es una oración nocturna (compare 4:8 con 3:5) y es algo semejante al 3 en su estructura, teniendo una pausa al final del segundo y cuarto versículos. Compare también 4:6 con 3:2a.

Salmos 5, 6 y 7

Corresponden a oraciones pidiéndole a Jehová liberación de los adversarios.

Salmo 8
Aquí tenemos un Salmo de alabanza a Dios por la naturaleza y su creación, incluyendo al hombre. Vemos la descripción del hombre como un ser poco menor que los ángeles y enseñoreándose sobre el resto de la creación. Los versículos 3 y 4 hablan de la pequeñez del hombre para recordarnos que la honra y la gloria pertenecen a Jehová.

Salmo 9 y los salmos imprecatorios (expresiones con tono de castigo y maldición)
Este es un Salmo con una composición de tipo acróstico aunque no de manera perfecta. El siguiente Salmo refleja el alfabeto hebreo y no debemos considerar a los dos como un solo canto. En el 9 los enemigos son extranjeros; en el 10 son nacionales, y el tono del 9 es con un triunfo glorioso mientras que el del 10 es menos victorioso. Cada dos versículos forman un verso poético que empieza con una letra en orden del alfabeto hebreo.

El canto se divide en dos partes: versículos 1-12 y 13-20. La primera división empieza y termina con alabanzas al Señor (vvs. 1-2 y 11-12), mientras que la segunda parte empieza y termina con oraciones (13-14 y 19-20). La parte central consta de los juicios de Jehová que han sido ejecutados (3-6 y 15-16). Está seguido por una declaración de los juicios eternos que Dios ha de llevar a cabo sobre las naciones rebeldes (7-10 y 17-18). Aun los juicios señalados con verbos en tiempo pretérito perfecto pueden ser profecías sobre el castigo más amplio que caerá sobre las naciones gentiles. Son estas porciones las que hacen que el Salmo 9 sea uno de los llamados "Salmos imprecatorios".

Los Salmos que tiene imprecaciones, o declaraciones y peticiones de maldición a fin de que Dios castigue a los enemigos, son denominados imprecatorios o vindicatorios. Es difícil para uno que nunca ha visto una guerra, o las matanzas crueles cometidas contra los judíos por parte de sus enemigos, que acepte estos Salmos como inspirados o literales. Muchos dicen que Dios nunca inspiraría tales peticiones.

Se cuenta de un misionero en el Medio Oriente quien vio a un grupo de jinetes del desierto cabalgando hacia un pequeño pueblo indefenso. El jefe de ellos llevaba delante de sí el cuerpo desnudo de una niña. Al llegar más tarde a aquel pueblo, el misionero vio el caos en el mercado, el cuerpecito de la niña colgado de un gancho en la carnicería, y un letrero debajo que decía "carne fresca". El misionero escribió a un amigo diciéndole: "No seas demasiado severo en tu crítica de los Salmos imprecatorios".

Sabemos que David era un hombre de corazón bondadoso. En dos ocasiones su perseguidor, Saúl, estuvo a su merced y fácilmente hubiera podido quitarle la vida, pero no le tocó ni permitió que sus hombres lo hicieran. Conocida también es la bondad que mostró a Mefiboset, nieto de Saúl. Sin embargo, cuando David hablaba de los enemigos de Jehová, los idólatras, era otra cosa (2 S. 12:31 y también Nm. 31:15-17).

El Dios que ordenó el diluvio en los días de Noé es también el Padre Celestial que hasta el día de hoy cuida de los Suyos. Pero cuando una nación o individuo se ha degenerado tanto, y ha resuelto no arrepentirse ni aceptar el don de la salvación que Dios le ofrece, cuando su vida ha llegado a constituir un peligro de infección moral para sus semejantes, entonces Dios en Su misericordia, deja que el pecado tenga su efecto natural, es decir, la muerte.

Si interpretamos los Salmos imprecatorios a la luz de la profecía, encontraremos que se relacionan con castigos profetizados sobre las naciones rebeldes en el "Día del Señor". El Salmo 137 es tal vez el más citado por los críticos, y lo comentaremos más adelante, pero sabemos que la destrucción de Babilonia fue profetizada como castigo por sus muchos pecados.

El Salmo 9 también habla del castigo de Dios sobre los enemigos, pero analizando los versículos 7 y 8 vemos que está hablando del juicio, y en el versículo 11 que Sion será habitada por los adoradores de Jehová, que se confirma en el versículo 14. En los versículos 15-17 leemos: "Se hundieron las naciones en el hoyo que hicieron; en la red que escondieron fue tomado su pie ... en la obra de sus manos fue enlazado el malo. Los malos serán trasladados al Seol, todas las gentes que se olvidan de Dios". Vemos otra vez, que ésto corresponde a las naciones gentiles, quienes estaban pagando por su mal trato a los judíos, puesto que Dios los había escogido como instrumento para la redención del mundo. En verdad "Jehová se ha hecho conocer en el juicio que ejecutó" (Sal. 9:16).

Así que, en estos Salmos imprecatorios, hay un sentido profundo de justicia y de juicio divino. No es el escritor el que pide permiso para matar o vengarse, sino que pide que se ejecute el justo juicio de Dios.

Se ha sugerido que estos Salmos deberían ser interpretados en relación al enemigo de uno mismo, es decir al hombre viejo y carnal que existe dentro de cada uno de nosotros. Algunos citan el Salmo 83:13-18 como aplicación de esta interpretación. Sin duda, habrá cierto valor al implorar tales castigos contra nuestra naturaleza pecaminosa que se levanta contra Dios, pero el modo más natural de interpretar estos Salmos, es aceptarlos como oraciones de uno que ha sufrido grandemente y que espera que Jehová le justifique y le vengue. A veces, dichas imprecaciones van más allá de la ocasión que las originó y avanzan hasta el castigo justo que Dios ejecutará en el Día del Señor sobre las naciones rebeldes que habrán perdido su derecho a vivir.

Salmos 10 al 13

Enfatiza el hecho de que Jehová es el Defensor contra los inicuos.

Salmo 14

Este Salmo prácticamente se repite con ligeros cambios en el Salmo 53, del Libro II. Ambos parecen haber sido escritos por David. Se nota primero que el hombre que dice en su corazón "no hay Dios" es un insensato, un necio. Muchos hombres dicen así de labios para afuera, pero pocos son los que lo creen en su corazón. Luego, en el versículo 2 dice que son muy pocos los que buscan a Dios. Todo hombre necesita un Salvador; no existe nadie perfecto, y Jehová es el único refugio, sólo en Él hay salvación. El necio dice en su corazón que no hay Dios, pero el sabio, por el contrario, se refugia en Jehová.

Salmo 15

En este Salmo se describe cómo anda el hombre que agrada a Dios.

Salmo 16

Es un canto de alabanza a Dios por Su bondad particular para con el salmista. Los últimos dos versículos expresan la fe en la realidad de la resurrección, y contienen una promesa y una profecía que fue cumplida en la resurrección corporal del Mesías, el Señor Jesucristo (Hch. 2:27).

Salmo 17

Es otra súplica por protección, terminando con una declaración de fe en la resurrección y la vida eterna.

Salmo 18

Este precioso Salmo se divide en dos partes. Los primeros seis versículos hablan del testimonio de Dios en la naturaleza, mientras los últimos ocho ensalzan la Palabra de Dios. El versículo 1 es una declaración muy clara acerca del propósito principal del universo que es el de glorificar a su Creador. Los versículos 2 y 3 han sido criticados severamente por no ser tan comprensibles, pero ahora la ciencia ha descubierto que hay sonidos musicales en la luz del sol, en la tierra, en los planetas y las estrellas a través del espacio. Hay en realidad una "sinfonía celestial del universo" y la Versión Moderna del versículo 3 dice correctamente: "No hay dicho, ni palabras, ni es oída su voz; empero por toda la tierra ha salido su melodía". Las últimas dos estrofas dicen que la ley de Jehová es perfecta, fiel, recta, pura, limpia, verdadera, deseable y dulce. Veremos más de esto en el estudio del Salmo 119. La oración con la que termina este Salmo es una preciosa petición al igual que un testimonio fiel. Nos conviene orar así a menudo.

Salmos 20 y 21

Son oraciones y alabanzas a Jehová de parte del rey, expresando así su esperanza y fortaleza.

Salmo 22

Este es el Salmo que habla proféticamente de la crucifixión y la resurrección del Señor Jesucristo. En él tenemos un ejemplo acerca de la inspiración de los hombres que escribieron lo que el Espíritu Santo les indicaba, pero que al hacerlo, ni ellos mismos comprendieron todo (1 P. 1:10-12).

La crucifixión de Cristo en el Calvario fue descrita con tantos detalles aquí, que sólo un ciego obstinado diría que no hay relación entre la profecía y su cumplimiento. Vemos que Jesucristo fue clavado en la cruz tal como lo describe el Salmo 22:16: "horadaron mis manos y mis pies"; gritó en Su agonía "Dios mío, Dios mío, ¿por qué me has desamparado?" El pueblo que le miraba Le escarneció con las palabras de los versículos 7 y 8. El cumplimiento de los dos detalles descritos en el versículo 18 es maravilloso, cuando habla de que sus vestidos fueron repartidos entre los soldados, pero que su túnica, por ser tejida en una sola pieza, no la romperían sino más bien sería repartida entre ellos, echando suertes sobre ella. ¡Qué grandioso es ver la fidelidad del cumplimiento de esta profecía escrita casi mil años antes del evento!

Continuando con el versículo 22 se nota un gran cambio en el Salmo, pues en lugar de peticiones, hay alabanzas. Es como que después de la muerte, el alma ha salido victoriosa y ahora tiene nuevas de gran gozo para anunciar a la asamblea. El versículo 26 es muy precioso. ¡En verdad que los que comen de Su sacrificio quedan satisfechos en su interior y alaban a Dios!

Salmo 23

Este es el que se conoce como el "Salmo del Pastor", y siguiendo el orden natural del Salmo 22, habla del Cristo sacrificado, sepultado y salido de la tumba, quien es el que sabe pastorear a Su rebaño. Este corto poema es tal vez la porción de literatura más renombrada en el mundo. Ha sido aprendido de memoria por más niños y recitado por más congregaciones que cualquier otra parte de las Escrituras. Ha consolado a millares de cristianos en el lecho de muerte, y ha animado a otros miles en tiempos de grandes dificultades. Cada versículo y cada frase ha servido como texto para sin número de sermones, sin que se haya agotado su belleza o la aplicación de sus enseñanzas a la vida diaria. Pudiéramos utilizar varias páginas para señalar las distintas maneras en que Dios ha usado este Salmo y comentarlo, pero el tiempo y espacio no lo permiten.

Sin embargo, comentaremos lo siguiente. El hijo del dueño de las ovejas es el buen pastor, no un asalariado (Jn. 10), y él es quien cuida de las ovejas para que no les falte nada, les conduce hacia pastos verdes, ya que la oveja no sabe encontrar el mejor lugar dónde comer; las hace recostar junto a aguas de reposo ya que la oveja no bebe bien cuando el agua está agitada, y el descanso es necesario para el alma. Un pastor tiene mala fama o gran renombre dependiendo de su habilidad de llevar al rebaño a través de los sembrados sin que una sola oveja deje el camino para meterse entre el trigo que no le pertenece. Así, nosotros damos gloria al nombre de Cristo, o lo denigramos, según andemos o no en el camino recto. Estudiando la vida de las ovejas, se sabe que al venir el verano, la hierba del valle se secaba y los pastores llevaban sus rebaños a través de las montañas hacia los pastos que se hallaban en lugares más altos. Usando su cayado conducían a las ovejas y su vara servía para matar a los lobos o leones, de modo que infundía confianza. El pastor sabía donde encontrar alimento, aun en aquellos pasos pedregosos de modo que preparaba "mesa ... en presencia de sus angustiadores". Cada noche, el buen pastor echaba un vistazo a cada oveja y, al ver una fatigada o enferma, le ungía la cabeza con aceite y le buscaba abundante agua fresca para que se repusiera. Por tanto, la confianza que tenía la oveja en su pastor es símbolo de la fe y el amor que el cristiano debe tener para con Cristo. El último versículo es la expresión de dicha confianza y ha servido para consolar y animar a muchísimos hijos de Dios a través de los siglos.

Salmo 24

Este Salmo compuesto por David parece haber sido cantado cuando subían el Arca desde la casa de Obed-Edom hasta Jerusalén (2 S. 6) y esta primera estrofa (versículos 1 al 6) sería cantada mientras subían el monte hacia las puertas del muro de la ciudad. Tal vez ésta y la segunda estrofa era cantada antifonalmente, es decir, un coro respondiendo a otro, puesto que se presta admirablemente para este fin. Al llegar delante de la puerta, el coro que está afuera llevando el Arca pide entrada, mientras desde adentro viene la pregunta: "¿Quién es este Rey de gloria?", y todo el coro afuera contesta: "Jehová el fuerte y valiente. Jehová el poderoso en batalla" y nuevamente pide la entrada.

¿Podría haber sido también esto una profecía acerca de cómo cantaron los ángeles cuando Jesucristo ascendió desde el monte de los Olivos para sentarse a la diestra del Padre en los cielos?

Salmo 25

El Salmo 25, como los Salmos 34, 37, 111, 112, 119 y 145 mantienen una composición de tipo acróstico. Estos poemas didácticos usan el alfabeto en su orden acostumbrado, haciendo a veces ciertas modificaciones, probablemente para llamar el interés y ayudar a aprenderlo de memoria. Este Salmo 25 expresa un grito de auxilio y perdón de los pecados.

Salmos 26 al 30

Son Salmos de adoración a Jehová.

Salmo 32

Este Salmo está entre los siete Salmos llamados "penitenciales" que son: el 6, el 32, el 51, el 102, el 130 y el 143. En ellos encontramos las verdades del evangelio paso a paso. En el Salmo 32 se nota la bendición y seguridad del perdón que una persona puede obtener, y de que el pecado sea cubierto completamente de la vista de Dios. Se ve también la necesidad de la confesión a Dios y la aceptación por parte de Él, que culmina en el gozo que experimenta la persona perdonada. En el versículo 9 encontramos la exhortación que dice que no debemos ser impetuosos como el caballo fogoso, ni obstinados como la mula. La razón es que el ojo de Dios está sobre nosotros para guiarnos en Su camino, y debemos ser sensibles a Su dirección.

Salmo 37

Este es un precioso canto de confianza en Dios. El Salmo empieza con una exhortación a la calma y a la esperanza, a pesar de los inicuos. Los versículos 3 a 5 son grandes promesas de Dios para Su pueblo, o tal vez podríamos mejor llamarlas declaraciones de leyes espirituales, tales como: "Confía en Jehová y haz el bien; y habitarás en la tierra, y te apacentarás de la verdad; deléitate asimismo en Jehová y él te concederá las peticiones de tu corazón. Encomienda a Jehová tu camino, y confía en El, y El hará". En realidad, ¡qué hermosas promesas de Dios y cuán bondadoso es Él! El hombre que desea gozar de estas bendiciones ha de cumplir con las condiciones del versículo 3, y alimentarse de la verdad. Luego el Salmo sigue hablando de las bendiciones que tienen los que le sirven al Señor.

Los demás salmos deben ser leídos por el estudiante, a fin de que pueda anotar el tema y la lección principal de cada uno. El Salmo 41:13 es la doxología con que se cierra este Libro I de los Salmos.

REPASO DE LA LECCIÓN

1. Los Salmos que todo obrero debe saber de memoria son: el 1 y el 23; después el 2, 3, 19, 22, 24, 32 y 37.
2. ¿En cuántas estrofas se divide el primer Salmo?
3. ¿En qué sentido el Salmo 2 es mesiánico?
4. Explique cómo la inscripción que encabeza el Salmo 3 nos ayuda en la comprensión del Salmo.
5. Según el Salmo 9, ¿qué explicación se puede dar de los salmos imprecatorios, si Dios es amor?
6. ¿Qué hay de maravilloso en las profecías del Salmo 22?
7. En el Salmo 23, ¿cuál ha sido la lección de mayor importancia espiritual para usted?

Lección 5

Libro II de los Salmos, 42 al 72

Salmo 42

Este Salmo empieza con el profundo anhelo: "Como el ciervo brama por las corrientes de las aguas, así clama por tí, oh Dios, el alma mía. Mi alma tiene sed de Dios, del Dios vivo". Y sabemos que sólo el Señor Jesucristo es el único que puede satisfacer el anhelo del alma expresado en dichos versículos. Sólo Él puede contestar satisfactoriamente la pregunta: ¿Dónde está tu Dios?

Los Salmos 42 y 43 expresan el lamento de un corazón abatido, y se cree que fueron escritos por los hijos de Coré. Algunos comentaristas dicen que la semejanza entre el Pentateuco y los cinco libros de los Salmos, se explica con estos salmos de abatimiento que corresponden a los primeros capítulos del Libro de Éxodo. Así también se puede hacer el siguiente análisis: puesto que el Libro I de los Salmos trata del hombre, de igual modo éste corresponde al libro de Génesis. El Libro II trata de la ruina, el Redentor y la redención, correspondiendo al libro de Éxodo. El Libro II, que corresponde al libro de Levítico, trata del Santuario; el Libro IV habla de la tierra y corresponde a Números, mientras que el Libro V habla de la Palabra de Dios, y corresponde a Deuteronomio.

Salmo 44

El Salmo 44 es semejante a los dos anteriores, pero en vez de ser un clamor personal, es más bien un clamor nacional. El autor recuerda los días antiguos cuando los padres se gloriaban en Dios y en Su bendición, pero ahora que han sido vendidos, son como ovejas destinadas para el matadero. Dios ha escondido Su rostro, y el salmista le ruega que Se levante para ayudarles.

Salmo 45

A este Salmo se le ha considerado como canto de amor para celebrar las bodas de algún rey, tal vez usado en la boda de Salomón con la hija de Faraón. Consideramos esto poco probable, puesto que tal unión representaba una violación a la Ley de Moisés (Dt. 7:1-4); por lo tanto, debió haber sido celebrada no tan jubilosamente por la nación, especialmente por los cantores en el Templo. El hecho es que las palabras alcanzan un arrebato de espíritu que sobrepasa el elogio legítimo de un rey humano y más bien, puede ser aplicable sólo al Señor Jesús (versículos 6 y 7). Estos versículos son citados en Hebreos 1, 8 y 9, de tal modo que este Salmo es considerado como mesiánico, y la interpretación más común es que se refiere a las Bodas de Cristo y Su Iglesia en el cielo.

Salmo 46

Este es un Salmo de testimonio y alabanza a Dios. Tan sostenido es el tono de triunfo, que parece más un canto del pueblo de Israel celebrando la segunda venida del Mesías, al poner fin a la gran tribulación para establecer Su reino milenario. Consta de tres estrofas, cada una de las cuales termina con la pausa (Selah) que sirve para meditar en lo que se acaba de leer. Alguien ha dicho que se debe interpretar esta palabra: "selah" o "pausa" como queriendo decir "¡qué le parece! o ¡considérelo bien!" El versículo 10 es una exhortación para que todos guarden silencio delante de Dios, reconociendo que Él es Soberano Todopoderoso. Luego, tenemos la frase "nuestro refugio es el Dios de Jacob" que es muy expresiva, pues vemos que Él acompañaba a Jacob a pesar de sus debilidades y tretas y fue su Refugio, y de igual manera lo es para nosotros a pesar de ser indignos. Así que, este Salmo nos enseña mucho acerca de la bondad del Padre Celestial, nos consuela y anima en la lucha del diario vivir.

Salmo 47

Este Salmo alaba a Dios como Rey sobre todas las naciones.

Salmo 48

Aquí hace un comentario sobre la vida, la muerte y la inmortalidad que proviene de Dios, siendo Él quien redime el alma y la lleva consigo.

Salmo 49

Este es un comentario sobre la vida, la muerte y la inmortalidad, que proviene de Dios, siendo Él quien redime el alma y la lleva consigo.

Salmo 50

Se atribuye su escritura a Asaf, y se puede apreciar cómo Dios convoca al pueblo y les habla de su hipocresía cuando ofrecen sacrificios. Da a entender que lo que Él quiere es la comunión con Su pueblo en base al sacrificio, y no que la persona de mala gana ofrezca los animales para luego seguir viviendo en pecado.

Salmo 51

Este Salmo debe ser leído a la luz del acontecimiento histórico que lo ocasionó (2 S. 12:1-15). El Rey David había cometido adulterio y homicidio por lo cual vino el profeta Natán, y por revelación de Dios, le enfrentó con su pecado. David se arrepintió de todo corazón y el Salmo 51 es el producto de dicha confesión.

Lo escrito allí es de mucha inspiración y ha ayudado a millares de seres a comprender mejor lo que debe hacer un hijo de Dios cuando ha pecado, señalando a su vez el camino al perdón y a la renovación del gozo. Se debe notar que en el Salmo no hay lugar para la justificación propia, ni se presenta excusa alguna, sino por el contrario una confesión humilde y un deseo sincero de ser perdonado. Sólo Dios puede justificarnos, no nosotros mismos.

Es menester creer que Dios borra nuestro pecado cuando nos arrepentimos, porque sin esa fe nuestra oración no tendría significado.

El versículo 4 contiene una verdad muy importante, y esto es que *todo pecado es primeramente contra Dios*. Él nos hizo, no para que vivamos pecando, sino para que seamos una causa de gloria para nuestro Creador. Cuando pecamos somos una vergüenza para Dios y no una honra. Por lo tanto, todo pecado es primeramente contra nuestro Hacedor, no importa la naturaleza de la falta, ni cuán liviano pueda ser el pecado, ni quién sea el que sufre entre los hombres. Junto con esto es bueno decir que el único verdadero arrepentimiento es el reconocimiento de nuestro pecado delante de Dios, y no simplemente una tristeza natural por haber causado que un hermano sufra debido a nuestra flaqueza. Una buena ilustración de esto se encuentra en Lucas 22:61, donde vemos que Pedro había negado al Señor delante de las personas en el patio, y no sentía nada hasta que el Señor Jesús le miró cara a cara. Al darse cuenta el apóstol de que los ojos del Hijo de Dios estaban fijos en él, y que Dios sabía todo lo acontecido, salió y lloró amargamente. Este es el arrepentimiento aceptable delante de Dios.

Otra verdad notable en este Salmo es la que encontramos en el versículo 12 donde *David pide que Dios le devuelva el gozo de la salvación, no que vuelva a salvarle*. Por cierto hay quienes sostienen que si David no se hubiera arrepentido, hubiera muerto y se hubiera perdido en su pecado. Sin embargo, sólo Dios sabe lo que sucede en cada caso, y nos conviene no perder el tiempo discutiendo sobre la salvación de David si no se hubiera arrepentido, o la salvación de Salomón, y ocuparnos más bien en llevar las buenas nuevas a toda criatura.

El versículo 17 enseña una verdad para todas las épocas y esto es que "Los sacrificios de Dios son el espíritu quebrantado; al corazón contrito y humillado no despreciarás tú, oh Dios".

Muchos alegan que los últimos dos versículos fueron agregados siglos después por algún copista, pero creemos más bien que resultaba muy natural para un rey dejar de pensar en sí mismo y orar por su pueblo, especialmente por su ciudad capital. Los habitantes sabían del pecado de su amado rey; por lo tanto, había mucha necesidad de pedir a Dios que edificara los muros para que el pecado, que era como una ola del ejército enemigo, no anegara al pueblo entero. Sólo cuando se edifican los muros de resistencia contra el mal, Le agradan al Señor los sacrificios de Su pueblo.

Salmo 52

Según indica la inscripción, fue escrito cuando David empezó a ser perseguido por Saúl, esto es, cuando David era todavía joven. Sin embargo, aprendemos que él dejó al calumniador en manos de Dios expresando así su confianza en el Señor. Se puede apreciar además que el malo perecerá, mas el justo es como olivo verde en la casa de Jehová; no un fruto maduro para ser cogido, sino un árbol con vida que tiene raíces para alcanzar el agua de la vida.

Salmo 53

Expresa la oración de David cuando fue traicionado y casi alcanzado por Saúl.

Salmo 54

Fue escrito por David cuando su íntimo amigo le fue infiel. Según la historia de Jesucristo, ¿en quién le hacen pensar los versículos 14 y 15? Note el versículo 22.

Salmos 56, 57 y 59

Estos Salmos son oraciones fervientes de David cuando fue perseguido.

Salmo 58

A este Salmo no se le puede encajar en un tiempo determinado de su vida, pero David pide a Dios que Él sea el que tome venganza de los malos y se glorifique, manifestando la diferencia entre los justos e injustos.

Salmo 60

Según la inscripción, fue escrito cuando había peleado contra los amonitas, moabitas y edomitas, pero parece que el canto fue escrito por David antes de entrar en la batalla (versículos 1-4), o según la primera estrofa, es posible que Israel haya sido derrotado en la primera batalla, aunque el relato en 2 Samuel 8 y 1 Crónicas 18 no la menciona. En la segunda estrofa, Dios toma la palabra y promete la victoria con frases muy descriptivas. En la última estrofa el poeta rey vuelve a pedir a Jehová que salga de nuevo con el ejército y dice: "En Dios haremos proezas, y El hollará a nuestros enemigos".

Salmo 61

La inscripción dice "Salmo de David cuando estaba en el desierto de Judá". Nos hace pensar que fue cuando huía de Absalón (2 S. 15:23; 16:2 y 17:16). Es allí donde todo está seco, y uno amanece con sed buscando el agua que David expresó: "Dios, Dios mío eres tú; de madrugada te buscaré; Mi alma tiene sed de ti, mi carne te anhela en tierra seca y árida donde no hay aguas ... Pero los que para destrucción buscaron mi alma ... los destruirán a filo de espada ... Pero el rey se alegrará en Dios". No menciona a su hijo Absalón, ni aun parece considerarle como el eje de la conspiración, sino que dice "los que para destrucción buscaron mi alma".

Salmo 64
Describe a Dios como el Defensor en contra de los calumniados.

Salmo 65
Alaba a Dios por Sus obras expresadas en la naturaleza, a favor del hombre. Note el versículo 11: "Tú coronas el año con tus bienes, y tus nubes destilan grosura".

Salmo 66
Alaba a Dios por Sus obras, por las pruebas y por la liberación de ellas, prometiendo ofrecer sacrificios de agradecimiento. Note el versículo 18 que es tan útil cuando estudiamos acerca de la oración.

Salmo 67
Nos habla de Dios como el Juez y Pastor de todas las naciones. Note que todos los verbos están en tiempo futuro, luego de la introducción. Se podría decir que este es un Salmo mesiánico. Se puede ver en los primeros dos versículos que es por Su bendición sobre los suyos que Dios es conocido entre las naciones.

Salmo 68
Es un Salmo de alabanza a Dios por el cuidado para con Su pueblo. Él es Padre de huérfanos, y Defensor de viudas. Él es quien da fortaleza al pueblo. Note el versículo 11. Dios usa a las mujeres para llevar las buenas nuevas a los que no han oído.

Salmo 69
Es la oración de un afligido. ¿En quién puede pensar cuando lee los versículos 20 y 21? Vemos que sin embargo, Él no pide venganza como el salmista lo hace en los versículos 22 a 28.

Salmo 70
Expresa la oración de un afligido y menesteroso.

Salmo 71
Es la oración de un anciano al Dios de esperanza en la vejez. Los versículos 17 y 18 encerran el tema principal.

Salmo 72
Nos cuenta de la maravillosa obra de Dios al dar el fruto del campo y cuidar de los pobres. Este libro II termina con una doxología, versículos 18 y 19, y una nota que señala el final de esta colección de Salmos. Quizá la nota incluye tanto el Libro I como el Libro II de los Salmos.

REPASO DE LA LECCIÓN

1. ¿Qué podríamos contestarle a alguien que nos preguntase: ¿Dónde está tu Dios?
2. ¿Qué referencias acerca de Jesucristo ha visto Ud. en este Libro II de los Salmos?
3. ¿Cuáles versículos ha aprendido de memoria de estos Salmos?
4. ¿Qué lecciones nos enseña el Salmo 51?

Lección 6

Libro III de los Salmos, 73-89
Libro IV de los Salmos, 90-106

Libro III de los Salmos

Al comenzar a estudiar estos Libros de Los Salmos, declaramos que el Señor Jesucristo es el Pastor al que se refiere el Salmo 80, el que sacó una vid de Egipto y la plantó en Canaán, acompañando al pueblo todos los días en el desierto. Él es el Dios Eterno quien en el principio fundó la tierra, y cuyos años nunca acabarán (Sal. 102:25-27; He. 1:8-12). Es Él quien hizo alejar nuestras transgresiones (Sal. 103:12). En Juan 10:34 el Señor citó el Salmo 82:6 cuando habló con los fariseos diciendo que la Escritura no puede ser quebrantada. Ahora, veamos más de cerca cada Salmo en particular, empezando con el Libro III.

Salmo 73

Este Salmo compuesto por Asaf relata una experiencia espiritual en la que existe una contienda en su alma, al contemplar la vida de los hombres malos y observar que, a pesar de ser soberbios, violentos y blasfemadores eran prosperados con bienes y salud, sin sufrir castigos ni trabajos como los demás humanos. Esto le confundía al poeta y se preguntaba: "¿Acaso no sabe Dios? ¿El Altísimo en verdad tiene conocimiento? ... Verdaderamente, en vano he limpiado mi corazón". Sin embargo, en los versículos 16 y 17 expresa cómo encontró la solución a su problema y salió de su confusión: "Cuando pensé para saber esto, fue duro trabajo para mí, hasta que entrando en el Santuario de Dios, comprendí el fin de ellos. Y así continúa hablando hasta el versículo 20 de lo que pasará con los inicuos. En los versículos 21 y 22 el Salmista se acusa a sí mismo por no haber comprendido antes esta verdad, y el resto del canto es una expresión de confianza en Dios. Los versículos 24 y 25 merecen ser aprendidos de memoria.

Salmo 74

Este Salmo también es de Asaf, y allí se lamenta por la destrucción del Templo en el Monte de Sion: "Dirige tus pasos a los asolamientos eternos, a todo el mal que el enemigo ha hecho en el Santuario ... y ahora con hachas y martillos han quebrado todas sus entalladuras. Han puesto a fuego tu Santuario, han profanado el Tabernáculo de tu nombre, echándolo a tierra". Parece entonces que este Salmo fue escrito a principios de la invasión de los caldeos y el cautiverio babilónico.

Podría ser entonces que los inicuos que son prosperados de los que se habla en el Salmo 73 sean los caldeos. Luego, el autor se sigue lamentando y dice: "No vemos ya nuestras señales; no hay más profeta, ni entre nosotros hay quien sepa hasta cuándo". Asaf no recordaba la profecía de Jeremías en la que fijaba la terminación del sufrimiento en 70 años (Jer. 25:11, etc.), ni sabía que Dios tenía dos grandes profetas durante el tiempo del cautiverio, esto es a Ezequiel y a Daniel. Su tristeza le cegaba los ojos y no podía ver el cuidado y la misericordia de Dios. En el resto del Salmo recuerda a Jehová Sus grandes obras en el pasado y pide ayuda conforme al Pacto hecho con Su pueblo.

Salmo 75

Este es un cántico de acción de gracias por Su cuidado, Su justicia, y la seguridad de que pagará lo merecido a los hombres soberbios.

Salmo 76

Se lo ha atribuido a Asaf también, pero no se encuentra un acontecimiento histórico con el cual relacionarlo. En lugar de aplicarlo a la cautividad, parece que pertenece más bien al tiempo de la invasión asiria y la derrota del ejército de Senaquerib fuera de Jerusalén, cuando el ángel de Jehová hirió a 185.000 asirios en una sola noche. El Salmo habla acerca de los que duermen su sueño, que yacen en un sueño profundo, y esto se aplica fácilmente a los que murieron mientras dormían. Luego, el autor convoca a los hombres a rendirle culto a Jehová pagando los votos. En el versículo 10 habla de una aparente ley de la providencia, pero son pocos los que creen en ella: "Ciertamente la ira del hombre te alabará; tú reprimirás el resto de las iras".

Salmo 77

Encontramos nuevamente la confusión existente en el alma del escritor, a causa de la angustia del pueblo, de la triste condición de Israel y la aparente indiferencia de Jehová. Hace la pregunta: ¿ha olvidado Dios el tener misericordia?, pero luego vuelve en sí y dice: "¡Enfermedad mía es ésta! Traeré pues a la memoria los años de la diestra del Altísimo. Me acordaré de las obras de Jah; sí, haré yo memoria de tus maravillas antiguas". De esta manera, pensando en la santidad y grandeza de Dios, y en Sus obras hechas en el pasado, el salmista encuentra sosiego para su espíritu.

Salmo 78

Es un repaso de la historia en la que vemos la paciencia de Dios para con Su pueblo Israel. Encontramos también las épocas de bendición y de castigo, según Dios les trató de acuerdo a su obediencia o desobediencia. Luego, en los versículos 67 al 72 vemos que Dios eligió a Judá, Jerusalén y a David porque así Él lo quiso en Su soberana voluntad. El último versículo es un valioso testimonio de la fidelidad de David a la obra que Dios le llamó.

Salmo 79

Describe la triste condición de Jerusalén convertida en un montón de escombros con cadáveres sin ser sepultados, comidos por las aves y las bestias. Es triste, sin duda, el lamento del autor al decir: "Por qué dirán las gentes, ¿dónde está su Dios?" Enseguida invocan la venganza de Dios sobre los enemigos para que Su pueblo, ovejas de Su prado, le alaben.

Salmo 80

Es una oración conmovedora, en la que se aprecia que fue Dios quien sacó a los judíos de Egipto, les plantó y les prosperó en Canaán, pero que ahora están quemados a fuego, y abatidos. El escritor ora por nuevas fuerzas y una nueva vida.

Salmo 81

Es un diálogo en el que Dios mismo toma la palabra y acusa a Su pueblo de idolatría, de dureza de corazón y de no querer escuchar. El resto del Salmo (vv. 13 al 16) es una promesa o declaración de lo que sería el resultado si el pueblo fuera obediente y fiel.

Salmo 82

Nos presenta una escena majestuosa y solemne en la que vemos a Dios sentado para juzgar a los dioses o jueces de Israel (se puede traducir la palabra dioses como jueces). En el versículo 2 el Señor les acusa de haber juzgado injustamente. En los versículos 3 y 4 les da instrucciones, pero en el 5, dice que no quieren entender, y en el 6 y 7 les condena. El último versículo es un ruego a Dios para que haga en todas las naciones lo que ha hecho en Israel.

Salmo 83

Da una lista de las naciones enemigas que desean destruir a Israel, y luego encontramos imprecaciones contra ellas, pidiendo su destrucción.

Salmo 84

Se lo atribuye a los hijos de Coré. Es un canto de alabanza a Dios y expresa el amor de los judíos para con la Casa de Dios, es decir, el Templo en Jerusalén. De los versículos 5 al 7 se deduce que los que cantan son peregrinos que van en camino hacia Jerusalén, porque dice que anhelan ardientemente estar en el templo. El versículo 11 es digno de aprenderse de memoria.

Salmo 85

Este Salmo también es de los hijos de Coré, es una oración al Dios que perdona y restaura a los caídos y desamparados.

Salmo 86

Es una oración particular de David pidiendo ayuda. Vale la pena memorizar los versículos 11, 15 y 17 aunque todo el Salmo es un buen modelo para la oración.

Salmo 87

Este Salmo es una canción acerca de las glorias de Jerusalén.

Salmo 88

Es otro Salmo de los hijos de Coré, pero lleva además el nombre de Hemán ezraíta. Expresa el lamento o queja de un hombre que se siente afligido por Dios en un hoyo profundo y obscuro.

Salmo 89

Se lo atribuye a Etán, ezraíta, y se divide en tres partes. Los versículos 1 al 18 hablan de la fidelidad, el poder y la misericordia de Dios. Los versículos 3 y 4 dan una síntesis del Pacto Davídico según 2 Samuel 7, lo cual se narra más detalladamente en lenguaje poético en la segunda parte, versículos 19 al 37. La tercera parte presenta el contraste entre las grandes promesas contenidos en el Pacto hecho con David y la presente condición de Jerusalén y de la nación en sí, que es sumamente triste, versículos 38 al 51.

El versículo 52 constituye la doxología final de este Libro III de los Salmos. El Salmista resuelve meditar en los atributos eternos de Dios y confiar en Él, a pesar de las condiciones o circunstancias en que se encontraba. Ese es el tema de su canto según los versículos 1 y 2.

Libro IV de los Salmos

Salmo 90

Según su inscripción, es una oración hecha por Moisés, varón de Dios. Los que comparan los cinco libros de los Salmos con los cinco libros del Pentateuco, tienen razón cuando dicen que este Libro IV, que corresponde al Libro de las Peregrinaciones (Números), empieza con el Salmo de Moisés, quien fue el líder que llevó al pueblo por el desierto. Algunos creen que fue también Moisés quien escribió los 10 Salmos anónimos que siguen (91 al 100). Sin embargo, es sólo una conjetura.

En este Salmo 90 Moisés canta sobre el tema de la brevedad de la vida humana en contraste con la eternidad de Dios (primera estrofa, versículos 1 al 6), y del pecado como causa de la muerte (segunda estrofa, versículos 7 al

12). Parece que Moisés se inspiró al reflexionar en los años pasados en el desierto con el fin de esperar la muerte de toda aquella generación como castigo por su pecado. La tercera estrofa (versículos 13 al 17) es una oración que habla sobre lo débil y mortal que es el hombre. El último versículo, sabiendo que fue contado por Moisés, tiene una fuerza y significado mucho mayor que si hubiera sido contado por otro. El rostro de Moisés despedía rayos de luz de tal manera que el pueblo le rogaba que pusiera un velo sobre su cara, y sin embargo vemos que él dice: "Sea la luz de Jehová nuestro Dios sobre nosotros". Considerando también que él había obrado más milagros y mayores en grandeza que cualquier otro hombre, vemos que ruega a Dios diciendo: "La obra de nuestras manos confirma".

Salmo 91

Este es conocido de memoria por muchos cristianos y constituye una joya de la literatura cristiana. Ha fortalecido la fe de muchísimos y ha animado a multitudes a seguir con Dios a pesar de los peligros y dificultades encontradas en el camino.

El primer versículo resume el tema del canto que es la seguridad que tiene aquel que se refugia en Dios. Las frases: "Al abrigo del Altísimo" y "Bajo la sombra del Omnipotente", son sinónimas. La figura es tomada del propiciatorio, donde la gloria de Jehová estaba bajo la protección de las alas de los querubines. Da a entender que el que está con Dios está tan seguro como Él mismo. Esto debía ser cantado a varias voces.

El segundo versículo debe ser cantado solo. Al hacerlo, la persona responde a la verdad expresada en términos generales en el primer versículo, y a la vez es la misma persona a quien el coro responde en los versículos 9 al 13, y de quien habla Dios en los versículos 14 al 16. Este personaje contesta diciendo: "Diré yo a Jehová: esperanza mía y castillo mío, mi Dios en quien confiaré". Aquí hace suya la verdad expresando su confianza en el Dios que le convida a refugiarse en Él.

Luego, el coro canta las bienaventuranzas de aquel que ha puesto su confianza en Dios, enfatizando que será cuidado como una paloma o ave indefensa, que ni el lazo ni las flechas del cazador le alcanzarán porque tendrá como su escudo protector, la verdad. Se cuenta que el viajero en el Medio Oriente temía los ataques de los ladrones o de las bestias nocturnas, de las bandas de salteadores que atacaban en pleno día, de las tempestades de viento que levantaban la arena causando pestilencia y desorientación en el camino, por lo cual muchos no sobrevivían. El Salmo da a entender que de todo eso será salvado aquel que mora en Dios.

El versículo 9 es la misma voz de aquel que cantó en el versículo 2, diciendo: "Esperanza mía y castillo mío". Y el coro contesta otra vez con los versículos 9 al 13. Vemos que Dios promete protección contra los peligros del camino, ya sea que los ángeles nos lleven por encima de las piedras o al darnos la victoria en medio de los peligros, permitiéndonos pisar sobre el áspid y el león.

Luego, escuchamos la voz de Dios corroborando todo lo que el coro ha cantado, y agregando aun más cuando le promete librar, poner en alto, responder, estar con la persona en la angustia, glorificar, dar larga vida y mostrar Su salvación. ¿Quién podría ofrecer más que esto? Pero, ¿cuál es la única condición? El Salmo dice: "Por cuanto en Mí ha puesto su amor". ¡Que todos seamos incluídos entre los que reciben estas promesas por cuanto hemos cumplido con esta condición! ¡Pongamos nuestro amor en Él!

Salmo 92

Este es un canto de alabanza a Dios por Sus maravillosas obras (versículo 5) y según la inscripción, es un himno especial para el día de descanso. Los primeros tres versículos constituyen la introducción, teniendo por lo tanto primero una alabanza por las grandes obras y profundos pensamientos de Jehová, seguido por la reacción de los enemigos de Dios frente a esta realidad de Sus obras, en los versículos 6 al 9, aunque ésta es interrumpida en el versículo 8. El resto del Salmo habla de los justos que son como palmas y cedros en los atrios de Jehová, que florecerán hasta la vejez.

Salmo 93

Es un himno de adoración, que ensalza el nombre de Dios por Su grandeza como Rey eterno.

Salmo 94

Aquí principia y termina hablando de los inicuos, diciendo que recibirán la venganza de Dios sobre ellos. Los versículos 12 al 19 hablan de los justos, y los versículos 17 al 19 constituyen un testimonio personal acerca del socorro oportuno de Jehová. El argumento de los versículos 8 al 11 debe avergonzar a cualquier malhechor que dijera con maldad y en su corazón, las palabras de dichos versículos.

Salmos 99 al 100

Son cantos de alabanza y adoración a Dios. Recomendamos al estudiante que lea detenidamente cada uno de estos Salmos para descubrir todas las razones por las cuales el hombre debe rendir honra y alabanza a Dios. Fíjese en las referencias acerca de la santidad de Jehová, de la idolatría, y de las obras de Dios.

Salmo 101

Se lo atribuye a David como rey de Israel, quien promete a Dios que al gobernar la nación solamente participarán los justos, y que perseguirá a los que hacen iniquidad. En el contexto de hoy en día, ¿a qué más se podría referir la primera parte del versículo 3?

Salmo 102

Es la oración y conflicto de un afligido, que en su profundo dolor pide la ayuda de Dios, y expresa su confianza en que Jehová cuidará a Sion aunque no lo socorra a él inmediatamente (versículos 17 al 22). La oración del versículo 24 declara la verdad acerca de la eternidad de Dios y luego vemos aplicados inequívocamente estos versículos en Hebreos 1:8-12 al Señor Jesús.

Salmo 103

Es un himno con una gran expresión de alabanza a Jehová. Menciona lo corto de la vida del hombre mas no hay ninguna queja ni nota de amargura en todo el Salmo. Convoca a toda alma a bendecir a Dios, junto con los ángeles y toda la Creación. Los versículos 1 y 2 además del 10 al 14 son los más citados, pero es bueno guardar todo el Salmo en el corazón como fuente de fortaleza contra el desaliento.

Salmo 104

Se constituye en un gran Salmo de alabanza al Dios de la naturaleza. Tal vez el versículo 24 sea el lema del canto. Se puede ver que la contemplación sin prejuicio de la naturaleza guía al hombre a la adoración a Dios, quien es su Creador, y Quien usa al universo como vestidura (versículo 2). Las nubes son Su carroza (v. 3), los vientos son Sus mensajeros (v. 4), etc. Detrás del lenguaje poético y figurado se puede ver a Dios ensalzado en el corazón del salmista, y que con sinceridad llama a su alma para bendecir a Jehová.

Salmos 105 y 106

Estos corresponden a cantos históricos, que repasan la historia de Israel desde Abraham hasta el cautiverio. En 106:48 tenemos la doxología del Libro IV de Los Salmos.

Repaso de la lección

1. ¿Qué explicación se puede dar acerca del hecho de que casi todos los Salmos en este Libro III mencionan el Santuario o Templo?
2. ¿Por qué se cree que el Salmo 76 se refiere posiblemente a la derrota de Senaquerib por parte de Dios?
3. En muchos Salmos se ve al autor muy abatido y confundido por causa de la ruina de Jerusalén, a pesar de las promesas de Dios a David. ¿Cómo salía el salmista de su abatimiento?
4. ¿Cuál es el tema del Salmo 90, que es el único escrito por Moisés?
5. ¿Qué consuelo hay para el cristiano en el Salmo 91?
6. ¿Qué Salmo se constituye en una expresión sólo de alabanza, sin queja ni lamento?

Lección 7

Libro V de los Salmos 107-150

El Señor Jesucristo es profetizado con mucha claridad en este grupo de cantos. En el Salmo 110 le vemos como Poderoso sentado a la diestra del Altísimo y recibiendo de Su pueblo ofrendas voluntarias. Más adelante, como Pontífice eterno ordenado por Jehová, y como el Juez de las naciones con una autoridad y poder que nadie podrá resistir. En toda la adoración que encontramos en los Salmos, Cristo es adorado por ser la Segunda Persona de la Trinidad Bendita que forma el Elohim, Nuestro Dios.

Salmo 107

Este Salmo presenta a Jehová como el Redentor de todos los que Le invocan, sin importar la situación en la que se encuentren. Es un Salmo con el cual es digno de comenzar esta última colección de himnos. Los primeros dos versículos sirven de introducción y a la vez nos dan el tema del Salmo, a saber: "La bondad y la misericordia de Jehová, manifestadas en Sus obras redentoras", y deben estimular a los redimidos a alabarle y a agradecerle por la Redención.

De tal manera que cuando todos los peregrinos, los desterrados y perdidos claman a Él, puedan ser redimidos y también animados a alabarle. También los marineros pueden clamar a Él en medio de la tempestad y serán salvados, y alabarán Su nombre. Asimismo, los hombres que viven en lugares secos y desérticos serán prosperados con ríos de aguas, mientras que los príncipes (los ricos en contraste con los pobres) serán despreciados. Es bueno haber pasado por pruebas, habiendo conocido más a Dios como nuestro Redentor y desear seguir glorificándole con sinceridad de corazón.

Salmo 108

Los versículos 1 al 5 de este Salmo se repiten en el Salmo 57:7-11, y los versículos 6 al 13 son la repetición del Salmo 60:5-12, con pequeñas variaciones que no tienen importancia. Tal vez las nuevas condiciones en las que fueron escritas se asemejaron a aquellas que dieron origen a los primeros Salmos, y motivaron la unión de estas porciones en un nuevo canto.

Salmo 109

Es el más profundo de los Salmos imprecatorios. En el principio (vv. 1 al 5) y al final (vv. 21 al 31) vemos humildes oraciones pidiendo ayuda, pero en la porción central (vv. 6 al 20) el Salmista pide a Dios que amontone sobre los enemigos toda clase de miserias. Las palabras del v. 8: "Tome otro su oficio", fueron citadas en referencia a Judas Iscariote, de modo que es correcto decir que aunque sea un Salmo de David, tiene su aplicación también al tiempo de aquel Hijo de David que nació para ser Rey de los judíos, siendo el mismo Hijo de Dios. El versículo 4 también es muy aplicable al Señor Jesús. ¿Habrá sido posible que David viera en visión lo que iba a acontecer con el Mesías, y que los versículos 6 al 20 sean la expresión de sus sentimientos hacia Judas Iscariote?

Salmo 110

Sin lugar a dudas, este es un Salmo mesiánico de David. El hecho de que el rey David llamó a este personaje su Señor y de que éste fuese una persona distinta de Jehová, además de que Dios Le haya puesto a Su diestra (lo cual significaba la participación de Su divinidad, autoridad y gobierno), nos obligan a creer que está hablando acerca del Hijo de Dios, Jesucristo. Refiriéndose al Mesías, el Salmista habla de una victoria absoluta sobre todos Sus enemigos, de un trono en Jerusalén, y de un día futuro en el que su pueblo vendrá con regocijo a presentar ofrendas voluntarias en santidad. Además de esto, este Rey poderoso es también Sacerdote, según el versículo 4. El capítulo 7 de Hebreos nos da un excelente comentario sobre este versículo. El Rey-Sacerdote está a la diestra de Dios, participando de igual autoridad (Mt. 28:18) y es el Rey de reyes y Señor de señores, pero también Juez.

Salmos 111 al 114

Son cantos de adoración preparados para ser usados en el culto. Los Salmos 111 y 112 son de tipo acróstico, es decir, cada cláusula comienza en orden con una letra del abecedario hebreo. Los Salmos 111, 112, y 113 empiezan con la palabra ¡Aleluya!, y el 113 termina con la misma palabra. Esto preparaba al corazón para la adoración del coro en el templo, y aún lo hace cuando nosotros lo leemos.

Salmo 115

Es un canto que glorifica el Nombre de Jehová. El primer versículo puede ayudar a un obrero de Dios, leyéndolo para finalizar un culto que haya sido bendecido por el Espíritu Santo. La práctica de citar este versículo en el corazón como una oración sincera a Dios, cuando todos nos quieren felicitar, es de gran ayuda para protegernos contra la tentación de enorgullecernos. La pregunta del versículo 2 y su respuesta en el versículo 3 constituyen una experiencia conmovedora en la vida de todo obrero de Dios. Cuando un incrédulo pregunta a un cristiano que está atravesando un tiempo difícil: "Pues, ¿dónde está tu Dios? ¿Dónde está ese poderoso Dios del que nos hablabas? ¿Por qué no te ayuda ahora?", esto hace que el cristiano se humille, escudriñe su corazón y ore con más fervor. Luego, vemos que la persona que confía en un ídolo o imagen no está usando el buen juicio, sino los sentidos naturales con que Dios le dotó. Mira a la imagen pero no se da cuenta de que no es sino madera, yeso, o piedra, y se engaña creyendo que tiene algún poder mágico.

Salmo 116

Este Salmo es muy usado en los cultos cuando se celebra la Santa Cena en las iglesias cristianas, especialmente los versículos 14 en adelante.

Salmo 117

Es el Salmo más corto, y parece que era usado en el culto del Templo como responsorio después de la oración.

Salmo 118

Su tema es la misericordia eterna de Jehová. La expresión "Jehová está conmigo" contiene un gran consuelo para el cristiano. El versículo 17 ha sido dado por el Espíritu Santo a aquellos que han sido desahuciados, para que así sea glorificado el Nombre de Dios. Los versículos 22 y 23 se citan varias veces en el Nuevo Testamento (Mt. 21:42; Mr. 12:10; Lc. 20:17; He. 4:11; Ef. 2:20; 1 P. 2:4-7). En ocasiones cuando se amanece con el corazón apesadumbrado, resulta provechoso citar el versículo 24, pues llena de bendición el alma.

Salmo 119

Este precioso Salmo es otra maravilla de la literatura. Su tema es "La Palabra de Dios", la cual es mencionada en casi cada versículo, bajo diferentes términos. Recomendamos al estudiante que haga una lista de los distintos nombres dados a la Palabra de Dios en este Salmo. También podría anotar las cosas que debemos hacer con la Palabra, los resultados o efectos que trae la Palabra y usos que se le pueden dar a ella.

Por otro lado, este Salmo también está escrito en forma acróstica. Cada ocho versículos forman una estrofa. Cada versículo de la primera estrofa empieza con la letra Alef (A) en el hebreo; cada versículo en la segunda estrofa con la letra Bet (B), y así, usa todas las 22 letras del alfabeto hebreo. La primera estrofa contiene una oración o petición; la segunda contiene dos; la tercera cuatro, la cuarta seis y la quinta ocho, una en cada versículo.

A continuación, presentamos una serie de preguntas que nos sirven para estudiar este Salmo.

PREGUNTAS	LEA EL VERSÍCULO:
¿Quiénes son bienaventurados?	1 y 2
¿Cómo puedo mantener puro mi camino?	9

¿Cómo vencer el pecado? 11
¿Cómo puedo ver maravillas? 18
¿Qué hacer cuando el alma está muy triste? 28
¿Cómo andar en libertad? 45
¿Por qué es bueno haber sido afligido? 71
¿Qué es mejor que el oro y la plata? 72
¿Quién te hizo? 73
¿Hasta cuándo ha de permanecer la palabra de Dios? . 89
¿Cómo poder ser más sabio que tus enemigos? 98
¿Cómo entender más que todos tus maestros? 99
¿Cómo comprender más que los ancianos? 100
¿Hay algo más dulce que la miel? 103
¿Cómo tener luz en el camino? 105
¿Cómo tener una herencia eterna? 111
¿Cómo estar seguro? 117
¿Cómo tener una gran paz que nunca se desvanecerá?. 165

Salmos 120 al 134

Estos eran conocidos con el nombre de "canciones de la subida". Y era debido a que estos Salmos eran cantados por los que subían a Jerusalén para celebrar las fiestas en el Templo. Esta colección de canciones principia con una que manifiesta la angustia del alma por la convivencia con gente que no está de acuerdo con los principios de la ley de Moisés, y por eso optan por emprender la peregrinación a su amada Jerusalén. El Salmo 121 es conocido como el Salmo del viajero. En el 122 ya han llegado a la ciudad y prosiguen los cantos de adoración.

Salmo 135

Es un canto que era usado por el coro en el Templo, y sirve para que canten tanto los judíos como los cristianos. Aquí Jehová es adorado como el eterno y poderoso Dios.

Salmo 136

Este Salmo es tan singular por la repetición de su tema, pues cada versículo termina con la frase: "Porque para siempre es Su misericordia".

Salmo 137

Es el último de los Salmos imprecatorios (cp. vv. 7 al 10). Se aprecia un canto lúgubre y triste en extremo considerando el amor apasionado que los judíos tenían por Jerusalén y el Templo, puesto que iba más allá de un simple patriotismo ya que constituía parte de su vida y de su religión. Las promesas de Dios y la esperanza para la gloria futura de la raza estaban involucradas en la prosperidad de Jerusalén. Como la ciudad estaba arruinada y desolada, y el pueblo había sido llevado esclavo a Babilonia, ellos sentían un abatimiento muy grande. Les parecía como que tenían razón para dudar de la fidelidad de Dios.

El sauce es un árbol que inspira tristeza al ver sus ramas delgadas con hojas finas que cuelgan rendidas y dan la impresión de que el árbol está llorando. Los judíos en Babilonia solían sentarse junto a los ríos donde abundaban los sauces; colgaban sus arpas sobre estos árboles llorones, y lloraban acordándose de Sion. Sus amos, los caldeos, les pedían canciones diciendo: "¡Cantadnos una de esas canciones de Sion!", y los judíos exclamaban: "¿Cómo cantaremos canción de Jehová en tierra de extraños?" Los versículos 5 y 6 expresan un sentimiento que ha perdurado en los corazones de los hebreos por más de dos mil quinientos años desde aquellos días, y esto es inexplicable, a no ser por la Palabra y la obra de Dios. Los últimos dos versículos son una invocación pidiendo que se pague a Babilonia conforme a lo que ella hizo con los judíos. El último versículo parece cruel en extremo, pero allí se profetiza la completa destrucción de Babilonia y que serán dichosos los que vivan en los días del cumplimiento de la profecía..

Salmo 138

Es un canto de acción de gracias a Dios. Contiene dos versículos muy conocidos, aunque todo el Salmo es magnífico. El versículo 2 dice que Dios ha engrandecido Su Promesa o Palabra. En este sentido, si la Palabra de Dios no fuese fiel y verdadera, entonces el Nombre de Dios no tendría valor, ni fuera de gran estima. Pero, ¡gloria al Señor!, que tanto Su Promesa como Su Nombre, son eternamente incambiables y dignos de toda confianza. De esta manera el último versículo asegura que Jehová llevará a cabo Su buena obra que ha comenzado (cp. Fil. 1:6).

Salmo 139

Este Salmo es un canto didáctico que incluye la doctrina de la omnipotencia y la omnisciencia de Dios. No sólo que es maravilloso el hecho de que David tuviera tal concepto y conocimiento de Dios, sino de que pudiera expresarlo de una manera tan real y práctica. Los versículos 15 y 16 nos aseguran que Dios conoce a cada individuo aun antes de que este nazca. En algunos cultos se usan los versículos 23 y 24 para la consagración, o antes de la Santa Cena.

Salmos 140 al 144

Los Salmos en referencia son oraciones de David cuando vivía bajo la persecución.

Salmo 145

Es un Salmo de tipo acróstico, que expresa alabanzas con el alfabeto. Canta de Su grandeza (vv. 1-6), de Su bondad (vv. 7-10), de Su reino (vv. 11-13), y de Su cuidado para con todos (vv. 14-21).

Salmos 145 al 150

Estos Salmos forman el grupo denominado "Himnos de Aleluya". Constituyen una conclusión del Salterio sagrado. Han sido adaptados para ser cantados en los cultos públicos, y se los ha llamado también los de "la alabanza perfecta".

Repaso de la lección

1. ¿Cuáles Salmos en este Libro V han sido de mayor bendición para usted? ¿Por qué?
2. ¿En qué sentido una porción del Salmo 109 fue citada con referencia a Judas Iscariote?
3. ¿De cuántas maneras presenta el Salmo 110 al Señor Jesucristo como el Mesías?
4. ¿Cuáles son las verdades más sobresalientes en el Salmo 119? ¿Cuál es su tema principal?
5. ¿De qué habla el Salmo 139?

Lección 8

Libro de Proverbios

Bosquejo

Libro de Proverbios

A. Discurso de Salomón acerca de la sabiduría, capítulos 1 al 9

1. El Exordio - la introducción y propósito de libro, 1:1-6
2. Un poema didáctico sobre la sabiduría, 1:7-9, 18

B. Proverbios de Salomón 10:1—22:16

1. La primera división, caps. 10-15
2. La segunda división, 16:1—22:16

C. Palabras de los sabios, 22:17—24:34

D. Palabras de Salomón compiladas por los varones de Ezequías caps. 25-29

1. El sobrescrito, 25:1
2. Admoniciones, 25:2-28
3. Varias advertencias, caps. 26-29

E. Palabras de Agur, cap. 30; y de Lemuel, cap. 31

Lección 8

Libro de Proverbios

Este maravilloso libro habla acerca de que el Señor Jesucristo es la Sabiduría de Dios encarnada (Pr. 1:20-33; 8:1 al 9:6; compare Jn. 1:1-4 y 14:10 con Pr. 8). En Proverbios 8:22-35 es Jesucristo Quien es representado. Él es el Orador y eterno Creador, la Vida de todos los que Le hallan. Es probable que lo que el Señor dijo en Juan 7:38 hacía referencia a Proverbios 18:4. Otras referencias en el Nuevo Testamento tomadas del libro de los Proverbios, que testifican de su lugar en el canon inspirado son: Hebreos 12:5-6 tomado de Proverbios 3:11-12; Santiago 4:6 y 1 Pedro 5:5 tomado de Proverbios 3:34; Romanos 12:20 de Proverbios 25:21-22, y 2 Pedro 2:22 de Proverbios 26:11.

Un proverbio es una frase breve que expresa un principio moral o una lección práctica en forma concisa y reflexiva. Algunas veces se aplica este nombre a proposiciones enigmáticas con parecida tendencia moral o práctica. Este libro de los Proverbios ha sido considerado la fuente principal de la ética del Antiguo Testamento, especialmente en lo referente a la virtud y al deber. También reflejan las reglas mosaicas, en cuanto a la vida nacional en sus diferentes aspectos religiosos y políticos, a más de la vida privada del individuo. La palabra "Israel" no aparece en este libro.

Los Proverbios formaban parte de las Escrituras, llamadas de "Sabiduría" por los hebreos. Los filósofos griegos (y muchos modernos) partían de lo relacionado con este mundo y buscaban una explicación a todas las cosas. Exponían que lo primero era la materia y la mente era la causa de todo. Partían del mundo que les rodeaba hacia Dios. Pero entre los hebreos era todo lo contrario, puesto que provenía de una revelación de Dios. Para el hebreo Dios era la causa y explicación de todo, por lo tanto, el más sabio era aquel que conocía a Dios.

En este manuscrito de los Proverbios tenemos el mejor libro para el estadista, el mejor código para el gobernador, las mejores leyes para el juez, la mejor receta para el éxito del comerciante, las mejores enseñanzas para el estudiante, la mejor guía para el joven y la mejor fuente de meditación para el anciano. Se ha dicho que los Proverbios prueban que la Biblia no desprecia el sentido común y la discreción, y que por el contrario éstos aprueban la sabiduría de estos Proverbios, de modo que es lógico ver que el sentido común no pudo haber producido tal sabiduría si no hubiese sido inspirado por Dios.

Autor

En cuanto al autor, el mismo libro dice en el capítulo 1:1: "Proverbios de Salomón, hijo de David, rey de Israel", y esto necesariamente rige hasta que el texto diga otra cosa. En 10:1 leemos: "Proverbios de Salomón". En 22:17 dice "las palabras de los sabios" y en 24:23: "también estos son dichos de los sabios", lo cual puede significar entonces que la porción 2:17 al 24:34 corresponda a una compilación de proverbios antiguos, hecha por Salomón o por algún otro. En 25:1 encontramos una nueva división: "También estos son proverbios de Salomón, los cuales copiaron los varones de Ezequías, rey de Judá", continuando así hasta el 30:1, capítulo que se le atribuye a Agur hijo de Jaqué; y el 31:1 dice que este último capítulo corresponde al rey Lemuel. No sabemos más acerca de estos dos personajes. En 1 Reyes 4:32 vemos que Salomón habló tres mil proverbios. No hay, por lo tanto, razón para dudar de que Salomón, hijo de David, haya sido el autor de los proverbios que se le atribuyen en este libro. Dios le prometió sabiduría en respuesta a su petición (1 R. 3:5-12), y la historia atestigua de esa sabiduría (1 R. 3:16-28; 4:30; 5:7;

10:1-13). Tal vez Proverbios 4:1-4 es una referencia de la vida particular de Salomón.

En cuanto a la manera de interpretar los Proverbios, se debe tomar en cuenta lo dicho en la primera lección de este curso acerca de los paralelismos, es decir, si el versículo o pasaje no se entiende fácilmente, entonces se debe averiguar si las dos cláusulas expresan el mismo pensamiento en distintas palabras; o, si la segunda explica la primera, siendo las dos interdependientes; o, si la segunda expresa un pensamiento opuesto a la primera, de modo que enseña la verdad por contraste. Generalmente el determinar qué método se ha usado aclara el significado del versículo. Si esto no sirviera, entonces hay que entender el modismo oriental o costumbre del Lejano Oriente que se usa en el versículo, a fin de poder interpretar el significado correcto.

Otra cosa que se debe tomar en cuenta para la interpretación de los Proverbios, es que algunos de ellos hablan en términos muy generales, al estilo de los dichos o adagios que hay en todo idioma. Por ejemplo, en Proverbios 11:31 leemos: "Ciertamente el justo será recompensado en la tierra; ¡Cuánto más el impío y el pecador!" Esto es verdad por lo regular, y es la experiencia común. Sin embargo, hay excepciones como vemos en el caso de Caín y Abel, pues no es en la tierra que veremos al justo recompensado completamente, sino en el cielo. De igual modo en el infierno el inicuo y el pecador recibirán lo que merecen, pero desde la tierra el camino del pecador es duro (13:15), puesto que el mal persigue a los pecadores (13:21): "los impíos serán cortados de la tierra, y los prevaricadores serán de ella desarraigados" (2:22); y "por su maldad será lanzado el impío, mas el justo en su muerte tiene esperanza" (14:32).

Las experiencias de la historia sagrada también sirven para la interpretación de los Proverbios. Un buen ejemplo de la verdad expresada en 1:7 que dice: "El principio de la sabiduría es el temor de Jehová; los insensatos desprecian la sabiduría y la enseñanza", es el caso de la vida de Roboam registrado en 1 Reyes 12:13, y de los hijos de Elí en 1 Samuel 2:25. Para entender la primera parte del versículo hay numerosos ejemplos, como cuando los israelitas cruzaron el Mar Rojo, y luego vieron perecer a sus enemigos; también cuando Josué se sometió al Príncipe del ejército de Jehová y siguió sus instrucciones para la conquista de Jericó; o cuando el rey David para salir a la guerra, oraba primero a Dios y recibía instrucciones acerca de cómo hacer la batalla, etc.

El propósito general del libro de Proverbios se encuentra en 1:1-6, donde dice que sirve para dar a conocer sabiduría y tener instrucción para proceder bien, tanto para jóvenes como para adultos. De esta manera, este es un libro práctico para la vida diaria. Tiene un fundamente religioso (1:7; 9:10; 28:7-9), apela a las motivaciones más altas (16:6), enseña la necesidad de tener el corazón recto ante los ojos de Dios (5:21; 15:11), y habla sobre la recompensa de la rectitud, el castigo de la maldad (19:29; 23:17-18) y el secreto para el éxito que es la presencia del Espíritu de Dios en un corazón humillado (1:23).

A. Discurso de Salomón acerca de la sabiduría, capítulos 1 al 9

1. Introducción y propósito del libro, 1:1-6.

a. ***Autor,*** 1:1.

b. ***Propósito,*** 1:2-6.

(1) Para obtener sabiduría e instrucción.

(2) Para entender palabras de inteligencia.

(3) Para adquirir instrucción en cuanto al buen proceder, a la justicia y a la equidad.

(4) Para comunicar cordura a los simples.

(5) Para dar ciencia y discreción a los jóvenes.

(6) Para que el sabio que escucha aumente su saber.

(7) Para que el entendido adquiera consejos sabios.

(8) Para que todos puedan entender el aforismo, las palabras de los sabios y los dichos profundos.

2. Un poema didáctico sobre la sabiduría, 1:7 al 9:18. El tema general es: El principio de la sabiduría es el temor de Jehová, 1:7.

a. ***Admoniciones*** y recompensas de la sabiduría, 1:7 al 3:35.

(1) Partiendo del versículo 1:7 vemos que es necesario entender el significado de la palabra "sabiduría". En los libros proféticos se habla mucho de los sabios, refiriéndose a los consejeros de la corte (Dn. 2:12-13), y varias veces vemos que los profetas se mofaban de ellos (Is. 5:21; 10:13; Jer. 49:7). Eva fue tentada con la promesa de que adquiriría sabiduría al instante aunque ilegalmente (Gn. 3:5). Sin embargo, reiteramos que es el temor de Jehová el que otorga sabiduría (Pr. 1:7; 9, 10) de tal manera que la palabra es usada en base a la relación con Dios (Is. 19:12; Jer. 9:23-24; Dt. 4:6).

El que se aparta y no oye la Ley de Jehová es necio e insensato (Pr. 28:9; Dt. 32:6; Sal. 14:1; Jer. 8:9). El que es verdaderamente sabio toma en cuenta tanto lo espiritual como lo material, cuida de su relación con Dios aun más que su relación con los hombres, vive para la eternidad como para la vida temporal (Lc. 12:19-21). Alguien ha dicho: "En la verdadera religión, sabio es aquel que aplica a las cosas de Dios la misma penetración e ingenio que los demás hombres emplean en asuntos materiales" (Lc. 16:8). Además, en la religión la sabiduría tiene que ver con vivir constantemente reconociendo a Dios en nuestras vidas, y hacer todo por Él y para Él, lo cual se logra únicamente por la fe y la sumisión.

(2) Exhortación al hijo a fin de que evite los malos compañeros, 1:8-19. El hombre entendido no será engañado, 1:17.

(3) La sabiduría reconviene al simple, y le muestra los resultados funestos que obtendrá por su mal proceder, 1:20-32.

(4) Resultados positivos de buscar y obedecer a la sabiduría, 1:33 al 3:26.

(5) Exhortación para procurar las virtudes de sinceridad, bondad, rectitud, justicia y humildad, puesto que los sabios son los que heredarán la tierra, 3:27-35.

b. Amonestaciones e instrucciones, capítulos 4 al 7.

(1) El padre exhorta al hijo a adherirse a la sabiduría y a alejarse de los vicios, de la misma manera que el abuelo había consejado al padre en su juventud, capítulo 4.

(2) Amonestaciones contra:

- El libertinaje, 5:1-23.
- El salir fiador de otro, 6:1-5.
- La pereza, 6:6-11.
- La malicia y la violencia, 6:12-19.
- El adulterio, 6:20-35.
- Meterse con rameras, 7:1-27.

c. Dos discursos sobre la sabiduría, capítulos 8 y 9.

(1) Personificación de la sabiduría que habla acerca de:

- Lo rico de sus dones, 8:1-21.
- Su origen en Dios, 8:22-31 (compare con Juan 1:1-3 donde vemos que la sabiduría personificada se refiere a Jesucristo). Este es el pasaje más bello en todo este libro.
- La bienaventuranza de los que poseen la sabiduría, 8:32-36.

(2) La sabiduría convida a todos a su casa a un banquete, 9:1-12.

(3) La insensatez convida a los que pasan por el camino a comer pan a escondidas y a tomar aguas hurtadas, 9:13-18.

B. Proverbios de Salomón, 10:1 al 22:16

Esta parte central del libro quizás fue la primera colección de proverbios que dio lugar a la formación del libro entero. Contiene 374 proverbios, la mayor parte de los cuales son antitéticos, especialmente los de la primera división. Tienen que ver con la ética en las relaciones del diario vivir.

1. La primera división, capítulos 10 al 15, donde casi todos los proverbios son antitéticos, hacen un contraste entre los justos e injustos. En forma general, el Dr. D. P. Lange hace las siguientes subdivisiones:

a. Comparación entre los justos e injustos en cuanto a su estilo de vida y conducta en general, capítulo 10.

b. Comparación entre los resultados positivos de la piedad y los resultados negativos de la impiedad, capítulos 11 al 15.

(1) En cuanto a la conducta justa o injusta, buena o mala para con el prójimo, capítulo 11.
(2) En cuanto a las responsabilidades domésticas y públicas, capítulo 12.
(3) En cuanto al uso de los bienes temporales y de la Palabra de Dios como el bien más alto, capítulo 13.
(4) En cuanto a la relación entre sabios y necios, ricos y pobres, amos y siervos, capítulo 14.
(5) En cuanto a las diferentes relaciones que hay en la vida y a las vocaciones, especialmente en lo referente a la religión, capítulo 15.

2. Segunda división, capítulos 16:1 al 22:16, donde encontramos exhortaciones a la obediencia y al respeto a Dios. Además se refiere:

a. A la confianza que debemos tener en Dios como sabio Gobernador del universo, capítulo 16.

b. Al contentamiento y a una disposición apacible, capítulo 17.

c. A la afabilidad, fidelidad y virtudes de la vida social, capítulo 18.

d. A la humildad, mansedumbre y dulzura de carácter, capítulo 19.

e. A evitar la borrachera, la indolencia, etc., capítulo 20.

f. A la justicia, la paciencia y sumisión a Dios, capítulo 21.

g. A obtener y retener el buen nombre, capítulo 22:1-16.

Aquí agregamos unos ejemplos tomados de diferentes libros de la Biblia como ilustraciones de distintos proverbios:

Proverbios 10:2 - "Los tesoros de maldad no serán de provecho" (ver sobre Tiro, Ez. 26:15 al 28:20, y el hombre rico en Lc. 12:16-21, 16:23). "Mas la justicia libra de la muerte" (Noé, Gn. 7:1 con He. 11:7; Belsasar en contraste con Daniel, Dn. 5:6).

Proverbios 10:24 - "Lo que el impío teme, eso le vendrá" (Los cananeos, Jos. 5; Belsasar, Dn. 5; Acab, 1 R. 22; Amán, Est. 7:7-10). "Pero a los justos les será dado lo que desean" (Ana, 1 S. 1; Ester, 4:16; 8:15-17; Simeón, Lc. 2:29-30).

Proverbios 11:2 - "Cuando viene la soberbia, viene también la deshonra" (María, Nm. 12:10; Uzías, 2 Cr. 26:16-21; Nabucodonosor, Dn. 4:30-31; etc.). "Mas con los humildes está la sabiduría" (Daniel, Dn. 2:30; José, Gn. 41:15-16).

Proverbios 12:13 - "El impío es enredado en la prevaricación de sus labios" (Adonías, 1 R. 2:23; Ananías, Hch. 5:1-5). "Mas el justo saldrá de la tribulación (Job 42:12-13; David, 1 S. 23:13; 24:22, etc.).

Y así, hay muchos otros ejemplos que el estudiante debe descubrir en la Escritura, al igual que ilustraciones de su propia experiencia, que reflejen verdades expresadas en los Proverbios.

C. Palabras de los sabios, capítulos 22:17 al 24:34

1. Primera división, 22:17 al 24:22.

a. Introducción, 22:17-21.

b. Encontramos varios proverbios sobre la prudencia y exhortaciones a fin de cuidarse de los hombres malos y de los vicios, 22:22 al 24:22.

2. Segunda división, 24:23-34.

a. Habla sobre la conducta para con el vecino, 24:23-29.

b. Los resultados de la negligencia, 24:30-34. Esta subdivisión es un poema que se les debe enseñar a los hijos que tienden a ser perezosos.

D. Palabras de Salomón compiladas por los varones de Ezequías, capítulos 25 al 29

Proclamación de la verdadera sabiduría como el supremo bien para los reyes y sus súbditos.

1. Verificación de su origen, 25:1.

2. Amonestaciones, tanto para el rey como para los súbditos, a fin de que teman a Dios y sean justos, 25:2-28.

3. Advertencias contra:

- La conducta indigna, capítulo 26.
- La arrogancia y el orgullo, capítulo 27. Los versículos 23 -27 son una exhortación con relación a la economía.
- Los negocios ilegales, la opresión, etc., capítulo 28.
- La obstinación y la desobediencia, capítulo 29.

E. Palabras de Agur, capítulo 30; de Lemuel, capítulo 31

1. Palabras de Agur, hijo de Jaqué, a sus discípulos Itiel y Ucal, capítulo 30.

a. Introducción: La Palabra de Dios es la fuente de toda sabiduría, 30:1-6.

b. Oración pidiendo ser librado de la tentación que viene al ser demasiado rico o demasiado pobre, 30:7-9.

c. Otros dichos sabios y breves, 30:10-33.

2. Palabras del rey Lemuel, enseñadas por su madre, capítulo 31.

a. Amonestaciones al rey, 31:1-9.

b. Un poema de tipo acróstico en el que se alaba a la mujer virtuosa, sabia e industriosa, 31:10-31.

Antes de terminar con el estudio de este libro, mencionaremos una lista de proverbios que pueden servir para sermones, tanto para creyentes como para no creyentes. Además se pueden escoger otros proverbios para realizar estudios por ejemplo sobre la amistad, la ira, el chisme o lo que más necesite la congregación.

Textos en el Libro de los Proverbios para sermones:

Evangelísticos	Devocionales o exhortatorios
1:7	1:23
2:22	3:5, 6
13:9	4:23
14:12	11:24 y 13:7
14:34	12:1
18:1	16:7
18:10	19:7
18:12	21:31
21:2	22:1
21:29-30	22:6, 15
24:16	24:10
26:12	25:26
27:1	25:28
28:1	26:17
28:13	26:20
29:1	27:5
29:25	27:17
	31:10-31

Repaso de la lección

1. ¿Cuál es el versículo clave del libro de los Proverbios?
2. ¿Cómo se deben estudiar los Proverbios para poder comprender su significado?
3. Cite de memoria por lo menos tres proverbios que sirvan para amonestar a los no creyentes.
4. Dé una ilustración de la Escritura que refleje la verdad de algún proverbio.
5. ¿De qué tratan los capítulos 8 y 9 de Proverbios, especialmente 8:22-36?
6. ¿Sobre qué trata la última porción del último capítulo de Proverbios?

Lección 9

El libro de Eclesiastés y el Cantar de los Cantares

Bosquejo

Libro de Eclesiastés

Eclesiastés es un relato inspirado sobre los razonamientos que hace un hombre que vive debajo del sol. Dios es conocido en el libro sólo como el Todopoderoso Creador. No se menciona nada sobre el Evangelio, la redención, el perdón, etc. Se encuentra en la Biblia para que sepamos hasta dónde puede llegar el razonamiento humano.

A. Introducción y presentación de la problemática de la vida, 1:1-11

B. Observaciones en cuanto a la problemática en sí, 1:12—12:8

C. Conclusión, 12:9-14

Cantar de los Cantares

Hay varias evidencias de que Salomón escribió el Cantar de los Cantares. Hay tres tipos de interpretación: 1) Histórico; 2) Alegórico, e 3) Histórico con aplicación espiritual a la relación entre Dios y el creyente o la iglesia.

A. Tres interpretaciones del libro

B. Primera interpretación histórica

C. Otra interpretación histórica

D. Interpretación tipo alegórica

E. Interpretación histórica con una aplicación al creyente

Lección 9

El Libro de Eclesiastés y El Cantar de los Cantares

Según Mateo 12:42 vemos que el Señor Jesucristo es más sabio y mayor que Salomón. Fue Él quien solucionó el problema del hombre de manera mucho más satisfactoria que el predicador de Eclesiastés (Jn. 7:37-38), y Él es el supremo amado más que de quien Salomón habla en el Cantar de los Cantares. Jesucristo es nuestra preciosa Rosa de Sarón, el Lirio de los Valles, el más hermoso entre todos los seres de la tierra.

El Libro de Eclesiastés

Mucho se ha discutido sobre quién es el autor de Eclesiastés, y la fecha en que fue escrito. El primer versículo dice: "Palabras del Predicador, hijo de David, rey en Jerusalén". Hay muchos críticos quienes afirman que no pudo haber sido Salomón, sino algún descendiente lejano del cuarto o quinto siglo antes de Cristo, es decir, cinco o seis siglos después de Salomón. Para apoyar esta posición dicen:

- Que el lenguaje que se utiliza es distinto del que se encuentra en Proverbios y en Cantares y que tiene muchos vocablos extranjeros que corresponden a un tiempo más reciente;
- Que las palabras en 1:12 "fui rey en Jerusalén", indican que cuando se escribió el libro ya no era rey, por lo tanto contradice el hecho de que Salomón sí murió siendo rey;
- Que en 1:16 y en 2:7-8 se dice que era más rico y más sabio que todos los que fueron reyes en Jerusalén antes que él, y puesto que su padre David fue el único rey hebreo que hubo en Jerusalén antes de Salomón, sería una jactancia imperdonable que el hijo se sienta mayor que su padre; y, que las condiciones sociales y económicas reflejadas en el libro no concuerdan con la abundancia y prosperidad que hubo en el tiempo de Salomón.

Se les puede contestar a los críticos diciendo:

- Por el hecho de que Salomón tuvo tantas esposas extranjeras y por negocios con caballos, oro, víveres, etc., con tantos países extranjeros, sí estaba en posición de emplear tales vocablos extranjeros. Además, es de esperarse que el lenguaje sea distinto puesto que se trata más acerca de escritos filosóficos acerca de la vida y de reflexiones sobre temas amplios, que corresponden probablemente a los últimos años de la vida de Salomón, es decir, tal vez más de un cuarto de siglo después de los que se escribieron los otros dos libros.
- La frase en 1:12 según otra versión que es igualmente fiel al original, se traduce así: "Cuando yo, el Predicador, vine a ser rey en Jerusalén".
- La limitación de la palabra "todos" en 1:16 y 2:7-8 a "reyes" no tiene que ser, puesto que sencillamente dice "todos". Además, el propósito del autor cuando cuenta acerca de sus riquezas, fue para enseñar una lección que más bien le humillaba.

- Las condiciones sociales y económicas, según dicen, apuntan al tiempo del cautiverio ya que se habla de opresión y pobreza (4:1-3), de la corrupción en el gobierno (9:11, 14, 15) ¡por no recompensar a los que lo merecían! Pero podemos decir que estos versículos no mencionan que aquella era la situación en Jerusalén, sino que Salomón vio tales cosas debajo del sol, y por consiguiente razonó sobre ellas (10:5). Podríamos preguntarnos entonces, ¿cuál rey en Jerusalén podía haber dicho lo que dijo Salomón en 1:16 y 2:7-10?

Continuando con nuestro estudio del libro de Eclesiastés, debe leerse en su totalidad para ser comprendido, puesto que si se leen solamente los primeros capítulos, parecería que fueron escritos por un pesimista aferrado.

Alguien podría preguntar, ¿por qué está tal libro en el canon de las Escrituras? Para contestar esto debemos considerar ciertas peculiaridades del libro como las siguientes:

- Para designar el nombre de Dios, se usa 39 veces el nombre de "Elohim". Nunca, ni una sola vez se usa el nombre Jehová. La palabra Elohim o Dios también era usado por los paganos para referirse a sus dioses falsos, y de esta manera el autor se refiere a Dios como el Todopoderoso, Creador y Gobernador del universo.

- La palabra "Israel" ni ninguna otra referencia al pueblo escogido se encuentra en el libro, sino apenas una vaga alusión al Templo de Jerusalén (5:1), por lo tanto, se entiende que el mensaje del libro es para todo el mundo y no limitado a los judíos. Salomón es el único escritor hebreo de quien uno esperaría que reflexionara con tal amplitud, visión y propósito.

- La problemática es presentada en el libro como la de un hombre cualquiera frente al mundo gobernado por el Todopoderoso, y no la de un judío en su relación con Palestina, con la tierra prometida, o con Jehová, el Dios que ha hecho pacto con el hombre.

Con esto concuerdan las dos palabras más sobresalientes del libro: "Vanidad" que se repite 39 veces, a menudo como "vanidad de vanidades, todo es vanidad", y la expresión "debajo del sol" que aparece unas 30 veces. Otras frases se repiten, como lo son "dije en mi corazón", "reflexioné en mi corazón", "hablé conmigo mismo", etc.

Algunos críticos opinan que Salomón escribió Eclesiastés con este espíritu porque había caído en la idolatría, y en su tristeza sentía que había perdido su derecho de nombrar a Dios como Jehová, a causa de su pecado. Otros opinan que el Espíritu Santo le prohibió usar la palabra "Jehová" aun una vez. En todo caso, el que haya usado el nombre de Elohim Dios está de acuerdo con la índole del libro.

El libro de Eclesiastés, entonces, es el razonamiento del hombre que vive bajo del sol, que no conoce a Dios sino sólo como el Todopoderoso. Desde su pequeño mundo contempla los fenómenos de la naturaleza, las viscisitudes y experiencias de la vida, y trata de encontrar, sin una revelación desde lo alto, cuál es "el todo del hombre" o "la suma del deber humano" (12:13). Parece no interesarse en el origen del hombre, sino que ya que llegó aquí, ¿qué debe hacer entonces? A través de luchas, de experimentos, y su razonar trata de averiguar su razón de ser, y cómo obrar en la vida.

Este relato inspirado sobre el esfuerzo del hombre debajo del sol, que desea llegar a una solución de su problema, está incluido en la Biblia para nuestra instrucción, y podemos aprender varias de sus lecciones:

- Pone de manifiesto la gran diferencia entre lo revelado por Dios y lo razonado por los hombres. Efesios 1:3-14 muestra cómo la revelación de Dios abarca más que toda la sabiduría de una docena de predicadores como el de Eclesiastés.
- Nos enseña hasta dónde el hombre debajo del sol puede llegar en su razonamiento, y por lo tanto en la necesidad absoluta de una revelación divina.
- Aun el hombre debajo del sol, al meditar bien sobre la vida, juzga las glorias, honores y riquezas del mundo como simple vanidad o como correr tras el viento. Aun el hombre debajo del sol reconoce instintivamente su responsabilidad personal ante el Ser Supremo, y la existencia de un juicio futuro donde tendrá que dar cuenta a su Hacedor.

A. Presentación de la problemática de los diversos valores, 1:1-11

1. El autor, 1:1

2. El tema, 1:2

3. Problema, 1:3, ¿Qué provecho tiene el hombre de todo su trabajo?

4. Cuestionamientos, 1:4-11. La tierra es más estable que el hombre:

a. El sol se levanta fielmente todas las mañanas, 1:5.
b. El viento gira de continuo, 1:6.
c. Los ríos van y vuelven al mar, 1:7.
d. Todo esto se repite, pero sólo el hombre se va para no volver, 1:8-11.

B. Observaciones en cuanto a la problemática, capítulos 1:12 al 12:8

1. La búsqueda de la sabiduría para entender el deber del hombre, 1:12-18. No es de extrañarse que un hombre como Salomón buscara en el campo de la sabiduría la respuesta al problema que pesa sobre su corazón. Pero en el versículo 18 muestra su conclusión: "En la mucha sabiduría hay molestia, y quien añade ciencia, añade dolor". Por supuesto que está hablando de la sabiduría humana.

2. La búsqueda del placer, capítulo 2. La experiencia de buscar la razón de ser en el placer (vv. 1-3), la satisfacción del materialismo al hacer grandes edificios (v. 4a), el plantar grandes sembríos (vv. 4b-6); el tener riquezas y abundancia de siervos, ganado, plata, oro y mujeres (vv. 7-8), y de sobrepasar a todos en posesiones, entregándose sin reserva a la indulgencia, sin negarse nada de lo que uno desea (vv. 9-10), lleva sin embargo a que persista la triste conclusión.

3. Reflexión en base a los resultados, y comparación de la sabiduría con la insensatez, 2:12-26. Un mismo suceso acontece a todos (la muerte y cómo las pertenencias de uno vienen a ser de otro), y así concluye que todo su esfuerzo es vanidad.

4. Los hombres están enmarcados dentro de las leyes inexorables de Dios, mueren igual que los animales, capítulo 3. La conclusión es que el hombre debe comer, beber, y disfrutar de todo bien que pueda en esta vida, porque Dios no juzgará al injusto sino en el otro mundo. El versículo 13 lo usan muchos que llevan una vida licenciosa y entregada a los placeres, pero siempre debe tomarse en cuenta que es el razonamiento del hombre debajo del sol, y aun él lo considera como vanidad y correr tras el viento. Los versículos 10 y 11 son típicos de hasta dónde puede llegar el pensamiento humano sin la ayuda de la revelación divina. El Todopoderoso ha dado un trabajo para que cada hombre se ocupe en él, ha hecho al mundo rodeado de hermosura (paisajes, colores, gustos y olores), y ha puesto en el corazón del hombre un anhelo por la eternidad. Sin embargo, el cerebro humano no alcanza a captar por sí mismo si hay satisfacción o no en dicho anhelo.

5. Reflexiones sobre el trabajo debajo del sol, capítulo 4. A veces existe una relación de opresión que hace que la vida sea amarga, y que haya resultado mejor no haber nacido (vv. 1-3); el esforzarse en el trabajo es vanidad (vv. 4-6); el hombre solitario no saca provecho (vv. 7-12), y aunque sea rey, si el hombre es viejo y necio no es apreciado (vv. 13-16). Los versículos 9 al 12 forman un texto excelente para reflexionar sobre la cooperación.

6. Reflexiones sobre la oración y los votos, 5:1-7. Si Jesucristo, el Hijo de Dios, solía pasar toda la noche en oración (Lc. 6-12), ciertamente nosotros no debemos creer que la oración en secreto debe limitarse a pocas palabras.

7. Meditaciones sobre las riquezas y su uso, 5:8—6:12.

8. Varios proverbios y consejos para aquel que quiera que el día de su muerte sea mejor que el de su nacimiento, 7:1-29. En el versículo 28 el predicador confiesa no haber encontrado todavía la razón de la existencia, pero en el v. 29 parece alcanzar en uno de esos arrebatos de raciocinio humano, la explicación, y llega muy cerca de la verdad revelada.

9. Beneficios de la sabiduría y de la justicia, 8:1-13. Nuevamente en los versículos 12-13 el predicador se aproxima a la revelación de lo alto. Se puede ver a medida que avanza en sus reflexiones, que se va acercando más y más a la verdad revelada.

10. Observaciones sobre la vanidad de la vida debajo del sol, 8:14 al 9:14. Las recompensas en la tierra no están de acuerdo con lo que es justo y merecido.

11. Proverbios acerca de la sabiduría y la insensatez, cap. 10.

12. Consejos sabios sobre el trabajo productivo, capítulo 11. Ya en el versículo 9 tenemos un indicio de lo que será la solución del problema del predicador. Algunos creen que los capítulos 11 y 12 se encuentra la solución y conclusión, pero parece todavía que son parte de su investigación.

13. Poema sobre la vejez, donde se encuentra el consejo de acordarse del Creador en los días de la juventud, 12:1-8. Es verdad que algunos no ven en este pasaje sino sólo el cuadro de una casa abandonada y en ruinas. Sin embargo, la descripción de la vejez a través de símbolos es más completa y adecuada, y aun más si lo vemos dentro del contexto.

a. Si en la vejez no ha habido conocimiento íntimo de Dios como Padre Celestial, entonces no habrá complacencia en la vida, todo resultará vacío.

b. El decir que "el sol se obscurezca" habla de que en la vejez ya no se alcanza a ver las cosas lejanas a la distancia, y "las nubes que vuelven tras la lluvia" habla de que a veces se experimenta en la vejez un desánimo, mientras que el joven deja pasar la tempestad y luego recupera la esperanza.

c. En la vejez las manos que defienden la casa ya están temblorosas. Los hombros se encorvan, las muelas se caen, y los ojos se opacan.

d. Las puertas se cierran porque hay pocos negocios, pocas visitas; cualquier sonido estorba el sueño que es liviano, y ya no hay gusto ni placer como años atrás.

e. Al anciano ya no le gusta subir las escaleras porque no tiene el mismo equilibrio de antes, y está más tembloroso; no hay deseos de salir a la calle, porque teme el vaivén de la gente y el tráfico.

f. Aquí encontramos una descripción de cómo puede llegar la muerte, y son varias las frases que se utilizan: "la cadena de plata se quiebre" habla de la columna vertebral que puede romperse; "se rompa el cuenco de oro" se refiere al cráneo; "el cántaro se quiebre junto a la fuente", se refiere al corazón y "la polea en el pozo" a la circulación de la sangre, aunque podrían ser los pulmones. De todas formas no se pueden precisar más detalles, y si alguno encuentra una mejor interpretación está perfectamente bien.

g. Habla de que al morir, el cuerpo es sepultado y se descompone, pero el espíritu no.

h. El predicador concluye sus reflexiones, búsquedas e indagaciones diciendo: "Vanidad de vanidad ... todo es vanidad" (v. 8).

C. Conclusión, capítulo 12:9-14

1. Según la costumbre del Medio Oriente, Salomón reduce sus conclusiones a un proverbio. Muchos de los proverbios escritos son como clavos bien clavados.

2. El propósito del predicador es el de amonestar especialmente a los jóvenes, y ésta encierra la verdad de que no es el mucho estudio lo que trae sabiduría ni el todo del hombre, sino como dice en 5:7, que tema a Dios y obedezca Sus mandamientos, porque al fin y al cabo todos tendremos que rendir cuentas a Dios. Hasta este punto llega la razón humana, es lo que ve debajo del sol. La sabiduría humana (sin revelación de Dios), las riquezas, los bienes materiales, la fama y el esfuerzo propio—sin Dios—es vanidad. Sin embargo, la conciencia y la razón nos dicen que hay un Creador que nos juzgará por nuestras obras, por lo que hayamos hecho con nuestras vidas.

El Cantar de los Cantares

Resulta muy lógico y natural que entre los libros poéticos de la Biblia, que es el Libro para toda la humanidad, haya un canto que hable del amor. La pasión humana más universal y poderosa es el amor. En el Cantar de los Cantares tenemos la historia dramatizada del amor entre esposos.

El primer versículo dice: "El Cantar de los Cantares, el cual es de Salomón y es un cántico por excelencia, el mejor entre muchos". En 1 Reyes 4:32 se le atribuyen a Salomón más de 1.000 cantos. Es posible que este canto pueda ser de Salomón en el sentido de que está escrito acerca de él, lo cual algunos alegan. Pero lo más natural es creer que Salomón también lo escribió. Mucho depende de la interpretación, como se verá más adelante.

Lo cierto es que el libro fue escrito en los días de Salomón o muy poco después. Se hace referencia a Tirsa y a Jerusalén como ciudades hermosas. Tirsa llegó a ser la capital en tiempos de Jeroboam poco tiempo después de la muerte de Salomón, de modo que durante su vida tuvo cierta importancia. Durante el reinado de Omri unos 50 años después, la capital fue mudada a Samaria y Tirsa cayó de su alta posición.

A. Tres interpretaciones del libro

En primer lugar diremos que el título del libro nos asegura que la obra es un solo cantar, y no una colección de coplas amorosas escritas indistintamente. Pero al preguntarnos ¿cuál es su tema en sí?, parece que eso será discutido hasta la venida del Señor. Nosotros mencionaremos tres maneras de interpretar el libro:

1. **Como un hecho histórico,** asumiendo que es un canto que habla del amor entre Salomón y una princesa o campesina.

2. **Como una alegoría,** negando una base histórica y asumiendo que todo es una simbología de la relación entre Jehová e Israel, o Cristo y la Iglesia o el creyente.

3. **Histórico,** pero con aplicación al creyente o a la Iglesia y el Salvador; o a Israel y Jehová, más o menos como Pablo lo hace en Efesios 5:25-33.

B. Primera interpretación histórica

Esta interpretación se limita a dos ideas. Existe un solo amado, que es Salomón (algunos creen que fue durante su juventud, poco después de haber ascendido al trono), y la novia la sulamita, que era una joven de sunem, un pueblo en el norte de Palestina, cerca de En-gadi. Además de esto hay un coro de mujeres, las llamadas "hijas de Jerusalén" y los hermanos de la sulamita. Según esta interpretación los acontecimientos son más o menos así:

Escena I. Se desarrolla en el patio o jardín de Salomón (1:2 al 3:5). La sulamita está hablando a las mujeres del harén, elogiando al esposo y está orgullosa por ser morena. Pregunta luego por el paradero del esposo (1:2-7), y ellas responden (1:8). Entra Salomón y mantiene una conversación amorosa (1:9 al 2:17), con excepción de 2:7 en el que se dirige al resto de mujeres. En 3:1-5 la sulamita cuenta un sueño que tuvo a las mujeres.

Escena II. Promesa mutua de matrimonio (3:6-11) y otra conversación amorosa (4:1 al 5:1).

Escena III. En el palacio (5:2 al 8:4). Otro sueño y la respuesta de las mujeres (5:2-9); la novia ensalza al esposo y ellas contestan (5:10-6:1). La novia habla (6:11-13), y el esposo (6:4-10). Ella cuenta a las mujeres de su ida a Jerusalén (6:21-13). Los novios hablan (7:1 al 8:4), y ella le convida a visitar su hogar.

Escena IV. En el hogar de la Sulamita (8:5-14).

C. Otra interpretación histórica

Esta otra interpretación tiene mucho a su favor. Aquí aparece en escena otro amante, tal vez lo más probable es que sea el prometido de la sulamita. El es un pobre pero honrado pastor de ovejas, y según esta trama, ella está cuidando la viña de sus hermanos (1:6), bajando luego al huerto de nueces y es capturada por Salomón y llevada a Jerusalén contra su voluntad (6:11-12). A pesar de las promesas y cumplidos del rey Salomón, la sulamita permanece fiel a su prometido, quien viene luego del campo, la rescata y la lleva a su casa. El lenguaje y descripción del campo, y la manera como ella habla de su amado, está más de acuerdo con esta interpretación. Hay dificultad en determinar quién es el orador, ya que el poema nunca lo dice.

Cualquiera de las interpretaciones presenta sus dificultades, pero ésta del pastor amante hace que el cantar sea una lección sobre el amor puro y la lealtad que se debe tener a pesar de las tentaciones. Se deben interpretar los versículos 2:7, 3:5 y 8:4 viendo a la sulamita conjurando a las mujeres a fin de no tratar de despertar en ellas otro amor sino el de su amado pastor. Cada vez que ella elogia a su amado está pensando en el pastor. Los sueños en 3:1-4 y 5:2-8 son acerca de él, y algunos creen que él le siguió a Jerusalén desde que fue capturada, y 4:1-5 es una conversación entre los dos. En 6:10 tendríamos las palabras de Salomón quien ha dejado de galantear a la sulamita y respeta ahora tanto su lealtad al campesino pastor, que le deja en libertad.

Las mujeres le piden que no se vaya, pero ella y su amado deciden irse al campo (7:1-4). Los vecinos les ven venir (8:5a). Él le recuerda a ella el lugar donde primero se conocieron (8:5b). Ella es cautivada por su amor, y pronuncia las palabras más renombradas sobre el tema (8:6-7). Los hermanos de la sulamita la reciben con cierta duda, y tratan de averiguar si ha permanecido fiel o si cayó en las tentaciones en la corte. Ella les asegura que ha permanecido firme como un muro, y pide la presencia de su amado.

D. Interpretación tipo alegórica

Considera todo alegóricamente sin aceptar que el poema tenga la más mínima base histórica, y da un sentido figurado a todo el libro. Alega que Salomón fue inspirado a escribir en lenguaje poético y romántico las experiencias más íntimas de que un alma pueda tener con Dios, o un cristiano y el Señor Jesucristo. Haremos una breve consideración de esta forma de interpretar el cantar, aunque la crítica presenta fuertes razones en contra de ella. Se puede dividir el poema en cinco partes:

1. Abarca los capítulos 1:2 al 2:7.
2. Cubre los capítulos 2:8 al 3:5.
3. Incluye los capítulos 3:6 al 5:1.
4. Abarca los capítulos 5:2 al 8:4.
5. Corresponde al capítulo 8:5-8.

El canto empieza con el cristiano que está con el Señor en una dulce comunión expresándole su amor, pero se siente abrumado por el amor tan grande que Él tiene para con Su criatura. Como el creyente o la iglesia es representado por la novia será mejor usar la palabra "amada" en vez de "cristiano". "¡Oh, si él me besara con besos de su boca!", significa que el Señor guiará con Sus labios, o Su Palabra, a su amada que confía en Él. "Porque mejores son tus amores que el vino" quiere decir que el amor del Señor es mejor que el gozo terrenal. Luego, al pensar en su Señor, ella se da cuenta de su propia condición (como Job 42:6; Is. 6:5, etc.) y confiesa su sentir de indignidad diciendo: "morena soy", pero a su vez declara su fe en la justificación divina con que Cristo le ha justificado cuando dice: "pero codiciable". La mirra o nardo que encontramos más adelante representa la muerte el Señor Jesús mientras la alheña representa la resurrección. Los cedros y los cipreses representan lo mismo respectivamente.

En la segunda división que empieza con 2:8, hay una sombra sobre la comunión de la amada con Cristo, y se ve que el amado está lejano tras de "nuestra pared" (un obstáculo o pecado que la amada ha levantado entre ella y su amado), pero Él la llama a venir de nuevo a la comunión. Luego, Él se invita a acompañarle a coger las zorrillas (pequeños pecados y descuidos) que han entrado para apartarla de Él. Ella está confiada de que pertenece al Señor, de que es salva, pero duda en cuanto a seguirle. El resultado es que cae la noche sobre ella, y de pronto reflexiona y sale a buscarle. La guardia son los hermanos en Cristo que le ayudan a buscarle. El versículo 3:5 prueba que Él la recibe de nuevo.

La tercera división habla del cuidado y del amor sublime de Cristo con su amada. En 4:8 vemos una invitación que Él le hace a ella para que siga en la vida espiritual. La figura de un jardín cerrado en 4:12 al 5:1 es muy instructiva.

La cuarta división empieza con otra separación cuando la novia dormida oye la voz de su amado. En 5:4 dice que Él metió la mano por el agujero de la puerta. En el Oriente se tenía la costumbre de cerrar las puertas de la calle de tal modo que los que eran de la familia podían meter la mano por el agujero, levantar la barra y abrir la puerta para entrar. En la noche, el amo cerraba la puerta con más seguridad, y no se podía abrir sino únicamente desde adentro. Este fue el caso aquí. La novia cerró la puerta de tal manera que no se podía abrir desde afuera. Así que, le costó mucho más trabajo y aun afrentas para volver a entrar en comunión nuevamente con su Amado. En 8:1 vemos a la novia quien es infiel en su devoción a Cristo, deseando limitar su afecto al de un hermano.

La última división describe a la novia apoyándose en su Amado. Aquí vemos que ya ha aprendido su lección y sabe que en sí no tiene fuerzas para sostenerse, pues ahora necesita apoyarse constantemente en Él. En 8:8-10 ella habla al Amado acerca de una hermanita y dice que le enseñará la verdad sobre la separación (el muro), y cómo entrar en la vida victoriosa (la puerta). El libro termina con una llamada de ella para que su Amado venga, pues desea permanecer en su compañía.

E. Interpretación histórica con una aplicación al creyente

Por último estudiemos la tercera interpretación. Aquí se cree que el poema habla de Salomón mismo y de una mujer sulamita que realmente existió, pero que los elogios y expresiones de amor usados por los personajes pueden servirnos como vehículos para expresar nuestro amor al Salvador Jesucristo. Si consideramos a Salomón como el único amado del libro con base histórica, entonces las dos interpretaciones, la histórica y la alegórica, son coherentes y permiten a la vez una aplicación a la comunión de la persona con Dios.

Debemos aclarar que antes de condenar una u otra interpretación, es conveniente que el estudiante vuelva a leer el libro muchas veces, siempre orando para que el Espíritu Santo le ilumine.

Damos gracias a Dios por este libro que encontramos en la Biblia, ya que también sirve para aplicarlo a otras áreas de la vida tales como el matrimonio, la relación sexual entre esposos, la fidelidad conyugal, etc. Creemos que el Espíritu Santo inspiró el Cantar de los Cantares y lo incluyó en el canon. Dejemos pues que lo use también en nuestras vidas. "Amarás al Señor tu Dios de todo tu corazón".

Repaso de la lección

1. ¿Quién escribió el libro de Eclesiastés? ¿Qué pruebas tiene para afirmarlo?
2. ¿Cuál es el tema general del libro? ¿Qué frases se repiten a menudo?
3. ¿Qué otros temas cubre el libro?
4. ¿Cuál es la conclusión?
5. ¿Cuál interpretación del Cantar de los Cantares le parece a usted la más lógica?
6. ¿Qué lección espiritual ha aprendido de este libro?

Lección 10

INTRODUCCIÓN GENERAL A LOS LIBROS PROFÉTICOS

BOSQUEJO

El Señor Jesucristo se ve reflejado a través de los rayos de luz que vienen de la profecía.

A. La profecía desde Adán hasta Samuel

Los patriarcas fueron profetas, pero Samuel fue quien inició la línea de profetas que sirvieron a Jehová junto con la monarquía y el sacerdocio.

B. Títulos y oficios de los profetas

Los nombres o títulos que se les dieron, sirven para explicar la función del profeta. Hubieron varias formas en que recibieron las revelaciones. Errores comunes.

C. Desde Samuel hasta Malaquías

Dios amonestó al pueblo por medio de varios profetas en el tiempo de la cautividad asiria y de la cautividad babilónica. Aquella fue la época en que hubieron más profetas, aunque en el período de la restauración hubieron tres profetas, terminando así el canon.

D. Reglas para la interpretación de la profecía:

1. Determinar si se deben tomar las palabras en su sentido literal o figurativo, o si es un tipo o analogía.
2. No tratar de fijar fechas en cuanto a profecías que no incluyan fechas, sino que se deben limitar y ubicar los eventos en su debida relación entre sí.
3. Distinguir entre profecías ya cumplidas y aquellas que se han de cumplir en el futuro.

LECCIÓN 10
Introducción general a los libros proféticos

Confiadamente podemos afirmar que el Señor Jesucristo está reflejado en las visiones de los profetas. El mismo dijo que los profetas hablaban de Él (Lc. 24:44-46). Dios fue el primer "profeta" y Su profecía anunciaba la venida del Redentor al mundo para morir por la humanidad (Gn. 3:15). Enoc, séptimo desde Adán, fue el primer hombre de quien se dice que profetizó y habló de la segunda venida de Jesucristo (Jud. 14:15). El Señor respaldó las profecías, cuando explicó que Él iba a ser entregado a la muerte, ya que era menester que se cumpliesen las Escrituras de los Profetas (Mt. 26:54-46).

A. La profecía desde Adán hasta Samuel

En las Escrituras hebreas, como veremos en la Lección 4 del curso A-1, los libros proféticos formaban la parte central del canon, y estaban colocados entre el Pentateuco y los Escritos, y de igual manera eran captados así en el pensamiento de los judíos. En el Pentateuco ellos tenían el relato de su origen como nación, junto con las leyes que les hacía un pueblo distinto de los demás. Por otro lado, en los libros proféticos se encontraban los Escritos o libros poéticos. La profecía era parte vital en la vida de los judíos, y lo es todavía. La esperanza de la venida del Mesías y de la gloria futura de Israel, les ha fortalecido siempre a lo largo de sus luchas, y les ha guardado a fin de no mezclarse con las demás naciones donde han vivido por muchos siglos. En estos días siguen regresando a Palestina animados por la misma esperanza que antes tenían acerca del cumplimiento de lo dicho por los antiguos profetas acerca de su tierra.

Aunque la línea de profetas comenzó de una manera especial, ya habían profecías antes de aquellos días. Los patriarcas fueron llamados profetas. Enoc fue mencionado como uno de ellos. Cuando Matusalén recibió su nombre, más de nueve siglos y medio antes del diluvio, es claro que ya había cierto conocimiento de los eventos futuros porque su nombre quiere decir: "Hombre de envío". Si calculamos bien, veremos que el diluvio fue enviado en el mismo año en que murió Matusalén (Gn. 5:25; 5:27-28; 7:11). En Génesis 20:7 Dios dice que Abraham fue profeta (véase también Sal. 105:15), y no hay duda de que conocía a Dios y que Le representó delante de otros hombres. Isaac, Jacob y José también profetizaron respecto a sus hijos (Gn. 27:28-29, 33, 39, 40; 49:1-27; 50:24-25).

Moisés fue reconocido por todos como profeta de Dios (Dt. 18:18; 34:10). Además, Moisés nos explica las diferencias entre los sacerdotes levíticos (Dt. 18:1-8), los adivinos paganos (Dt. 18:9-14), el profeta de Dios (Dt. 18:15-19) y los falsos profetas de Israel (Dt. 18:20-22). En 1 Samuel 3:1

leemos que "la palabra de Jehová escaseaba en aquellos días; no había visión con frecuencia". Esto abarcaría todo el tiempo de los jueces.

Debido a la apostasía de los hijos de Elí, los sacerdotes levíticos atravesaban una crisis en la historia de Israel. Samuel sucedió a Elí como juez, pero fue el último de los Jueces que gobernó a la nación. Él estableció la monarquía, y también fue el primero de los profetas que continuó hasta Malaquías. A Samuel se le atribuye además el establecimiento de las escuelas o compañías de profetas, es decir: "los hijos de los profetas" (1 S. 10:5, 10; 19:20; 2 R. 4:38, etc.).

B. Títulos y oficios de los profetas

Encontramos varios nombres dados a los profetas, tales como:

- Varón de Dios (1 R. 17:18; 2 R. 4).
- Siervo de Jehová (2 S. 7; 2 Cr. 24:6-9; Is. 20:3).
- Mensajero de Jehová (Is. 42:19; Mal. 3:1).
- Enseñadores (Is. 43:27).
- Atalaya (Ez. 33:2).
- Varón de espíritu (Os. 9:7; Mi. 3:8).
- Veedor o Vidente (1 S. 9:9-19; 2 Cr. 16:7; 19:2; Is. 30:10; Am. 7:12).
- Profetas (muchas referencias desde Ex. 7:1). En Génesis 20:7 vemos que el profeta es también un "mediador". En 2 Reyes 9:11 y Jeremías 29:26 los profetas son llamados "locos", y en Oseas 9:9 "necios" por los apóstatas, pero así también llamaron al Señor Jesucristo en Juan 10:20.

El nombre "veedor" o "vidente" significaba que veía cosas más allá de la simple vista que comprendía misterios, etc. La palabra "profeta" se puede entender según el uso que se da en Éxodo 7:1. Jehová le dijo a Moisés que le ponía por dios a Faraón, y que Aarón sería su profeta. Desde ese momento Moisés tuvo cierto dominio sobre Faraón de modo que por su palabra venían las plagas y se iban cuando él lo ordenaba. Sin embargo, era Aarón el que servía como profeta o boca puesto que él era quien hablaba a Faraón lo que Moisés decía, como lo determina la palabra en hebreo que quiere decir: el que derrama o vierte. En griego significa: uno que habla en lugar de otro, pero en ambos casos la Biblia tiene un especial reconocimiento a los que comunican la voluntad de Dios a los demás.

Se ha dicho que el sacerdote representa a los hombres delante de Dios, mientras que el profeta representa a Dios delante de los hombres. El profeta era comisionado por Jehová para llevar Su mensaje a aquel o aquellos a quienes era designado. Generalmente el profeta era enviado a reyes, príncipes o grupos importantes, pero a veces hablaba a todo el pueblo. Los mensajes tenían que ver con condiciones morales, asuntos políticos, o deberes de los oyentes.

El capítulo 18 de Deuteronomio aclara en gran manera las distinciones entre los sacerdotes y los profetas. Estos no formaban una casta u orden en la sociedad, ni eran escogidos por su parentela (Am. 7:14-15). No era costumbre ungir con aceite al profeta, ni tener ninguna ceremonia para iniciarle en su vocación. El profeta era llamado personalmente por Jehová, quien obraba en él por el Espíritu Santo y el pueblo para aceptarlo esperaba la prueba del cumplimiento de su palabra (Dt. 18:22). Dios habló por Balaam, Saúl, Caifás, y aun por el asno de Balaam, pero estos no son tipos representativos de profetas. Profetas son aquellos a los que se refirió el apóstol Pedro: "santos hombres de Dios que hablaron siendo inspirados por el Espíritu Santo" (2 P. 1:21).

Es un error creer que todo lo que hacían los profetas era pronosticar o predecir el futuro, aunque por supuesto que eso era una parte. Se ha dicho que los levitas explicaban la Ley mientras que los profetas hacían que se la cumpliese. Los sacerdotes en el Templo se ocupaban con los símbolos de la redención, mientras que los profetas vivían entre el pueblo exhortándoles a tener un corazón recto para con Dios. Explicaban el significado de las catástrofes como castigos de mensajes de Dios, o aclaraban la razón por la cual Dios había dado una victoria. Nunca dejaron de ser patriotas ante la nación aunque tuvieron que pronosticar derrotas y aconsejar la sumisión. Fueron partidarios de la teocracia y gobierno de Dios, y no de la jerarquía humana y corrupta, y predicaron la justicia que Dios pide.

Hay otra creencia errónea muy común, y es pensar que los profetas recibían todas las revelaciones de Dios en medio de un éxtasis o estado casi hipnótico, acompañado a veces de bailes paganos como los derviches de los musulmanes. Es verdad que Saúl se comportó de una manera exótica cuando profetizó en 1 Samuel 19:24, aunque la palabra "desnudo" se puede tomar en sentido relativo, como en 2 Samuel 6:20, queriendo decir que se quitó sus ropas reales exteriores solamente. Tiempos atrás, en América Latina se le decía "desnudo" a un hombre cuando andaba sin chaqueta o saco. Sin embargo, aunque Saúl se haya comportado como lo hizo, no quiere decir que todos los profetas lo hacían así al profetizar. El hecho de que se usaran instrumentos de música para los cultos (1 S. 10:15) no es razón para criticarles o decir que estaban fuera de sí al profetizar.

En el caso de Juan el Bautista él se vestía con pieles y vivía en los alrededores de la ciudad, pero estas costumbres extrañas atraían a la gente para escucharle. Por otro lado, Eliseo no usaba cabello largo ni una vestidura como la de Elías, de modo que los muchachos le despreciaban por su apariencia común al pretender ser profeta, sucesor de Elías, llamándole "calvo". Pero fueron castigados y aprendieron que ser profeta no depende del vestido ni de la cabellera (2 R. 2:23-25).

Es cierto que los profetas tuvieron sueños y visiones, pero no por eso dejaron de ser humanos. La mayoría de las revelaciones las tuvieron sin ellos decirnos cómo. Lo importante no era la forma en que recibieron los mensajes, sino la verdad que era revelada. En otras ocasiones, usaron ejemplos objetivos, como el cinto de Jeremías (Jer. 13), o hacían el papel de lo que querían enseñar, como lo hizo Isaías en el capítulo 20. Sin embargo, la mayoría de las veces predicaban al pueblo los mensajes de Dios de una manera sencilla.

C. Desde Samuel hasta Malaquías

La historia de Israel es la historia de sus profetas (Am. 3:7-8). Anteriormente habíamos hablado de los profetas antes de Samuel, pero ahora haremos un repaso de la profecía en el resto del Antiguo Testamento. Samuel fue el primero en la línea de los profetas que funcionó juntamente con los sacerdotes y los reyes. Los profetas no eran jueces ni gobernadores, ni sacerdotes, ni tampoco actuaban bajo las órdenes de ellos. Eran siervos de Jehová y recibían sus instrucciones directamente de Él.

Después de Samuel, en los días de David, encontramos a Natán y Gad que eran los profetas más renombrados. Igual que Samuel, escribieron crónicas sobre la historia (1 Cr. 29:29), pero ninguno de ellos dejó por escrito un libro acerca de sus profecías. Natán fue el que reprendió a David en el asunto de Betsabé (2 S. 12), y Gad en lo referente al censo (2 S. 24).

En los días de Salomón, el profeta era Ahías silonita (1 R. 11:29 y parece que también en 6:11 y 11:11). Ejerció su oficio hasta los días de Jeroboam I (1 R. 14:1-14); escribió otras profecías pero no sabemos nada acerca de ellas (2 Cr. 9:29). Iddo fue otro profeta que escribió crónicas de la historia (2 Cr. 9:29; 12:15; 13:22). En los días de Roboam Dios usó al profeta Semías (Semaya) a fin de evitar la guerra civil (1 R. 12:21-24), para exhortar al arrepentimiento (2 Cr. 12:5-8), y para escribir otras crónicas (2 Cr. 12:15). Elías y Eliseo fueron los profetas que les siguieron a éstos, y tuvieron ministerios poderosos que duraron largo tiempo, pero no se sabe nada en cuanto a que ellos hayan escrito algo. Eliseo vivió hasta los días de Joas, rey de Israel, alrededor del año 830 antes de Cristo (2 R. 13:14-20).

Y así, llegamos a los días de los "profetas canónicos", es decir, aquellos que escribieron libros sobre profecía que forman parte del canon bíblico. En la lección 7 del Curso A-1 constan unas listas de los libros proféticos según su orden cronológico, juntamente con lo que corresponde a los tiempos de crisis.

En cuanto a las fechas en que estos libros fueron escritos, es difícil precisarlas, sobre todo los llamados Profetas Menores, aunque de todas formas la fecha exacta no es de primordial importancia. Cuatro son los libros que pertenecen al siglo antes de la caída del reino del norte, Israel, en el año 722 antes de Cristo, y estos son Joel, Amós, Jonás, y Oseas. El primero era dirigido a Judá, el tercero a Nínive, y los otros dos a Israel. El último profeta ministró hasta el reino de Ezequías en el sur, de modo que por muchos años, fue contemporáneo de los profetas Isaías y Miqueas, pero como su libro no dice nada acerca de la caída de Israel, se deduce que el profeta murió antes de aquella catástrofe.

Sabemos que Isaías y Miqueas profetizaron juntos en Judá antes y después de la caída de Israel, mientras que Nahum profetizó después del triunfo de Asiria sobre Israel, acerca de la destrucción de Nínive, la ciudad capital.

Después de esto, pasó más de una generación sin que se haya escrito un libro profético; pero al acercarse el tiempo del castigo merecido del reino de Judá, Dios envió a un profeta tras otro para amonestar al pueblo. Primero, fue Sofonías quien levantó su voz en los días del rey Josías, alrededor del año 630 antes de Cristo. Luego Jeremías fue llamado en los mismos días de Josías y continuó profetizando hasta que los últimos judíos que fueron dejados por los caldeos fueron a Egipto. Habacuc también ejerció su ministerio poco antes de la caída de Jerusalén. Los libros de Lamentaciones y Abdías pertenecen a los días de la caída de Jerusalén.

Durante el cautiverio babilónico ejercieron su ministerio Ezequiel y Daniel, y después de la restauración los profetas Hageo, Zacarías y Malaquías quienes proveyeron los libros con los que termina el canon del Antiguo Testamento.

Al repasar así rápidamente la historia surge la pregunta: ¿cómo es que los libros llamados de Profetas Mayores están en orden cronológico, mientras que los de los Profetas Menores no lo están? No se sabe la razón por la que los judíos siempre los han tenido en el orden que se encuentran en nuestra Biblia. Nosotros los hemos dejado tal como ellos la dejaron, así que en este estudio seguiremos el orden canónico para facilitar la referencia a ellos más tarde, pero indicando siempre en la introducción la época a que pertenece el libro.

D. Reglas para la interpretación de la profecía

En el curso de "La Doctrina de las Ultimas Cosas", estudiaremos más detalladamente el contenido de las profecías y su interpretación. Mientras tanto, aquí hablaremos solamente de algunas reglas generales de interpretación aplicadas a los libros proféticos del Antiguo Testamento. Se ha dicho que nadie puede interpretar correctamente la profecía en el Antiguo Testamento sin que haya observado antes su desarrollo perfecto en el Nuevo, así como nadie que jamás haya visto un roble, podrá deducir bien el tipo y tamaño de su semilla.

Una de las primeras cosas que se debe hacer para interpretar la profecía es averiguar si se está hablando en sentido literal o en lenguaje figurado o alegórico, y una manera de determinar esto es a través del principio del axiona: esto es, si el sentido literal manifiesta sentido común, no busque otro sentido, puesto que Dios no habla en doble sentido. El hecho de que la revelación es para dar a conocer y no es para confundir ni engañar. Hay ciertas cosas que no convienen que el hombre sepa, como la fecha de la segunda venida de Jesucristo (Hch. 1:7; Mt. 24:42). Sin embargo, las revelaciones son para nosotros, dice la Palabra (Dt. 29:29).

Veamos la primera profecía en Génesis 3:15, donde se predice la lucha y enemistad que habrá entre el bien y el mal a través de los siglos, y que culminó en el Calvario. Aquel que es la simiente de la mujer, nacido de una virgen, fue herido en el calcañar en la crucifixión, que fue instigada en los corazones de los hombres por obra de Satanás. Pero en el Calvario Satanás recibió un golpe mortal a través de la vida de cada persona que iba a creer en Cristo. Si en esta profecía sólo vemos una antipatía universal entre las culebras y los hombres, entonces nos habremos quedado sólo en la letra. Pero, si entendemos como millares de millares lo han entendido a través de los siglos, que este versículo hace referencia al Señor Jesús como nuestro Redentor, entonces habremos captado el espíritu de la profecía y que da vida (Jn. 6:63; 1 Co. 3:6).

En el curso A-1 vimos cómo la historia de ciertos personajes como José y Moisés prefiguraba la vida de Jesucristo sobre la tierra (Dt. 18:18). Vemos que también el Tabernáculo era un conjunto de símbolos que hablaban de Cristo y de Su obra redentora. Esa fue en sí la razón para que se haya establecido el culto levítico. En cuanto a los profetas, ellos fueron mandados por Dios como representantes suyos delante de la nación, y hacían a propósito cosas ilustrativas (Os. 1 y 3; Is. 8:1-4; 20:1-6). Cuando a Cristo se le llama "el postrer Adán", no está diciendo que el primer Adán fuese una alegoría sin fundamento histórico. Más bien, está diciendo que el relato es verídico y que corresponde a una analogía entre la vida de Adán y la de Jesucristo (1 Co. 15:45-48 y véase también He. 4:8-9; 5:6). Cuando hechos históricos contienen semejanzas interesantes, nos gozamos al contemplar el plan de Dios y su creatividad. Sin embargo, no debemos fundar una doctrina sobre dicha analogía a menos que la Biblia misma autorice tal enseñanza. Así que, cuando algo es solamente un símbolo, estamos bajo la obligación de aceptarlo así.

Lo más difícil para comprender en las profecías, es el elemento del tiempo y el orden de los eventos. De tal manera que consideraremos dos elementos para interpretar correctamente:

1. Ninguna profecía por sí sola contiene la revelación completa y detallada del futuro.
2. Dios no pretende haber declarado a los hombres la fecha exacta de la segunda venida de Jesucristo, ni que todos los pormenores hayan sido revelados.

El propósito de Dios en la profecía es consolarnos en medio de las aflicciones de la vida con la promesa de que es Suya la victoria final, a la vez que nos amonesta para que estemos alertas esperando el arrebatamiento, aunque tampoco nos ha permitido saber cuándo ocurrirá exactamente.

Cuando el Señor citó la profecía de Isaías 61:1-2 (en Lc. 4:17-20), nos dejó un ejemplo instructivo sobre la manera de entenderla. Si comparamos Lucas 4:19 con Isaías 61:2 nos daremos cuenta que el Divino Maestro cesó de hablar en medio de una oración gramatical. Él leía las palabras: "Jehová me ha ungido para ... predicar el año agradable del Señor", y lo dejó hasta allí: no continuó leyendo. Por supuesto que esas palabras hacían referencia a Su primer advenimiento, pero la próxima frase dice: "y el día de venganza del Dios nuestro", lo cual pertenece a la segunda venida, y por lo tanto no lo leyó.

De tal manera que aquí vemos lo siguiente: una sola profecía puede contener predicciones acerca de los dos advenimientos, sin que haya un indicio del período de tiempo que las separa. Esto es como ver en la distancia varias colinas, con dos picos que se elevan en la misma línea del horizonte. Es imposible distinguir a la distancia lo lejos que un pico está del otro porque el valle que los separa no permite que se alcance a ver. De igual modo, los profetas anunciaron lo que vieron en visión acerca de los dos advenimientos del Mesías, el uno viniendo en humildad y el otro en gloria, pero pasaron por alto el tiempo presente de la Iglesia. La razón de que haya sido así quizá fue para que la oferta del reino a Israel en la primera venida de Cristo fuese fidedigna.

Por otro lado, muchas profecías fueron cumplidas muy poco tiempo después de ser pronunciadas, de tal manera que no hay que pensar que se cumplan de nuevo. Tenemos como ejemplo el caso del diluvio, de la esclavitud de Egipto, el regreso de Moisés al Sinaí, etc. (cp. también 1 S. 2:34; 10:2-7; 23:9-12; 1 R. 13:2 con 2 R. 23:15-17). Cuando las profecías mencionan un período específico de tiempo, como los setenta años del cautiverio babilónico (Jer. 25:11-12), debemos aceptar esto tal cual es sin cuestionar. Sin embargo, la mayoría de las profecías no hablan de números exactos, sino que dicen: "En los postreros días ... ", etc. Así que, lo que se debe hacer es ubicar a los distintos eventos predichos en orden cronológico de la forma más lógica posible.

Uno de los puntos más difíciles en este estudio surge cuando un evento cumple cierta profecía, pero se espera su cumplimiento más tarde. Por ejemplo, el apóstol Juan dijo en 1 Juan 4:3 que el espíritu del anticristo estaba ya en el mundo, pero no por eso pensamos que no ha de venir un hombre de pecado quien cumplirá en pleno la profecía. Véase también Hechos 2:16-21 comparado con Joel 2:28-32. Lo que se busca en cuanto al cumplimiento de la profecía es que haya llevado a cabo el propósito de Dios contenido en ella. A medida que avancemos en el estudio, se explicará más acerca de la profecía.

Repaso de la lección

1. ¿Cuál es la relación de Jesucristo con las profecías?
2. ¿Quién fue el primer hombre que profetizó?
3. Indique cuatro títulos dados a los hombres que profetizaron.
4. ¿Cuales fueron las funciones o responsabilidades de los profetas?
5. ¿Por qué hubo más profetas, un poco antes y durante las crisis nacionales, como los períodos de cautividad?
6. Indique algunas reglas para la interpretación de las profecías.

Lección 11

El Libro de Isaías

Bosquejo

El Señor Jesucristo es descrito por Isaías con más claridad que en cualquier otro libro de los demás profetas. El profeta tuvo un ministerio muy largo, desde el reinado de Uzías hasta el de Ezequías. Tuvo una parte importante en salvar a Jerusalén de la derrota por la invasión del rey asirio Senaquerib, cuando había caído el reino del norte, Israel.

No hay suficiente evidencia para decir que el libro fue escrito por dos o más autores. Es más coherente aceptarlo como un libro que fue revelado por Dios a un autor designado, que en este caso fue el profeta Isaías.

A. Profecías de juicio, capítulos 1 al 35

1. Profecías cocernientes a Judá y Jerusalén, caps. 1-12
2. Profecías concernientes a las naciones, caps. 13-23
3. Profecías del juicio de las naciones y la restauración de Jerusalén en victoria, caps. 24-35

B. División histórica del libro, caps. 36-39

1. La crisis en Jerusalén por la invasión del ejército asirio, y el rescate milagroso, caps. 36-37
2. La enfermedad, curación e imprudencia de Ezequías, caps. 38-39

C. Profecías de consolación y de paz, caps. 40-66

1. Los capítulos 40-48 hablan acerca de Ciro
2. Profecías concernientes al Príncipe de Paz, caps. 49-57
3. Profecías concernientes al pueblo y su paz, caps. 58-66

D. Conclusión, 65:17—66:24

Lección 11

El libro de Isaías

El libro de Isaías anunció por profecía al Señor Jesucristo con más claridad que cualquier otro profeta, tanto en lo referente a su primer advenimiento como al segundo. Isaías fue el primer profeta en usar el término "Mesías" (que quiere decir "Ungido"), refiriéndose al Redentor que había de venir. Él pensó que podría ser Ciro rey de Persia quien conquistaría a Babilonia y daría libertad a los judíos para que regresasen a Palestina (Is. 45:1). Pero también se refería a la raíz de Isaí, sobre Quien descansaría el Espíritu (Is. 11:1-5; 61:1-2). Jesucristo citó de esta profecía en Su primer sermón cuando estuvo en la sinagoga de Nazaret (Lc. 4). Posteriormente, Felipe encontró al etíope leyendo del libro de Isaías, y comenzando desde esa Escritura le predicó la buena nueva de Jesucristo. Tal vez la cita más maravillosa de entre todas las muchas referencias a esta profecía, se encuentra en Juan 12:41, donde la visión de Isaias 6:1 es identificada con el mismo Señor Jesús encarnado.

El autor

Sabemos muy poco de la vida privada de Isaías. Su padre fue Amoz quien, según la tradición judía, fue hermano del rey Amasías. Isaías llamó a su esposa "la profetisa" (8:3) y sus dos hijos tuvieron nombres con significado profético (8:3-18). Se sabe además que, aparte de este libro de profecía, Isaías escribió algunas crónicas reales (2 Cr. 26:22).

Su época

No se sabe el tiempo exacto en el que Isaías ejerció su ministerio, pero sí se sabe que fue largo. Uzías murió alrededor del año 759 antes de Cristo e Isaías ya estaba profetizando por aquel tiempo (Is. 6:1). Sabemos que continuó hasta por lo menos el año 15 del reinado de Ezequías (2 Cr. 29:1 y 2 R. 20:6 comparado con Isaías 38 y 39; 36:1), lo cual nos llevaría hasta el año 710 antes de Cristo.

Sinopsis:

1. Durante el reinado de Uzías, capítulos 1 al 5.
2. Durante el reinado de Jotám, capítulo 6.
3. Durante el reinado de Acaz, capítulos 7:1 al 14:27.
4. Durante la primera mitad del reinado de Ezequías, capítulos 14:28 al 35:10.
5. Durante la segunda mitad del reinado de Ezequías, capítulos 36 al 66.

Oseas, Jonás y Amós profetizaron en Israel, mientras Miqueas e Isaías estaban profetizando en Judá. El que quiera estudiar más de aquellos días, debe leer esos libros así como 2 Reyes 15 al 20.

En el período del reino del norte, o sea el de Israel, los profetas Elías, Eliseo, Amós y Oseas fueron quienes anunciaban que, a pesar de la prosperidad comercial de la nación, el juicio de Dios estaba determinado contra ella por su idolatría. En Oseas 4:17 leemos: "Efraín es dado a ídolos; déjalo".

Joel empezó en Judá a escribir la profecía diciendo que el "Día del Señor": "grande y terrible", se acercaba. En este caso también hubo una prosperidad económica en la nación; el reino estaba fortificado y en tan buenas condiciones que no se había visto así desde los días de Salomón. Los filisteos habían sido vencidos, se habían inventado nuevas máquinas de guerra y grandes cisternas se habían construido para regar la tierra (2 Cr. 26). Como resultado de esta prosperidad el corazón de Azarías (Uzías) se llenó de orgullo y despreció la ley de Dios, y aun así ofrecía sacrificios. Así observamos que había hipocresía en aquel tiempo. Como resultado de esto, Dios castigó al rey con lepra que brotó de su frente mientras oficiaba en el altar, y desde aquel día hasta su muerte Uzías vivió en una casa aparte.

Fue durante el reinado de Uzías que el profeta Isaías empezó su ministerio y parece que los primeros cinco capítulos fueron escritos durante los últimos años de Uzías, ya que el primer versículo del capítulo 6 habla de su muerte. Fue a esta nación próspera, orgullosa e idólatra, donde las ceremonias religiosas eran pomposas pero huecas, que el profeta empezó su ministerio diciendo: "El buey conoce a su dueño y el asno el pesebre de su señor; pero Israel no entiende, mi pueblo no tiene conocimiento ... ¿por qué queréis ser castigados aún? ¿Todavía os rebeláis? Todo corazón está enfermo, toda cabeza doliente. Desde la planta del pie hasta la cabeza, no hay en él cosa sana, sino herida, hinchazón y podrida llaga.... Lavaos y limpiaos; quitad la iniquidad de vuestras obras de delante de mis ojos; dejad de hacer lo malo; aprended a hacer el bien....Venid luego, dice Jehová y estemos a cuenta. Si vuestros pecados fueren como la grana, como la nieve serán emblanquecidos; si fueren rojos como el carmesí, vendrán a ser como blanca lana. Si quisiereis y oyereis, comeréis el bien de la tierra.

Sin embargo, el pueblo no se arrepentía ni aceptaba la oferta del perdón. Hacía mofa del mensaje (5:18-19). En el capítulo 6 Dios dio una nueva visión al profeta: le dijo que tenía que llevar un mensaje de condenación al pueblo rebelde. Les decía que oyen pero no entienden, ven pero no perciben, porque han llegado a ser como sus mismos ídolos. Por esta razón, Isaías tuvo que anunciarles su destino, que era el cautiverio, pero el tiempo sería aplazado si los judíos se volvían de sus malos caminos. La profecía decía que el asirio vendría y asolaría a varias naciones, pero Judá tenía la posibilidad de salvarse por medio del arrepentimiento. En 6:13 se menciona a "la simiente santa" que estaba conformada por aquel pequeño grupo de fieles cuyas oraciones Dios escuchaba, y que eran como la sal de la tierra, ya que podían preservar a la nación entera de la destrucción.

Isaías también declaró que el asirio sería quebrantado mientras asolaba a Judá. El hecho es que a través de los asirios, los judíos serían humillados y castigados hasta cierto punto, pero Dios en Su misericordia guardaría un remanente. Y así fue como sucedió, según los capítulos históricos 36 y 37. Habiendo conquistado a Israel y las ciudades de Judá, el ejército asirio llegó cerca de Jerusalén pero no pudo seguir, ya que el ángel del Señor los visitó y en una sola noche mató a 185.000 soldados. Senaquerib, el rey de Asiria, volvió a su tierra avergonzado y sus mismos hijos le dieron muerte.

Los capítulos 38 y 39 también son históricos y cuentan acerca de la enfermedad, la curación y el orgullo del rey Ezequías; luego terminan anunciando en términos claros la inevitable cautividad babilónica.

La última parte del libro de Isaías abarca los capítulos 40 al 66. Haciendo un recuento general encontramos la experiencia que tuvo el profeta con la visión en el capítulo 6:3 que decía: "Santo, santo, santo es Jehová de los ejércitos; toda la tierra está llena de su gloria". Luego encontramos las predicciones acerca del Mesías que vendría y de la gloria del reino milenario futuro. Esto incluía el hecho de que Jehová les traería desde Babilonia y que Emanuel anunciado en 7:14 vendría en humildad a Jerusalén, para dar Su vida en ofrenda por el pecado (53:10), y después (capítulo 60), regresaría en Su reino lleno de gloria.

Al mirar cómo Isaías predijo con tanta exactitud los pormenores del nacimiento, ministerio y el sufrimiento del Salvador Divino siete siglos antes de su aparecimiento, no nos sorprende tampoco que haya profetizado acerca de un reino futuro.

Es nuestro propósito en este curso, estudiar más detalladamente este libro de Isaías. Por lo tanto, dedicaremos toda la lección para analizar este importante libro.

Son muchos los críticos que afirman que el autor de los primeros capítulos, no es el mismo que escribió la última parte. Trataremos de comentar un poco al respecto.

Comentario sobe las críticas

- Durante los siglos, muchos hombres espirituales y reconocidos han leído este libro sin abrigar ninguna duda, ni imaginar que fueron dos o más los escritores. Entonces nos preguntamos ¿por qué entre los críticos modernos ahora ha surgido esta duda?
- Si la segunda parte (caps. 40 a 66) fue escrita por otra persona, entonces las referencias citadas de ella en el Nuevo Testamento, estarían equivocadas y por lo tanto no serían dignas de confianza, lo cual no es concebible (Mt. 3:3; 12:17-21; Lc. 3:4-6; Jn. 12:38; Ro. 10:16-20; Hch. 8:30-34).
- ¿Cómo es que el testimonio de los judíos a través de los siglos, desde Isaías, ha sido siempre unánime en cuanto a creer que él escribió todo el libro?

Vemos entonces que la concepción de los críticos en contra de un solo autor, carece de evidencia positiva. Lo que ellos dicen acerca de la imposibilidad de que un hombre pronosticara el futuro, a más de que el lenguaje y el estilo de las dos partes del libro son tan distintas que no pudieron haber sido escritos por la misma pluma, no resulta en una objeción positiva.

Además diremos que en cuanto a pronosticar el futuro, vemos en los capítulos 3, 5 y 6 que hay profecías que hablan claramente acerca de la desolación futura de la tierra, que fueron anunciadas durante un tiempo de prosperidad; de tal manera que, ¿qué hay de extraño que en los últimos capítulos hayan también profecías iguales? En lugar de probar que fueron varios autores, más bien demuestra lo contrario.

Respecto a lo predicho sobre los detalles de la muerte de Jesucristo, en el capítulo 53, sería igual de fácil haberlo pronosticado siete siglos antes de que aconteciera, como cinco o tres siglos antes, puesto que si Dios revela a sus siervos el futuro, entonces es posible conocerlo y escribirlo para conocimiento de todos.

La invención de otro Isaías, como escritor de la última parte del libro un par de siglos más tarde, no soluciona el "problema" acerca del milagro de la profecía.

Por último responderemos a los críticos en cuanto a que el lenguaje y el estilo son diferentes en los últimos párrafos indicando que los autores tenían que ser diferentes, diciendo que negamos que esa sea la explicación lógica de los pequeños cambios registrados. Además, después de cincuenta años de experiencia en escribir y en predicar, es natural que Isaías tuviera un estilo un poco más suave y amplio que cuando empezó su ministerio. Consideremos también que la temática y el pensamiento eran diferentes, de tal manera que escribió inspirado por un tema más sublime. Abundan ejemplos en los que un autor cambia de estilo según el tema que está tratando.

Ahora veamos las dos divisiones generales del libro: Capítulos 1 al 39 y capítulos 40 al 66. El Dr. G. C. Morgan divide el libro de la siguiente manera:

A. Profecías de juicio, capítulos 1 al 35.
B. Intermedio histórico, capítulos 36 al 39.
C. Profecías de paz, capítulos 40 al 66.

El Sr. A. L. Flory sugiere la misma división pero la denomina de una manera diferente:

A. Profecías de juicio en cuanto a Asiria, y la salvación de Jehová, capítulos 1 al 35.
B. Interludio histórico, capítulos 36 al 39.

C. Profecías de juicio en cuanto a Babilonia, y la salvación de Jehová, capítulos 40 al 66.

El Sr. Myer Pearlman ofrece la siguiente división:

A. La sección que trae condenación, capítulos 1 al 35.
B. La sección histórica, capítulos 36 al 39.
C. La sección que trae consolación, capítulos 40 al 66.

Todos estos autores dividen bien el libro. Cabe notar que los capítulos 1 al 37 hablan de la crisis asiria, mientras que los capítulos 38 al 66 se relacionan con la crisis babilónica.

A. Profecías de juicio, capítulos 1 al 35

1. Son profecías concernientes a Judá y Jerusalén, capítulos 1 al 12.

a. El primer capítulo es introductorio. En el primer versículo él profetiza según la visión que ha recibido y dice que es "acerca de Judá y de Jerusalén". Este capítulo indica de qué trata la primera parte del libro, esto es: el pueblo se había contaminado, estaba enfermo, era infiel e hipócrita, pero si se arrepentían y volvían a Jehová, sus pecados serían perdonados y limpiados como blanca nieve. El versículo 18 es el que más sobresale en este capítulo.

b. Los capítulos 2 al 4 son un discurso sobre Sion. Empieza con una visión de la ciudad con su futura gloria (2:1-4). Estos cuatro versículos contienen el mensaje principal de la última parte del libro. En 2:5 al 4:1 el profeta expone la corrupción prevaleciente en el pueblo y el juicio que merecen. El discurso termina con otra referencia a los días postreros cuando Jehová limpiará a Sion con juicio (4:2-6).

c. El capítulo 5 corresponde al "canto de la viña" en el cual Isaías les reconviene por su irresponsabilidad para con Dios y pronuncia ayes contra la avaricia, la incredulidad, la hipocresía, el engreimiento y la perversión de la justicia. Los versículos 25 al 30 describen al enemigo que Dios traerá contra Judá como castigo.

d. Cuando murió el rey Uzías Dios consoló al profeta con una nueva visión de la gloria del Señor, y le dio una nueva comisión. El capítulo 6 habla de cómo Isaías vio al Señor y sintió su propio pecado y el del pueblo. Habiéndolo confesado, Dios le purificó y el profeta oyó la voz de la Trinidad llamándole, a lo que él contestó inmediatamente y sin reservas diciendo: "Heme aquí, envíame a mí". Enseguida Dios le comisionó diciendo: "Anda, dí a este pueblo...." Este era un mensaje de condenación y juicio porque el pueblo no quiso oir ni prestar atención al mensaje celestial. Sin embargo, no todos se perderían sino que Dios se guardaría un remanente santo que sería salvo.

e. Los capítulos 7 al 12 contienen la historia del rey Acaz durante la crisis política mencionada en 7:1. El profeta urge al rey para que no busque ayuda del rey de Asiria contra los sirios y los efrainitas, sino que confíe en Jehová quien es el que da la victoria (7:1-9). Isaías instó al rey que pidiera una señal de que la casa de David no iba a ser destruida, pero Acaz rehusó hacerlo para no tentar a Dios, así que el Señor mismo les dio una señal diciendo: "He aquí que la virgen concebirá, y dará a luz un hijo, y llamará su nombre Emanuel: (7:14, con Mt. 1:21-23). En 9:1-7 habla nuevamente de un niño que sería fuerte como Dios y sobre cuyos hombros estaría el dominio del mundo. Por cierto, sólo Jesucristo cumplió estas profecías y seguirá cumpliéndolas. Los capítulos 11 y 12 siguen hablando de la condición en que estaba la tierra cuando Jesucristo, con "la vara del trono de Isaí" y lleno del Espíritu Santo, juzgará entre las naciones. En aquellos días, aun las bestias vivirán en paz y la envidia entre las naciones se acabará.

2. Profecías acerca de las naciones, capítulos 13 al 23.

a. Profecía sobre Babilonia 13:1 a 14:27. En el capítulo 13 dice que la hermosa Babilonia será como Sodoma y Gomorra. En el capítulo 14 se profetiza sobre la restauración de Judá y cómo derrotará al rey de Babilonia, lo cual es figura de la derrota del diablo (14:1-20).

b. Profecía sobre Filistea, 14:28-32. Filistea no debe alegrarse por la caída de Judá puesto que será restaurada.

c. Profecía sobre Moab, capítulos 15 y 16. Moab será abatida dentro de tres años pero el tabernáculo de David será afirmado.

d. Profecía sobre Damasco, capítulo 17. Damasco, o sea, Siria, quedará convertida en un montón de ruinas.

e. ¡Ay de Etiopía!, capítulo 18. Sus mensajeros y navíos no traerían ayuda.

f. Profecía sobre Egipto, capítulos 19 y 20. La tierra será subyugada y decaerá, pero al fin volverá a Jehová, y Egipto, junto con Asiria, servirán a Jehová (19:18-25).

g. Profecía sobre el desierto del mar (Babilonia), capítulo 21:1-10). Nuevamente es predicha la ruina de Babilonia.

h. Profecía sobre Duma (Seír), capítulo 21:11-12). Inquieta y confusa, no encuentra satisfacción.

i. Profecía sobre Arabia, capítulo 21:13-17. Su gloria pronto será desecha.

j. Profecía sobre el valle de la visión (Jerusalén), capítulo 22. Se ve la ciudad alegre, alborotada y turbulenta a pesar de su peligro.

k. Profecía sobre Tiro, capítulo 23. La ciudad será convertida en ruinas durante 70 años y después será restaurada.

3. Profecías acerca del juicio de las naciones y la restauración victoriosa de Jerusalén, capítulos 24 al 35.

a. Empezando en el capítulo 24, vemos el juicio de Dios sobre Palestina y sobre las naciones de la tierra; la visitación de Jehová que viene a Sion y desde allí reina (24:23), e Israel cantando de alegría los cánticos de los capítulos 25 y 26:1 19. En 26:20-21 el Señor pide al pueblo que tenga paciencia hasta que estas cosas se cumplan, lo cual significa que esta profecía está todavía por cumplirse.

b. Jehová promete destruir a los enemigos mientras guarda a Jacob, a quien castiga livianamente con el fin de que sea limpiado, reunido y bendecido, capítulo 27.

c. Los capítulos 28 al 32 hablan también de que Israel y Judá serán castigadas con una serie de ayes por sus borracheras, falsedades, etc. En los capítulos 30 y 31 son reprendidos por no consultar a Jehová, sino que han descendido a Egipto engañados por una falsa esperanza. En el capítulo 32 hay una visión profética del reino justo del Señor Quien traerá la paz a la tierra.

d. Los capítulos 32 al 35 repiten el mismo mensaje, pero pronuncian juicios específicos contra Asiria y Edom y luego describen los efectos que traerá la restauración de Judá. El capítulo 35 abarca un mensaje de consolación. Se puede ver también que la misma naturaleza participará de la redención, y el pueblo vivirá seguro en santidad y gozo.

B. División histórica del libro, capítulos 36 al 39

1. La invasión del ejército asirio y el rescate milagroso, capítulos 36 y 37. Este emocionante relato de cómo Dios intervino como contestación a la oración del rey, influyó grandemente en la historia de Judá. Israel estaba ya conquistada por los asirios y ahora peleaban contra las ciudades del sur. Mientras sitiaban a Laquis, el rey Senaquerib envió a su capitán Rabsaces a Jerusalén junto con un gran ejército, con la idea de conseguir que la ciudad se entregara sin pelear. Rabsaces apeló al hecho de que ningún pueblo, ni rey, ni dios había podido resistir al ejército asirio, queriendo inspirar así miedo a los judíos y que se rindieran sin presentar resistencia. En el capítulo 37 leemos que el rey Ezequías envió una embajada al profeta Isaías exigiéndole que ore a Dios. El profeta contestó con un mensaje de consolación, diciendo que los asirios no tomarían Jerusalén sino que volverían a su tierra, donde serían muertos a espada.

Después de esto, vinieron los mensajeros de Senaquerib con una carta para Ezequías, en la cual se mofaba del Dios de los judíos. Esta vez el rey no mandó al profeta que orara sino que él mismo entró en la Casa de Jehová y Le rogó que los salvara. Aquella misma noche se cumplió lo predicho por Isaías. El ángel de Jehová hirió a 185.000 de los soldados asirios y Senaquerib regresó humillado a Nínive con los sobrevivientes. All llegar allá, sus propios hijos los mataron conforme a la profecía de Isaías.

2. La enfermedad y curación de Ezequías, capítulos 38 y 39. Después de que la ciudad capital fue protegida, el rey enfermó de muerte y Dios le dijo que dispusiera su casa para morir. Ezequías oró y clamó a Dios con lloro y Él le concedió 15 años más de vida, y como señal la sombra en el reloj de sol se volvió atrás. El rey sanó, pero mejor hubiera sido que se hubiera sometido a la voluntad de Dios y que muriera, y que no hiciera lo que posteriormente hizo. Pues llegaron mensajeros o embajadores desde Babilonia, y Ezequías se enorgulleció al recibirlos, y les enseñó todos sus tesoros. Luego el profeta le reconvino por su locura y predijo que serían llevados a Babilonia en cautividad. El rey aceptó el fallo con cierta indiferencia, contento de que él mismo habría de vivir bien. Más tarde, su bisnieto Josías supo de esta profecía acerca de la destrucción de la nación por parte de Babilonia por lo que él se humilló, lloró y llamó a todo el pueblo a arrepentirse y a volverse a Jehová para ver si así se podría evitar el castigo (2 R. 22 y 23).

C. Profecías de consolación y de paz, capítulos 40 al 66

1. Los capítulos 40 al 48 hablan acerca de Ciro, el rey medopersa que habría de nacer 150 años más tarde, y quien libraría a los judíos de Babilonia, y haría que regresen nuevamente a su tierra. Ciro es figura de aquel otro Mesías que habría de venir más tarde para dar libertad completa al pueblo (42:1-8). En estos capítulos hay varias referencias a los ídolos, y ceguera en sus adoradores. El capítulo 44 contiene una condenación terminante lógica de la idolatría. En 44:13 vemos que no está hablando de figuras de animales como aquellas que los egipcios adoraban, sino con semejanza de seres humanos. Pero qué hermoso es saber que el Señor Dios es más que todos los ídolos; es el único que puede revelar el futuro, lo que ningún otro puede hacer. Por lo tanto, debemos esperar sólo en Él y confiar en Sus promesas.

2. Profecías concernientes al Príncipe de Paz, capítulos 49 al 57.

a. Capítulo 49. La futura gloria de Israel en la que habrá paz en Jerusalén, y las demás naciones le servirán.

b. Capítulo 50. El Señor llama a cuentas al pueblo de Israel por no haberle hecho caso (v. 2). Les recuerda Su fidelidad y Sus planes futuros diciendo: "¿Acaso se ha acortado mi mano para no redimir? ¿No hay en mí poder para librar?" Parecería que en los versículos 4 al 9 es la voz del Mesías que habla y el versículo 6 prefigura Su sufrimiento. El versículo 10 es la declaración de una ley espiritual como aquellas que se encuentran en Juan 8:12 y en 1 Juan 1:5-7.

c. Capítulo 51. Profecías acerca de la gloria venidera de Jerusalén.

d. Capítulo 52. Describe la redención de Sión, pero en 52:13 empieza la profecía en cuanto al sufrimiento del Mesías.

e. Capítulo 53. Vemos a Dios extendiendo Su brazo para hacer una obra asombrosa, dando un mensaje que pocos creen. Luego encontramos una impresionante descripción del Mesías, diciendo que él vendría a ser un varón sin hermosura, despreciado, desechado de los hombres, varón de dolores, experimentado en padecimientos, herido, castigado de Dios, afligido, traspasado, quebrantado, oprimido, humillado, callado, juzgado sin justicia, cortado, hecho maldición, sepultado. ¡Todo aquello que nuestro precioso Jesús experimentó por nosotros! Y aun sigue: "Jehová quiso quebrantarlo, sujetándole a padecimientos". Esto parece horrible, y como si aun fuera poco, continúa diciendo: "Ciertamente llevó El nuestras enfermedades, y sufrió nuestros dolores.... Mas El herido fue por nuestras rebeliones, molido por nuestros pecados...." Pero luego tenemos como un grito de victoria y determinación: "Cuando haya puesto su vida en expiación por el pecado, verá linaje, vivirá por largos días, y la voluntad de Jehová será en su mano prosperada. Verá el fruto de la aflicción de su alma, y quedará satisfecho; por su conocimiento justificará mi siervo justo a muchos, y llevará las iniquidades a ellos". Y así, llega a su exaltación plena: "Por tanto, yo le daré parte con los grandes y con los fuertes repartirá despojos".

¡Este es nuestro incomparable Jesucristo! Creer que un hombre pudo haber escrito esto por sí mismo, con ésta descricpión de la muerte de Cristo, Su sepultura y resurrección, y de la salvación de los que creyeran en Él, siete siglos antes de que aconteciera, requiere más fe que el simplemente aceptar la verdad bíblica de que fue inspirado directamente del cielo por el Dios del Universo. Ciertamente este capítulo es producto de Dios, y fue dado por revelación.

f. Capítulos 54 al 57. Aquí tenemos una descripción de Israel en la que la vemos redimida, victoriosa y viviendo en paz. El versículo 54:2 fue usado por el gran hombre de Dios Guillermo Carey en su famoso sermón que dio origen al movimiento misionero años atrás. El versículo 54:17 es una promesa que ha consolado a muchos que han sido injustamente calumniados. Luego, el capítulo 55 muestra una preciosa invitación (vv. 1, 6 y 7), y las palabras de los versículos siguientes (8 y 9) nos aseguran que Dios desea hacernos más bien de lo que nosotros podemos imaginarnos. El resto del capítulo habla de los resultados que tiene la Palabra de Dios cuando es esparcida entre los hombres.

Esta parte termina con una palabra de condenación a los rebeldes e idólatras. Pero, en 57:7 encontramos una preciosa promesa que ha sido de mucho consuelo a millares de corazones.

3. Profecías que hablan de paz para el pueblo, capítulos 58 al 66.

a. Los capítulos 58 y 59 preparan el camino para las gloriosas descripciones que siguen más adelante. En 58:5 Dios condena la hipocresía y el formalismo que a veces llega a reemplazar la adoración sincera a Dios. También hay un llamado a Israel para abandonar su pecado: si lo hace y confiesa que su castigo se debe a su pecado, Jehová entonces lo redimirá, 59:15b-21.

b. La gloria futura de Sion, capítulos 60 al 62. El capítulo 60 habla de la gloria de Jehová que nacerá sobre Sion. Dice que la ciudad crecerá, los gentiles vendrán a ella, y Jehová será su luz. El Señor Jesucristo usó en Nazaret para su primer sermón (Lc. 4) el pasaje de Isaías 61:1-2a. El capítulo habla de la misión del Mesías que sería traer paz y justicia a Israel quien se regocijaría en Jehová y en Su salvación. Luego, el capítulo 62 describe la restauración de Sión como contestación a las oraciones de los fieles, quienes esperan que Dios cumpla sus promesas de darles descanso y están decididos a no dejarle hasta ver todo cumplido por medio del Salvador que habría de venir.

c. Capítulos 63:1 al 65:16. Narra la victoria del Señor sobre los enemigos rebeldes (63:1-6), presentado a manera de diálogo. En 63:7 al 64:12 tenemos las exhortaciones del profeta al pueblo y un recuento de las misericordias de Jehová hacia ellos, a más de oraciones pidiendo Su gracia.

D. Conclusión, capítulos 65:17 al 66:24

El libro concluye con la descripción de la gloria milenaria de Jerusalén. La tierra volverá a las condiciones que había antes del diluvio. Habrá paz y prosperidad en toda la tierra, y aun la naturaleza será restaurada y libre de los efectos del pecado. No habrá más rapiña ni animal carnívoro (65:17-25).

Los primeros catorce versículos del último capítulo narran las condiciones espirituales que habrá en Sion durante el reinado futuro del Mesías. Luego, tenemos un poco del proceso que se desarrollará para que el mundo entero venga a los pies del Señor Jesucristo en sincera adoración y obediencia. La escritura dice que Jehová vendrá con fuego y conquistará a las naciones, matando a los abominables rebeldes; entonces, mensajeros irán a las naciones con el testimonio, y multitudes vendrán a Jerusalén para ver la gloria del Señor. Los creyentes que se sometan al Señor vivirán en paz y santidad con

Él, pero los rebeldes sufrirán eterna perdición. Así es como termina este sagrado rollo de la profecía.

Repaso de la lección

1. ¿Qué se sabe de la persona del profeta Isaías?
2. ¿Cuáles fueron las condiciones políticas y económicas bajo las cuales Isaías profetizó?
3. ¿Por qué debemos rechazar la idea de que el libro tuvo dos o más autores?
4. ¿Cuántos versículos puede citar de memoria de este libro?
5. Señale lo que Isaías profetizó acerca de Jesucristo.
6. ¿Cuál ha sido la lección espiritual más importante que usted ha aprendido del estudio de este libro?

Lecciones 12-13

El libro de Jeremías y el libro de Lamentaciones

Bosquejo

Libro de Jeremías

Jeremías fue llamado en su juventud para ser profeta de Jehová, y su ministerio duró 40 años o más. Al principio predicó que habría salvación de los enemigos si el pueblo se volvía a Dios, pero después anunció que vendría el cautiverio irremediablemente. También profetizó que la cautividad duraría 70 años y acerca del regreso a Palestina.

Los primeros 35 capítulos son mensajes dirigidos a Judá antes de la caída de Jerusalén. Su mensaje fue rechazado pero él siguió fiel y denunciando a los falsos profetas.

Los próximos diez capítulos cuentan acerca de la persecución sufrida por el profeta, y los acontecimientos posteriores a la caída de Jerusalén.

Luego siguen seis capítulos de profecías contra las naciones vecinas, donde se detalla la destrucción de Babilonia.

El último capítulo es un apéndice histórico de la huida a Egipto.

A. Profecías contra Judá antes de la invasión de los caldeos, capítulos 1-35

1. Profecías contra Judá antes de la invasión de los caldeos, caps. 1-35
2. La primera serie de profecías, caps. 2-12
3. Profecías acerca de la destrucción de Jerusalén y el cautiverio de Judá, caps. 13-35

B. Historia de Jeremías y de sus profecías escritas, caps. 36-45

C. Profecías acerca de las naciones, caps. 46-51

D. Apéndice histórico, cap. 52

Libro de Lamentaciones

Capítulo 1

Jerusalén arruinada es personificada como una viuda lamentando

Capítulo 2
Aquí dice que el castigo del largo sitio viene de parte de Jehová

Capítulo 3
En este poema el profeta se identifica con la ciudad

Capítulo 4
Jerusalén es compara con el oro que era puro pero que está empañado

Capítulo 5
La ciudad es presentada como un huérfano desamparado

Lecciones 12-13

Libro de Jeremías y libro de Lamentaciones

Libro de Jeremías

El profeta Jeremías habla del Señor Jesucristo como el Renuevo justo de David. Se refiere a Dios como "Jehová, Justicia Nuestra" (23:5-6; 33:15). Aquí también encontramos la profecía acerca de Herodes, quien por matar a Jesucristo, hizo matar a los niños de Belén (31:15; Mt. 2:18). Así como Jeremías profetizó de la caída de Jerusalén en manos de los ejércitos caldeos (15:1-9), Cristo profetizó su caída por parte de los romanos (Mt. 24:1-2). A Jeremías se le conoce como el profeta que llora, o el profeta "llorón".

El autor

Se sabe que Jeremías nació en Anatot, y que fue hijo de Hilcías (1:1), habiendo nacido en la nobleza, del linaje de Fineas, quien fue el tercer sumo sacerdote. No sabemos si éste fue el mismo Hilcías del que se habla en 2 Reyes 22:8. Jeremías fue un hombre respetado por los reyes (26:24), los príncipes y el pueblo (26:10, 16, 17, 24; 36:11-19, 25; 39:8-10). Tuvo por escriba a Baruc quien era un hombre de alta categoría social (32:12; 2 Cr. 34:8). Aun los caldeos respetaron al profeta (40:1-4). Sabemos además, que era soltero (16:2), retraído de la vida social (16:5), y hombre fiel a pesar de la mucha persecución. Jeremías tenía un carácter fuerte, aunque era de espíritu sensible. A menudo se quejaba de su suerte, pues veía que los falsos profetas prosperaban; también por la falta de resultados en su ministerio porque Dios no obraba milagros ni para él ni por medio de él, etc. (12:1; 14:13; 15:10, 16, 18; 20:7-18). Pero a pesar de sus quejas, Jeremías no flaqueó en su obra, sino que cumplió fielmente toda su comisión sin importarle las circunstancias. El carácter, espíritu y los dones de Jeremías se prestaron muy bien para la tarea que Dios le había encargado. Sus escritos están llenos de ilustraciones, de lecciones objetivas y de visiones; pero nunca degeneraron estos relatos en arrebatos literarios ni retóricos, sino que expuso sus argumentos y mensajes con frases directas y sencillas. Estaba tan absorto en su misión que no tuvo tiempo para la retórica. Debido a su profundo sentir acerca del mensaje que llevaba, ha sido llamado: "El poeta perfecto de la tristeza".

Frase o palabras claves

"Dejar": "Abandonar"	24 veces
"Apóstata": "Reincidente"	13 veces
"Volver"	47 veces
"Madrugando y hablando"	13 veces

Citas

En el Nuevo Testamento encontramos varias referencias al libro de Jeremías. Compare:

Mateo 21:13 con Jeremías 7:11;
Mateo 23:38 con Jeremías 22:5;
1 Corintios 1:31 con Jeremías 9:24;
Apocalipsis 2:23 con Jeremías 17:10;
Apocalipsis 14:8 con Jeremías 51:7-9;
Apocalipsis 15:4 con Jeremías 10:7;
Apocalipsis 18:4 con Jeremías 51:45;
Apocalipsis 18:21 con Jeremías 51:63-64.

Véase también Mateo 2:17-18 con Jeremías 31:15. Pero la contribución más importante que hizo Jeremías a la profecía fue pronosticar el Nuevo Pacto, en el capítulo 31:31-34 (He. 8:8-13 y 10:15-17; Mt. 26:28). Con relación a esto, Jeremías 3:16 habla de que vendrá un día cuando el Arca del Pacto no será recordada, refiriéndose a que el judaísmo sería suplantado por el cristianismo. Vemos también que el profeta Jeremías tenía una visión clara del evangelio y de la gloria futura de Israel. Sin embargo, por su corazón sensible estaba tan agobiado por la presente condición del pueblo que no podía retener las lágrimas.

Época

Jeremías empezó a predicar en el año 13 de Josías, rey de Judá. Para aquel entonces Nínive había declinado después de la derrota de Senaquerib en Jerusalén. Los sucesores se entregaron a los placeres hasta la completa destrucción de la capital por los elamitas y babilonios. Luego, Egipto trató de ganar la supremacía mundial, así que los reyes de Judá pusieron su confianza en Egipto. Dios reveló a Jeremías que los caldeos de Babilonia, y no los egipcios, iban a dominar el mundo. Tal mensaje parecía tan irreal que los reyes judíos rehusaron creerlo (lea especialmente los capítulos 35 y 36).

En cuanto a la moralidad y la religión, la nación de Judá vivía pecando terriblemente. Durante el largo reinado de Manasés, los judíos se entregaron desenfrenadamente a la idolatría, persiguiendo y aun matando a los profetas que eran fieles a Jehová. Aunque se arrepintió de esto su rey Manasés, no cambió a la nación. Su hijo Amón, padre de Josías, volvió a la idolatría. Josías fue un buen rey que adoraba a Jehová, y trató de establecer de nuevo el culto a Jehová. Fue en el año 13 de Josías que Jeremías empezó su ministerio.

La misión de Jeremías fue la de ayudar al rey en esta reforma, advirtiendo al pueblo que el cambio de religión sin dejar el pecado y obrar la justicia, de nada valía. El poeta afirmó que ni un solo judío andaba rectamente delante de Dios (5:1) y les acusó de graves pecados (9:2-5).

Sinopsis

Se entiende que las distintas profecías en el libro no se encuentran en orden cronológico ni enteramente conforme a su contenido. Tomemos en consideración las circunstancias de la vida de Jeremías en cuanto a que:

- el primer rollo de sus profecías había sido quemado por el rey;
- tuvo que esconderse hasta la primera derrota de Jerusalén;
- pasó muchos años en la cárcel;
- después de que fue llevado con cadenas de Jerusalén a Ramá, Nabuzaradán le soltó y dejó que regresase a Jerusalén sin nada más que la ropa que traía puesta;
- al haber sido Jerusalén destruída totalmente, tuvo que ir a Egipto después del asesinato del gobernador Gedalías.

Por lo tanto, se ve que es un milagro que se haya podido salvar el segundo manuscrito, y entendemos que Dios lo ha asignado como testimonio de que las profecías son auténticas y exactas. Ni Baruc, el escritor, quiso cambiar en lo más mínimo los escritos de su amado maestro.

A. Profecías contra Judá antes de la invasión de los Caldeos, caps. 1-35

1. El llamamiento y comisión del profeta (cap. 1).

a. *Introducción* (1:1-3). Genealogía, residencia y tiempo.

b. *Su llamamiento* (1:4-10).

Dios llamó a Jeremías siendo éste joven aún y le capacitó para el ministerio. Note el doble propósito de su comisión: 1) arrancar y destruir, arruinar y derribar; 2) edificar y plantar. Vemos entonces cómo Dios tiene el derecho de usar a los Suyos conforme a Su santa voluntad. En este caso hubo necesidad de un profeta como Jeremías para realizar este trabajo especial. El Señor sabía que Israel no iba a escuchar, pero al enviar a Jeremías, Dios había cumplido con su responsabilidad y mantenía Su justicia. Compare Jeremías 1:10 con Hechos 26:16-18.

c. Su comisión o investidura oficial, con una promesa de protección (1:11-19).

- La primera visión: una vara de almendro (1:11-12). Este árbol era el primero que florecía en la primavera, simbolizando que había vida a pesar de la aparente muerte del invierno. De este modo se podía ver la fidelidad de Dios a Su promesa (Gn. 8:22).
- Segunda visión: de la olla hirviendo y su interpretación (1:13-16). Habla de la invasión de los ejércitos enemigos como castigo por la idolatría de Judá, que es el mensaje principal de Jeremías.
- La persecución vendría, pero Dios prometía protección, ya que el mensaje debía darse irremediablemente (1:17-19).

2. La primera serie de profecías, probablemente durante el reinado de Josías, capítulos 2 al 12. En estos primeros mensajes Dios ofrece perdonar a la nación si de todo corazón se vuelve a Él en arrepentimiento y cambio nacional.

a. El primer mensaje a Judá (2:1 al 3:5). Este discurso en verso contiene las sentencias del profeta, poniendo de manifiesto el pecado del pueblo reincidente. El versículo 2:13 es el texto del sermón.

b. El segundo mensaje contiene un llamado para que el pueblo se vuelva a Jehová (3:6 al 6:30).

(1) Introducción en prosa (3:6-12a).

(2) El mensaje divino (3:12b a 6:26), en el que Dios convida cariñosamente a la apóstata Israel a que se vuelva a El que es misericordioso. El único requisito para ser aceptado nuevamente es que reconozca su iniquidad y su rebelión (3:13). Si Israel rechazaba la invitación, atraería contra ella los juicios y la cautividad.

(3) Conclusión (6:27-30). Mensaje personal para el profeta para fortalecerle.

c. En el tercer mensaje declara al pueblo sus pecados espirituales (7:1-10:25).

(1) Introducción (7:1-2). Jeremías recibe la orden de predicar al pueblo en la puerta del Templo de Jerusalén.

(2) Discurso sobre la necesidad de enmendar sus caminos para poder permanecer en Jerusalén y poseer el Templo (7:3 al 8:17). El estudiante puede hacer una lista de los pecados del pueblo y de los sacerdotes que se encuentran en este discurso.

(3) El lamento del profeta al ver a los judíos (8:18 al 9:6).

(4) Jeremías trata de razonar con el pueblo (9:7 al 10:18).

(5) Conclusión (10:19-25). Soliloquio del profeta.

d. Discurso acerca de la violación del Pacto (11:1 al 12:17). Podría ser que el hallazgo del libro de la Ley en el Templo durante la reforma de Josías (2 R. 22:1-13) fue lo que dio lugar a este mensaje. Por las palabras de Jeremías, parece que la reforma que hubo fue superficial, pues el corazón del pueblo permanecía rebelde.

3. Profecías acerca de la destrucción de Jerusalén y el cautiverio de Judá (capítulos 13 al 35).

a. La representación objetiva del cinto podrido (capítulo 13). El versículo 11 es el texto de este sermón, y su mensaje se resume en el versículo 27: "¡Ay de ti, Jerusalén! ¿No serás al fin limpia?"

b. Intercesión de Jeremías a favor del pueblo y contestaciones de Dios (caps. 14 y 15). Note los versículos 14:11-12 y 15:1-4 en los que Dios había determinado la destrucción de Jerusalén y de la nación, salvando únicamente un pequeño remanente, es decir, aquellos que todavía buscaban a Jehová.

c. Dios prohibe al profeta que se case, debido a la maldad del pueblo y el castigo que vendría sobre él (caps. 16 y 17). El discurso en 17:19-27 señala las condiciones que se deben cumplir para evitar el desastre, aunque sabía que el pueblo no escucharía; se repite el castigo en el versículo 27.

d. La ilustración del alfarero y su aplicación (caps. 18 al 20). Vemos que como el alfarero hace un vaso de barro como mejor le parece, así también Dios tiene el derecho de proceder con Sus criaturas. El barro cuando está siendo trabajado jamás pone objeción a la voluntad del alfarero; sin embargo, Israel fue rebelde a la voluntad de Dios y determinó andar en sus propios caminos (cap. 18). Pero, al igual que se rompe un vaso de barro, así Jehová iba a destruir a Jerusalén (cap. 19). Jeremías fue perseguido por profetizar la cautividad de Judá, y el sacerdote Pasur le puso en el cepo, pero Jeremías se fortaleció en su Dios (cap. 20). Los últimos versículos (20:14-18) expresan un lamento poético, en el que el profeta manifiesta un profundo abatimiento de espíritu.

e. Mensaje a los reyes de Judá (caps. 21 y 22).

(1) Mensaje a Sedequías como contestación a su consulta (cap. 21).

(2) Mensaje al rey Joacím, en el que se declaran sus pecados y el castigo que recibirá de su hermano y sucesor Salum (22:1-19).

(3) Mensaje al rey Conías (Jeconías o Joacím) (22:20-30). Los versículos 29-30 hablan del castigo más severo que jamás se haya aplicado sobre un hijo de David, rey de Judá.

f. Mensaje de condenación a los falsos profetas y pastores del pueblo (cap. 23). Este capítulo es clásico por su denuncia contra los falsos mensajeros y, se aproxima al discurso que dio el Señor Jesús en Mateo 23 contra los escribas y fariseos hipócritas.

g. ***La visión de los hijos: los unos buenos y los otros en extremo malos*** (cap. 24). Los hijos buenos se relacionan con los judíos que fueron entregados a Babilonia; los malos corresponden a los rebeldes que se quedaron con Sedequías.

h. ***Profecías durante el reinado de Joacim*** (caps. 25 y 26).

(1) Dios había hecho de Babilonia un gran imperio, de modo que Judá y las naciones gentiles le sirvieran por 70 años (cap. 25).

(2) Jeremías fue arrestado por segunda vez por predicar la destrucción de Jerusalén. Pero, en esta vez los príncipes lo socorrieron y fue salvado de la muerte (cap. 26).

i. ***Segunda serie de discursos durante el reinado de Sedequías*** (caps. 27 al 34).

(1) La representación objetiva del yugo sobre la cerviz de Jeremías, simbolizando la sumisión que tendrían las naciones a Nabucodonosor.

(2) Jeremías escribe una carta a los judíos que habían sido deportados, indicándoles que puesto que iban a quedarse allá por largos años, debían edificar casa y procurar la paz de la ciudad (cap. 29).

(3) Jeremías escribe en un libro sus profecías acerca del regreso del cautiverio y de la futura gloria de Israel (caps. 30 y 31). Es notable en el capítulo 31 la profecía acerca de los niños en Ramá (31:15 en relación con Mt. 2:18), y la profecía del Nuevo Pacto (31:31-34 relacionado a He. 8). La profecía en 31:37-40 acerca de Jerusalén, la ciudad santa edificada para Jehová, está de acuerdo con las profecías de Isaías y de Ezequiel (Is. 65:17-19; 66:20-22; Ez. 40 al 48).

(4) Jeremías compra un campo en Anatot, como prueba de su fe en la promesa de Jehová de que haría volver a los judíos de su cautiverio (cap. 32).

(5) Profecía acerca del cumplimiento del Pacto Davídico (cap. 33). Vea 2 Samuel 7.

(6) Mensaje particular de Dios al rey Sedequías (cap. 34).

j. ***Jeremías habla acerca de la obediencia*** (cap. 35).

B. Historia de Jeremías y sus profecías, capítulos 36 al 45

1. Cuando Jeremías estuvo encarcelado, por mandato de Jehová, escribió en un rollo todas sus profecías. Baruc, quien era su escriba, las leyó en el Templo a oídos del pueblo. Fue entonces que los príncipes cogieron el rollo y lo llevaron al rey Joacim, y éste lo quemó. Entonces Jeremías volvió a escribir todo, esta vez escribiendo aun más de lo que tenía en el primer rollo (cap. 36).

2. El profeta anunció al rey que, aunque los caldeos se habían retirado de Jerusalén por causa de los egipcios, esto era sólo por un tiempo corto, pues pronto volverían nuevamente (37:1-10).

3. Jeremías quiso ver el campo que había comprado en Anatot (véase cap. 32), pero fue arrestado y encarcelado nuevamente (37:11-21).

4. El etíope Ebed-melec rescata a Jeremías de la cisterna (38:1-13). El profeta luego le aconseja al rey que se entregue a los caldeos (38:14-28).

5. La caída de Jerusalén y la muerte de sus príncipes, pero Dios guarda a Jeremías y a Ebed-melec (cap. 39).

6. La triste historia del remanente del pueblo que dejaron los caldeos en Judá (caps. 40 al 45).

a. Jeremías escogió quedarse en Jerusalén con Gedalías, el nuevo gobernador (cap. 41).

b. Ismael mató a Gedalías y Johanán fue hecho capitán (cap. 41).

c. El pueblo pidió consejo a Jeremías acerca de quedarse en Judá o bajar a Egipto. Jeremías respondió por revelación que se quedaren y que se sometieran a los caldeos. Sin embargo, el pueblo no le escuchó, sino que se fueron a Egipto llevando a Jeremías por la fuerza (caps. 42 y 43).

d. Profecías contra Egipto y el exterminio de los judíos que descendieron allá (cap. 44).

e. Mensaje especial a Baruc (cap. 45).

C. Profecías acerca de las naciones, capítulos 46 al 51
(Véase Sal. 83; 2 R. 24:1-7; y Am. 1).

1. Profecías contra Egipto (cap. 46). Aquí se pronosticó la victoria de Babilonia en la batalla de Carquemis y la conquista de Egipto, aunque esto no afectó a Judá (46:1-12, 13-26, 27-28).

2. Profecías contra los filisteos (cap. 47). El país iba a caer en poder del enemigo.

3. Profecías contra Moab (cap. 48). Esta profecía acerca de la destrucción de Moab es muy fuerte. El versículo 10 pronuncia una maldición sobre aquellos que hacen la obra de Jehová negligentemente. Se debe tener mucho cuidado cuando se usa este texto, porque, como se ve en el resto del versículo, se está refiriendo a los caldeos en términos de acabar o no con los moabitas, ejecutando juicio contra ellos. El versículo 11 y el 47 prueban que este castigo iba a resultar en bien para la nación, así como le hace bien al vino ser cambiado de un tanque a otro para su destilación. También se aprecia que otra razón para el castigo de Moab fue la enemistad contra Judá (vv. 26-27).

4. Profecías contra los amonitas (49:1-6). Los amonitas tomaron a Gad cuando debía pertenecer a Judá (49:1 con 2 R. 15:29 y 17:20).

5. Profecías sobre Edom (49:7-22). Vea Ezequiel 25:12-14 y cap. 35 a más del libro de Abdías. La profecía hablaba de una destrucción total de Edom.

6. Profecía contra Damasco, la capital de Siria (49:23-27), que también habría de ser destruída.

7. Profecías contra Cedar y Hazor (49:28-33). Estos eran los reinos de los árabes y que fueron asolados también por Nabucodonosor.

8. Profecías contra Elam (49:34-39). Habla del destierro y esparcimiento completo de esta nación, al este de Caldea. Compare 49:39 y Hechos 2:9.

9. Profecías contra Babilonia (caps. 50 y 51). Se refiere a la destrucción de la gran ciudad de Babilonia y que está de acuerdo con la historia. El estudiante deberá leer también Daniel 5, Isaías caps. 13, 14 y 47; Apocalipsis 18 y el libro de Habacuc. En este último libro el profeta pregunta a Dios: ¿Cómo es posible que veas la iniquidad de Tu pueblo sin hacer nada? Y Jehová contesta diciendo que va a levantar a los caldeos para castigar a Judá. Habacuc protesta ya que los caldeos son peores que los judíos. Dios le asegura al profeta que Babilonia será azote en Su mano, pero que después de usarla, será juzgada y castigada por sus propios pecados.

D. Apéndice, capítulo 52

En este capítulo se resume la historia de la caída de Jerusalén, y según el capítulo 39, como lo indica el orden cronológico, viene después de los libros de Reyes y Crónicas.

El libro de Lamentaciones

Cuando el Señor Jesucristo estuvo en la tierra se refirieron a Él como que fuera Jeremías (Mt. 16:14). Igual que aquel profeta, el Salvador lloró sobre Jerusalén y se lamentó por su destrucción (Lc. 19:41-44). En lo alto de la montaña, también llamado el Calvario, no lejos de la santa ciudad, hay una concavidad que no merece el nombre de cueva, pero que según la imaginación de algunos, corresponde al ojo de una calavera de donde la montaña recibe su nombre. La tradición dice que fue ese lugar llamado "La gruta de Jeremías" donde se sentó el profeta y en medio de lágrimas contempló las ruinas de

Jerusalén, y compuso estas Lamentaciones. Si fue así, entonces estuvo a muy poca distancia del sitio donde su Mesías habría de dar su vida en rescate por Su pueblo.

Las razones para creer que Jeremías escribió este libro de Lamentaciones son varias. La descripción de las ruinas de la ciudad es demasiada viva para creer que otra pluma de otra generación haya escrito el libro. Además, sabemos que Jeremías sentía profundamente la ruina de su amada ciudad a pesar de conocer la razón del castigo. En la Versión de los LXX leemos el siguiente prefacio al libro: "Y aconteció, después de que Israel fue llevada en cautividad, y Jerusalén fue asolada, que Jeremías se sentó llorando con esta lamentación sobre Jerusalén, y dijo...." También la tradición judía atribuye el libro a Jeremías.

Los judíos leen este libro en sus sinagogas el día 9 de Julio, que es el aniversario de la destrucción del Templo. También era rezado o cantado cada viernes en el "Lugar del Lamento" en Jerusalén, antes de que los judíos reestablecieran su gobierno allá en años recientes.

El maestro Whyte escribió lo siguiente: "No hay nada en todo el mundo como el libro de las Lamentaciones de Jeremías. Ha habido bastante sufrimiento en cada época, pero un predicador y autor tan sensible ante la aflicción no ha vuelto a nacer. Dante vino después de Jeremías, y sabemos que este fue el profeta favorito de aquel gran desterrado".

El Dr. Scofield declaró: "El significado patético de este libro consiste en el hecho de que descubre tanto el amor como el pesar por el pueblo que está castigado, lo cual fue una obra del Espíritu en el corazón de Jeremías".

Cada capítulo forma por separado un poema o lamento y están escritos en forma de acrósticos alfabéticos, según el abecedario hebreo que tiene 22 letras. El tercer capítulo tiene tres versículos para cada letra, mientras los demás capítulos tienen uno solo para cada letra. Sólo el último capítulo es algo irregular en cuanto al alfabeto. Los versículos claves del libro son 3:22-23.

Capítulo 1 - Jerusalén en ruinas es personificada como una viuda que se lamenta amargamente en la noche porque sus hijos han sido llevados, sus amantes han sido falsos y sus enemigos han prevalecido contra ella. Este canto es todo un lamento, y termina con una petición de venganza.

Capítulo 2 - Menciona que el castigo que ha recibido Jerusalén a través de haber sido sitiada, del hambre, y la derrota de la ciudad, viene de parte de Jehová. El poema termina pidiendo a Dios que considere el castigo que ha mandado.

Capítulo 3 - En este poema el profeta se identifica con la ciudad. Aunque lamenta su condición, expresa su confianza de que Jehová, en Su misericordia, no la desechará para siempre sino que la conducirá a que reconozca su pecado y volverá a bendecir a Judá. Sobresalientes son los pasajes 3:22-23, 29 y 55-57.

Capítulo 4 - Aquí vemos a Jerusalén comparada con el oro que una vez fue puro, pero que ahora está empañado, sucio y sin valor. Ha llegado a ser como un vaso de barro. Su castigo ha sido peor que la muerte repentina. El pueblo pecó, pero fueron los sacerdotes y los profetas falsos e inicuos los que los encaminaron al mal.

Capítulo 5 - La ciudad es presentada como un huérfano desamparado, que es un esclavo y está mendigando pan. Termina con una súplica ferviente a Jehová para que traiga restauración.

Repaso de las lecciones

1. ¿En qué sentido son parecidos Jesucristo y Jeremías?
2. Indique los detalles del llamamiento de Jeremías.
3. ¿En qué época de la vida nacional de los judíos profetizó Jeremías?
4. ¿Qué profecías de este libro son citadas en el Nuevo Testamento?
5. ¿Por qué se cree que Jeremías escribió el Libro de Lamentaciones?
6. ¿Qué lección espiritual ha aprendido Ud. del estudio de Jeremías?

Lección 14

EL LIBRO DE EZEQUIEL

BOSQUEJO

Ezequiel, de cuya vida privada se sabe muy poco, fue llevado a Babilonia en el segundo viaje, el año 597 antes de Cristo. Fue constituido profeta cinco años después, y profetizó acerca de la caída y completa destrucción de Jerusalén, la cual aconteció seis años más tarde. Los capítulos 1 al 24 advertían a los judíos que estaban en Caldea que el tiempo de cautiverio sería largo a pesar de lo que decían los falsos profetas, y que cada individuo debía ser responsable y prestar atención al aviso del atalaya. Los capítulos 25 al 32 profetizaron a las naciones vecinas acerca de su destrucción por parte de los caldeos. Los capítulos 33 al 48 se escribieron después de la caída de Jerusalén, y profetizaron un porvenir glorioso para los hebreos, quienes morarán otra vez en Palestina, junto a su Templo y con su Príncipe entre ellos.

Se ve claramente que los capítulos 1 al 24 ocurrieron antes de la derrota final de Jerusalén por Nabucodonosor. Los capítulos 25 al 32 se refieren al mismo tiempo de la caída, y los capítulos 33 al 48 sucedieron después.

A. Profecías dirigidas a los judíos antes de la caída de Jerusalén, capítulos 1 al 24

B. Profecías contra las naciones, capítulos 25 al 32

C. Amonestaciones y promesas para Israel y Judá, capítulos 33 al 39

D. Profecías en cuanto a un futuro glorioso, capítulos 40 al 48

LECCIÓN 14
El libro de Ezequiel

Ezequiel vio al Señor Jesucristo como el Rey de reyes, el Alto y Exaltado, y la Revelación del Invisible. Tanto Jesucristo como Ezequiel fueron llamados: "Hijo del hombre" y ambos profetizaron la caída y destrucción de Jerusalén. Más que cualquier otro profeta, Ezequiel tuvo visiones claras acerca del futuro, en las que veía a Cristo viniendo para estar con Su pueblo, en Su reino milenario. Mientras el Señor Jesús habló en parábolas, a Ezequiel le gustaba hablar en lenguaje figurado. Sus visiones fueron numerosas y dramáticas.

Autor

La escritura dice que Ezequiel fue sacerdote, hijo de Buzi, y siempre estuvo familiarizado con el Templo; parece que había oficiado como sacerdote en Jerusalén, pero fue llevado en cautiverio en la segunda deportación, por el año 597 antes de Cristo. Esto nos hace pensar que pertenecía a la clase alta (2 R. 24:15). Tenía su propia casa (8:1) y era casado (24:18); de modo que sería un hombre maduro cuando fue llamado al oficio de profeta.

Por ser de la familia sacerdotal de Sadoc, era un hombre acostumbrado a servir en el Templo, y se nota en su libro un alto aprecio por los ritos levíticos, aunque condenó las maldades de los sacerdotes. Fue un hombre propenso a la simbología y Dios usó este talento para dar Su mensaje a aquella generación. Así como el apóstol Juan fue desterrado a Patmos y vio las visiones del Apocalipsis, Ezequiel fue desterrado al río Quebar, y vio a Dios en visión, describiéndolo en su libro. Aunque Ezequiel no manifestaba sus sentimientos a menudo, como lo hacía Jeremías, sí nos dice unas palabras sobre el efecto que tuvo sobre él cuando vio la visión de la gloria de Jehová (3:14; 9:8). Fue un siervo fiel aun cuando supo que no iban a escuchar su mensaje.

Época

Fue escrito durante una época de calamidad nacional. El nacimiento de Ezequiel acontecería más o menos en el tiempo de la reforma durante el reinado de Josías que siguió al hallazgo del Libro de la Ley en el Templo. De tal manera que Ezequiel pasó sus tiernos años en medio de una atmósfera de reforma o avivamiento religioso. A la vez, escuchó al profeta Jeremías denunciado la hipocresía y lo superficial de dicha reforma. Al crecer y comenzar su preparación para el ministerio como sacerdote en el Templo de Jerusalén, Ezequiel tuvo bastante oportunidad de ver la decadencia espiritual que había bajo Joaquín, antes de que fuese llevado cautivo a Babilonia juntamente con el rey. Cuando llegó a Caldea, tenía edad suficiente como para tener convicciones fuertes a más de que seguía siendo sacerdote y no profeta. Había visto dos victorias de los caldeos sobre Jerusalén, la una en el año 606 cuando Daniel fue llevado cautivo, y la otra en el año 597 cuando él mismo fue llevado. Transcurrieron cinco años después de esto cuando empezó a profetizar diciendo al pueblo que no habrían de triunfar sobre Babilonia. Y así, seis años más tarde cayó Jerusalén.

Su llamamiento y comisión

Fue por llamamiento divino que Ezequiel fue constituido como profeta. Todo empezó con una visión que tuvo de Dios a través de la cual recibió un nuevo concepto de la santidad divina. Esta visión fue muy detallada y se repitió varias veces, influyendo poderosamente sobre su mensaje. En este sentido su visión fue distinta de las que tuvieron los demás profetas. Se ha dicho que la visión que tuvo Isaías fue un drama, mientras que la de Ezequiel fue un espectáculo.

Las visiones frecuentes que tuvo el profeta sobre la gloria de Jehová le dieron un alto concepto sobre la responsabilidad que debe tener cada individuo. Los capítulos 18 y 33 expresan con mucha claridad esta verdad. Hasta entonces Dios había tratado con ellos como una nación, pero a través de la revelación que tuvo Ezequiel se enfatizó más sobre la responsabilidad personal. Por esto él ha sido llamado el profeta de la transición. El profeta Daniel explica la transición de Israel hacia el "tiempo de los gentiles", lo cual significa que Dios ya no se limitaba a la nación judía como el canal o instrumento principal para hablar al mundo, sino que ahora iba a usar también a las naciones gentiles, tratando directamente con ellas. En el caso del profeta Ezequiel, él habla de la misma transición pero en lo referente a la responsabilidad individual, esto es, uno es responsable de creer y obedecer la Palabra de Dios revelada por el profeta.

Mientras Jeremías en Jerusalén persuadía a los judíos que se entregasen a los caldeos por orden de Jehová (Jer. 21:8-10), y también decía a los deportados que aceptasen el fallo de Dios acerca de lo dilatado del cautiverio (Jer. 29), Ezequiel en Quebar, Caldea, les persuadía a que no confiaran en las palabras de los falsos profetas.

A. Profecías dirigidas a los judíos antes de la caída de Jerusalén, capítulos 1 al 24

1. El llamamiento de Ezequiel, caps. 1-3.

a. La visión, cap. 1

(1) Introducción, 1:1-3. Ezequiel tenía la misma edad que Jesús cuando comenzó su ministerio (Lc. 3:23).

(2) La visión en general, v. 4. Ezequiel vio una nube y fuego que se recogía dentro de sí mismo, a cuyo alrededor había un resplandor, y refulgente por dentro.

(3) Los cuatro seres vivientes (vv. 5-14). Son llamados "querubines" en el versículo 10. Tenían apariencia de hombre y cuatro caras alrededor de cada uno: de hombre, de león, de buey y de águila. Todas las caras miraban hacia arriba a Aquel que estaba sobre el trono. Representaban la naturaleza entera: el león, rey de los animales salvajes; el buey, el más servicial o rey de los animales domésticos; el águila, presentada como rey de las aves; y el hombre, corona de la creación del mundo. En Apocalipsis 4:6-8 encontramos estos mismos seres vivientes dando gloria, honra y acción de gracias a Aquel que está sentado en el trono. Según los vio Ezequiel, caminaban de frente sin cambiar, simbolizando quizá que

Dios no cambia de propósito: para Él no hay sorpresas ni emergencias, sino que siempre va adelante según Su santa, soberana y perfecta voluntad.

(4) Las ruedas sobre la tierra (vv. 15-21). No pretendemos explicar todo el significado de estas ruedas dentro de ruedas que caminaban sin cambiar de frente. Pero trataremos de interpretarlo de la mejor manera. Estas ruedas llenas de ojos y con el mismo espíritu de los seres vivientes dentro de ellas, representan la obra de Jehová Dios en todo el mundo, o también el Espíritu de Dios obrando entre los hombres, no sólo en lo referente a la salvación sino en todos los asuntos del diario vivir. Es difícil que el hombre pueda comprender todos los propósitos, iniciativas o motivos inmediatos que Dios tiene a través de las experiencias por las que Él nos lleva en la vida. Hay muchas veces en las que un hijo de Dios no ve el propósito o la razón de ciertos acontecimientos, ni el por qué Dios permite tantas dificultades, peligros y aparentes fracasos. Todo parece como si fueran ruedas dentro de ruedas, pero qué bueno es saber que el Espíritu Santo está obrando Su santa voluntad. Sus ojos ven todo y no debemos perder la confianza aunque no podamos comprender lo que nos está pasando.

(5) La visión del trono (vv. 22-28). Esta es la parte más importante de toda la visión. Al principio el profeta no se atrevió a mirar al trono mismo. Luego tampoco quiso fijar la vista en contemplación de aquel rostro que estaba allí. Notó la acción de los seres vivientes cubriéndose los cuerpos mientras adoraban a Dios, lo cual nos habla a voz en cuello de la santidad perfecta y absoluta del Creador. Encima de la cabeza de los querubines había una expansión resplandeciente, y sobre ella una voz que dirigía toda la actividad de los seres vivientes y de las ruedas. Cuando el profeta por fin levantó la vista en alto, vio un trono como de zafiro (piedra preciosa de color azul), y sobre el trono estaba sentado Uno que daba la impresión de ser hombre, y Quien resplandecía tanto con su gloria, que el profeta no alcanzaba a distinguir su fisionomía. Desde Sus lomos para arriba era semejante al bronce refulgente en medio de fuego. De los lomos para abajo, tenía la apariencia del fuego. Alrededor de su cuerpo irradiaba luz, lo que es una manifestación de la gloria celestial. El todo estaba envuelto en un arco iris muy brillante, y la narración bíblica dice: "Esta fue la visión de la semejanza de la gloria de Jehová". Ezequiel no se atrevía a decir que vio al Todopoderoso cara a cara, sino que vio la apariencia de la semejanza de Su gloria. Vea Juan 1:18.

(b) La voz, y la comisión dada al profeta (caps. 2 y 3). La visión anterior estaba rodeada de silencio, excepto por el sonido que producían las alas de los ángeles. Ahora, sin embargo, se escucha la Voz y se distinguen las palabras. El capítulo se abre con el profeta caído sobre su rostro. El Espíritu entró en él y lo habilitó para poder estar en pie y escuchar a Aquel que hablaba. En este acto se sobreentiende que está incluida la obediencia absoluta a aquella Voz. Luego, viene la comisión. Ezequiel fue enviado como profeta con un mensaje para todos los hijos de Israel, aunque su ministerio sería primordialmente entre los que habían sido desterrados. El profeta fue exhortado a no ser rebelde como estaba siendo la casa de Israel. Como apoyo a su obediencia, una mano le extendió un rollo de un libro, mientras la Voz le decía: "Hijo de hombre, come lo que hallas; come este rollo y ve y habla a la casa de Israel".

Este acto simbólico también se ve en Jeremías 15:16 y Apocalipsis 10:9-10. Representa el don de la inspiración, una comprensión del mensaje divino y una convicción de su vocación. Además se ve que el profeta, al entender los pensamientos de Dios, estaba de acuerdo con Él, puesto que veía la justicia de Sus juicios y deseaba de corazón cumplir con su misión de aclarar la verdad a sus oyentes, para que ellos también se sometieran a la voluntad de Dios.

En los versículos 3:12-15, el profeta fue llevado por el Espíritu a sentarse en medio de aquellos que estaban en cautividad. Esto le trajo amargura de espíritu y quedó allí atónito por siete días. (Compare con la última frase de Ap. 10:10).

Los versículos 16-21 del capítulo 3 hablan de que Dios le ha puesto como atalaya sobre la casa de Israel. La función de un atalaya es mantenerse en lo más alto de la torre para vigilar si un enemigo se acerca. No piensa que él sólo va a defender la ciudad, sino que es responsable de avisar a los demás cuando el enemigo viene a atacar. Así también, hoy en día cada cristiano es un atalaya encargado de anunciar al pueblo el peligro que se avecina, y proclamar que sólo en Cristo hay salvación, seguridad y victoria.

2. Profecías acerca de la destrucción de Jerusalén, caps. 4 al 24. Si lo vemos desde el enfoque político, Jerusalén fue destruida por resistir a Babilonia, pero sabemos que en realidad fue por su idolatría y por poner su confianza en las naciones paganas de Asiria y Egipto, a través de las cuales Dios determinó castigar a Judá. Estos capítulos expresan esta realidad a través de varias figuras y aspectos, expresados de la siguiente manera:

Capítulo 4 - El sitio babilónico prefigurado gráficamente por el profeta. Ezequiel dibujó un ladrillo representando a la ciudad, y luego comió y bebió por medida representando así lo que los habitantes iban a hacer durante el sitio.

Capítulo 5 - La derrota de Jerusalén prefigurada por la partición de los cabellos.

Capítulo 6 - La idolatría como causa del castigo. Dios se reservaría un remanente fiel que sería salvo.

Capítulo 7 - Profecía sobre el fin de la nación.

Capítulo 8 - Ezequiel es llevado en el Espíritu a Jerusalén donde ve las abominaciones que se hacen en el Templo. A pesar de que allí está la gloria del Señor, los hombres habían puesto ídolos en forma de reptiles y bestias detestables a los que adoraban: hombres adorando al sol y mujeres clamando a Tamuz (Adonis).

Capítulo 9 - Visión acerca del juicio sobre Jerusalén. El varón vestido de lino blanco que sellaba a aquellos que gemían por causa de la idolatría, y los ángeles que mataban a los que no estaban sellados.

Capítulo 10 - Visión de la gloria de Jehová.

Capítulo 11 - Visión de los hombres en la puerta de oriente maquinando contra Dios.

Capítulo 12 - El profeta es símbolo de Judá. Él sacó sus trastos como para ir al cautiverio, señalando que el tiempo ya había llegado para los que estaban en Jerusalén.

Capítulo 13 - Condenación de los profetas falsos y de las profetisas.

Capítulo 14 - Versículos 1 al 11: Condenación de los que erigen ídolos en su corazón y a la vez consultan a un profeta de Jehová. Versículos 12 al 23: La destrucción de Jerusalén y salvación de un remanente.

Capítulo 15 - Habla de que Jerusalén será quemada como una vid.

Capítulo 16 - Ilustración de Jerusalén como una joven que luego se convierte en una mujer; su compromiso con Jehová y su infidelidad que llega hasta el adulterio, y el castigo que Dios usará para limpiarla de su inmundicia.

Capítulo 17 - Aquí encontramos una ilustración de un águila grande que plantó una vid en tierra buena, pero la vid dio su fruto a otra águila. Esto hablaba del rey Sedequías de Judá, que era la vid y no fue leal para con Nabucodonosor, sino que buscó a Egipto y no pudo prosperar, así que Jehová tuvo que plantar otra planta.

Capítulo 18 - Encontramos el siguiente refrán: "Los padres comieron las uvas agrias, y los dientes de los hijos tienen la dentera". Se refiere a que todas las personas son de Dios pero que el alma que pecare, ésta morirá. Es un capítulo que habla justamente sobre la responsabilidad personal.

Capítulo 19 - Endecha o canto fúnebre sobre los príncipes de Israel que han llegado a ser como leoncillos cogidos en una trampa, o como vid fructífera que ha sido arrancada y plantada en el desierto.

Capítulo 20 - Versículos 1 al 44: Los ancianos vienen a consultar a Jehová a través de Ezequiel, pero Dios les refiere la historia de Israel desde que salió de Egipto, manifestando su desobediencia e idolatría. Versículos 45 al 49: Profecía contra el bosque del sur.

Capítulo 21 - Cantos acerca de la espada afilada y acicalada que saldrá contra Jerusalén y contra Amón.

Capítulo 22 - Jerusalén es descrita como una ciudad llena de escoria y de toda maldad.

Capítulo 23 - Habla de que Jerusalén y Samaria, como hermanas que han sido, han fornicado gravemente con Egipto, Asiria y Caldea. Por esto Samaria fue castigada, pero aun así Jerusalén no se arrepintió, sino que pecó aun más. Por tanto vendrá sobre ella el mismo castigo que recibió Samaria. Los mismos caldeos que Judá antes buscaba (2 R. 20:12-15) ahora los odia ("aquellos de los cuales se hastió tu alma", v. 28), y serán el instrumento a través del cual recibirá su castigo.

Capítulo 24 - Versículos 1 al 14: Narra un mensaje a los cautivos acerca de la caída y destrucción de Jerusalén. Versículos 15 al 27: Habla sobre la muerte de la esposa de Ezequiel como señal de la destrucción del Templo de Jerusalén, y dice que Dios quitó a Judá "la gloria de vuestro poderío, el deseo de vuestros ojos y el deleite de vuestra alma", refiriéndose a sus hijos e hijas.

B. Profecías contra las naciones, capítulos 25 al 32

1. Contra Amón, 25:1-7.
2. Contra Moab, 25:8-11.
3. Contra Edom, 25:12-14.
4. Contra los Filisteos, 25:15-17.
5. Contra Tiro, 26:1-28:19.
6. Contra Sidón, 28:20-26.
7. Contra Egipto, 29:1-32.

Entre todos estos capítulos, el que más necesita comentario es el capítulo 28, especialmente los versículos 11 al 19. Encontramos este pasaje en medio de profecías que hablan de la destrucción de varias naciones, entre ellas la ciudad de Tiro. Muchos creen que se refiere simplemente al hombre que era rey de Tiro en aquel entonces, pero Josefo dice que el nombre de este rey fue Ethbaal II, y no hay duda de que los versículos 1 al 10 están hablando de un hombre mortal. Sin embargo, hay mucho que nos hace pensar que, aunque el príncipe (1-10) es un ser humano, el "rey" (11-19) es un ser sobrenatural. Y sabemos que no se refiere a Dios sino a un ángel que probablemente es el mismo Lucifer o Satanás. La Biblia da a entender que Satanás mantiene un ejército de ángeles caídos, que están organizados en cada país, cuya misión es destruir a las personas y llevarlas a la idolatría y a la mundanalidad. (Dn. 10:12-13; Ef. 6:12; 1 Co. 10:20; 2 Co. 4:3-4; 1 Jn. 5:19, etc.).

Así que, si interpretamos este pasaje (Ez. 28:11-19) como refiriéndose a Satanás, vemos que está de acuerdo con el resto de la doctrina bíblica que habla de él (Is. 14:12-15; Lc. 10:19-20; Jn. 8:44). El hecho es que Dios no puede referirse a un hombre diciendo: "Tú eras el sello de la perfección, lleno de sabiduría y acabado de hermosura. En Edén, en el huerto de Dios estuviste; querubín grande, protector.... Perfecto eras en todos tus caminos, desde el día en que fuiste creado, hasta que se halló en tí maldad ... y pecaste; por lo que yo te eché del Monte de Dios". Debía estarse refiriendo a este ser angelical caído.

C. Amonestaciones y promesas para Judá e Israel, capítulos 33 al 39

Capítulo 33 - En los versículos 1 al 20 encontramos una renovación oportuna de la comisión del profeta (3:16-21), a más de una repetición y aclaración de la verdad en cuanto a la responsabilidad personal delante de Dios (cap. 18).

Capítulo 34 - Este capítulo habla de los falsos pastores y profetas que engañan al pueblo con sus predicaciones de paz y de un pronto regreso a Jerusalén. Frente a esto, Ezequiel da el mensaje de Dios: "Porque así ha dicho Jehová el Señor: He aquí yo, yo mismo iré a buscar mis ovejas y las reconoceré.... Y levantaré sobre ellas UN PASTOR, y él las apacentará; a mi siervo David...."

Capítulos 35 y 36 - Narra la destrucción de Seír o Idumea por el maltrato que dieron a los israelitas. De esta manera todas las naciones vecinas llevarán su oprobio, pero Israel será prosperado. Los versículos 22 al 32 del capítulo 36 profetizan un avivamiento espiritual que habrá entre los judíos el cual todavía no se ha cumplido. Creemos que esto se dará cuando el Señor mismo venga para efectuar tal milagro en Su regreso en gloria a la tierra.

Capítulo 37 - Esta es la visión del valle de los huesos secos que revivieron y la de los dos palos que se unieron, las cuales son profecías que hablan sobre lo que Dios va a hacer con la nación de Israel. Para nosotros que creemos, no hay dificultad en comprender las profecías, pero para los que no conocen a Dios esto parece imposible. Pero hoy, después de dos mil años, estamos viendo el cumplimiento de estas profecías. En el año 1918 el número de los judíos que vivían en Palestina era de 50.000; en 1943 de 550.000, en 1950 llegó a un millón; a fines de 1975 alcanzó a tres millones y medio, y sigue creciendo cada día. ¿Quién puede decir que esto no es el cumplimiento de las promesas de Dios?

Capítulos 38 y 39 - Es la profecía del gran ejército del norte, que vendrá en "los años postreros" sobre Israel para conquistarla. Por medio de un terremoto y por fuego, Dios destruirá a los ejércitos y salvará a Israel. Algunos comentaristas aseguran que Mesec es Moscú; Tubal es Tobolsk y Rusia en lenguaje hebreo. Se considera que Gog se refiere al rey, y Magog a la nación. Pero en Apocalipsis 20:7-9 estos nombres son usados para representar a todos los incrédulos y rebeldes de la tierra. Sin embargo, ahora con tantos cambios en la antigua Unión Soviética, no hay una posición cierta al respecto. Pero sí creemos que Ezequiel 38 y 39 hablan del tiempo de la gran tribulación para Israel, que terminará con el triunfo decisivo de Cristo, y se iniciará la época llamada el milenio, o reino de nuestro Señor Jesucristo.

D. Profecías sobre un porvenir glorioso, capítulos 40 al 48

Estos últimos nueve capítulos de Ezequiel hablan detalladamente del futuro de Israel. Lo que se narra es demasiado glorioso para pensar que ya se cumplió en tiempos del Templo de Zorobabel o de Herodes. Algunos comentaristas consideran enteramente simbólico lo que se dice sobre Israel. La mayoría cree lo que Ezequiel vio en visión acerca del Templo, refiriéndose al que existirá en Jerusalén durante el reino milenario de Jesucristo.

Los capítulos 40 al 42 contienen una descripción de los atrios, las cámaras y el edificio del Templo.

Capítulo 43. Los versículos 1-9 describen la gloria de Jehová que desciende para ocupar el Templo y morar con los hombres. Los versículos 10-12 demuestran el propósito de Dios en la visión, que fue para que ellos se dieran cuenta de todo lo que Jehová su Dios tenía pensado para ellos, y así se avergonzaran de su idolatría y rebeldía. El resto del capítulo habla acerca del altar y de los sacrificios. Notamos que se menciona en primer término la ofrenda por el pecado, la cual es la última ofrenda según el orden levítico, mientras que el holocausto constan como el último aquí, pero es el primero en el libro de Levítico. Se deduce entonces, que todas las ofrendas en este nuevo Templo serán conmemorativas, pues mirarán atrás hacia la cruz, así como los levitas tenían su mira puesta hacia adelante al Cordero de Dios que habría de venir a morir en el Calvario.

En el capítulo 43 no se menciona un cordero, como en el capítulo 46. Es posible que este último se refiera a sacrificios conmemorativos, mientras que las ofrendas del primero pueden tratarse de un culto para los judíos en el cual confiesan sus pecados y tienen comunión con Dios. Lo que sí es seguro, es que la sangre de animales jamás tuvo poder para limpiar pecados ni jamás lo tendrá; sólo efectuaba una limpieza ceremonial (He. 9:13; 10:4). Pero la sangre de Jesucristo derramada en la cruz del Calvario es el único sacrificio eficaz para quitar el pecado (He. 9:14, 26; 10:5-14).

Capítulo 44 - Contiene las ordenanzas acerca de los levitas y su servicio, incluyendo a los sacerdotes.

Capítulos 45 y 46 - Aquí encontramos que en el momento de repartir la tierra se debía dejar una porción para el Santuario, otra para el príncipe, otra para los sacerdotes y otra para la ciudad. Desde 45:9 hasta 46:24 hay reglamentos acerca de las ofrendas, las fiestas, etc., que eran tan sagradas para los judíos.

Capítulos 47 y 48 - Nos hablan del río de agua que brotaba con abundancia de debajo del umbral de la casa, y producía frutos nuevos cada mes de los árboles que había en su ribera. El fruto servía para comer y sus hojas para medicina. Desde 47:13 hasta el fin del libro hay instrucciones acerca de la disposición de la tierra. En aquel día, Israel ha de poseer mucho más territorio de lo que tenía antes, y su Príncipe habitará entre ellos y habrá paz. Entendemos que esto está hablando del reino milenario de Jesucristo. ¡En la eternidad no habrá más dolor ni se necesitarán medicinas! (Ap. 21:4; 21:22).

Repaso de la lección

1. ¿Dónde estaba y qué hacía Ezequiel cuando Dios le llamó para ser profeta? ¿Cuál fue su comisión?
2. ¿Qué impresión tiene usted al leer la visión que tuvo Ezequiel? ¿Qué concepto obtiene de su Dios?
3. ¿Cómo se puede comprobar si un profeta es enviado de Dios o si es falso?
4. ¿Por qué es llamado Ezequiel el profeta de la responsabilidad personal?
5. ¿Se puede decir que Ezequiel tuvo éxito en su ministerio?
6. En este punto, el estudiante que quiera, puede hacer una lista de las profecías que ya se han cumplido y aquellas que están por cumplirse. Puede dividirlas entre las que acontecerán antes de la venida de Jesucristo a la tierra, y aquellas que se cumplirán después.

Lección 15

El libro de Daniel

Bosquejo

El libro se divide en dos partes:

A. Historia, capítulos 1 al 6

B. Profecía, capítulos 7 al 12

El Señor Jesucristo llamó a Daniel "profeta", y no hay evidencia ninguna para creer que el libro no sea auténticamente escrito por Daniel durante el tiempo del cautiverio babilónico.

Los primeros seis capítulos son la historia de Daniel y de sus tres compañeros, judíos fieles a Jehová, aun en la cautividad.

El capítulo 2 contiene la revelación del curso de los siglos; los cuatro imperios que iban a levantarse en la tierra. Esta revelación fue hecha al rey Nabucodonosor en la forma del hombre colosal compuesto de distintos elementos.

La misma verdad revelada a Daniel, desde el punto de vista de Dios, tuvo la forma de cuatro bestias, cada una de ellas representando un imperio.

Desde el capítulo 8 hasta 11:35 el tema es la aflicción que venía sobre Israel por medio de los imperios y sus guerras.

En el capítulo 9 hay revelación de las setenta semanas; 69 hasta el Mesías y la última semana en el tiempo del fin, inmediatamente antes del establecimiento del reino milenario. Desde 11:36 hasta terminar el libro se habla del anticristo y los últimos acontecimientos antes de que Jesucristo reine.

Lección 15

El libro de Daniel

En este libro se habla del Señor Jesucristo como Piedra no labrada por mano de hombre, que fue cortada y que cayó sobre las naciones enemigas desmenuzándolas (2:34), llegando a ser un gran monte que cubría toda la tierra (2:35). También se puede ver que Jesucristo fue el que anduvo con los tres hebreos fieles en medio de las llamas del horno (Dn. 3). Él es Quien gobierna sobre los reinos de este mundo y quien restituyó el juicio a Nabucodonosor (cap. 4). Fue Jesucristo Quien acompañó a Daniel en el foso de los leones (cap. 6), y fue acerca de Su reino que habló Daniel en sus profecías (7:27, etc.).

En Mateo 24:15 el Señor Jesucristo llama a Daniel "el profeta" poniendo así su sello divino e infalible a lo que Daniel afirma en el texto de su libro, es decir: un profeta que vivió durante el cautiverio babilónico (Dn. 9:27; 11:31; 12:11). Siendo joven, Daniel fue llevado de Jerusalén a Babilonia en el año 606 antes de Jesucristo, durante el tercer año del rey Joaquín. Estando en Babilonia fue escogido, junto con otros muchachos de la alta categoría judía, para recibir una buena educación con el fin de entrar en el servicio del rey.

Ezequiel (14:14, 20) hace referencia a Daniel, no como a un libro sino como a un personaje comparable con Noé y Job. Daniel era un hombre justo, devoto y sabio; fue llevado a Babilonia en el año 606 antes de Cristo, mientras que Ezequiel fue llevado en el año 597 pero no empezó su ministerio sino en el año 592. De modo que, si Daniel tuvo 20 años cuando fue llevado cautivo, tendría como 35 años cuando Ezequiel empezó su ministerio público.

Muchos críticos objetan la autenticidad del libro de Daniel, afirmando que fue escrito en el tiempo de Antíoco Epífanes, Rey de Siria (174-164 antes de Cristo), con el fin de consolar a los judíos que se encontraban en medio de persecución, contándoles una historia sobre el cuidado de Dios para con los Suyos en tiempos pasados. Dicen que en este libro se mencionan los instrumentos musicales en griego, lo cual demuestra que no pudo haber sido escrito antes del tiempo de Alejandro el Grande. Pero ninguno de éstos argumentos pueden sostenerse. Ya se sabe que Grecia tenía colonias en las riberas del Mar Grande antes del cautiverio babilónico, y no hay nada de extraño que tales instrumentos musicales hayan llevado nombres extranjeros. Como dice el Sr. Raven: "El libro no nos presenta la historia de la cautividad babilónica desde el punto de vista de los tiempos de Antíoco, sino los tiempos de Antíoco desde el punto de vista del cautiverio".

Se sabe que los judíos no incluían el libro de Daniel entre los libros proféticos, porque Daniel mismo no fue profeta oficialmente, o mejor dicho, aunque fue un verdadero profeta, ese no fue su oficio. Por esta razón, los judíos ponen el libro de Daniel en el canon entre los libros históricos de las Escrituras. Si el libro hubiera sido escrito más o menos en el año 165 antes de Cristo, entonces nunca hubiera sido puesto por los judíos en el canon del Antiguo Testamento, ya que no habría habido ocasión para ser aceptado universalmente a tiempo dentro del canon.

Otro de los argumentos que aducen los críticos es que resulta imposible que Daniel haya pronosticado los acontecimientos futuros con tanta exactitud. Pero estas personas son las que también niegan la inspiración de la Biblia y rechazan todo elemento milagroso que se encuentre en ella. La verdad es que si Dios puede revelar un poco, también puede revelar mucho según Su Santa voluntad, de tal manera que las cosas humanamente imposibles narradas en el libro, sólo sirven para probar que fueron inspiradas. Un libro falso, escrito para engañar, no incluiría cosas difíciles de creer.

También se ha criticado el hecho de que el nombre del rey de los medos, Darío, es un nombre desconocido en la historia pagana, pero basta recordar la controversia que hubo acerca del nombre Belsasar algunos años atrás. Los críticos decían que fue un nombre ficticio porque no se encontraba dentro de la historia de Babilonia. Nabonido fue el hijo de Nabucodonosor y los persas lo mataron cuando cayó Babilonia. Pero, descubrimientos de piedras y tablas con inscripciones acerca de la historia de Babilonia han revelado que Nabonido puso a Belsasar como gobernador o rey en Babilonia mientras él salió con el ejército para proteger el imperio. Por eso fue que Belsasar le pidió a Daniel que gobernara como tercero en el reino (5:16). Puede ser que Darío sea otro nombre para Gobrías, el medo que fue el general que ayudó a Ciro a conquistar la ciudad y a quien Ciro puso por gobernador o rey mientras él siguió en sus conquistas. La historia pagana dice que Gobrías nombró gobernadores sobre toda ciudad (véase Dn. 6:1). Si el nombre de Belsasar fue revelado mediante nuevos descubrimientos arqueológicos, es probable que más tarde se encuentre la solución acerca de este nombre que por ahora es desconocido fuera de la Biblia. El historiador judío Josefo dice: "El (Darío) era hijo de Astyages y tenía otro nombre entre los griegos" (Ant. X, 11, 4).

Todo lo que Daniel escribe fue como testigo ocular, y aquellos acontecimientos históricos descritos por él son plenamente confirmados por la historia universal. Lo que dice acerca del carácter de Nabucodonosor está de acuerdo con lo que dijeron los demás historiadores: que fue iracundo, caprichoso, orgulloso y a la vez generoso. Daniel es otro ejemplo de un hombre cautivo que sirvió fielmente a Dios, y en su destierro vio visiones celestiales. Fue probado a través de grandes tentaciones, pero no se registra nada en cuanto a que él haya fallado, aunque en su oración en el capítulo 9 dijo: "Nosotros hemos pecado", identificándose con su pueblo. Daniel tuvo un largo ministerio, desde los primeros años del reinado de Nabucodonosor hasta Ciro, es decir, durante el reino de los medo-persas. Nunca regresó a Jerusalén. No se sabe nada acerca de su muerte, estimándose que ocurrió cerca del tiempo de la restauración de los judíos en Palestina (9:2), o tal vez poco después del regreso de Zorobabel (Esd. 1:1).

A. Historia de Daniel y de sus compañeros, capítulos 1 al 6

Capítulo 1 - Aquí Daniel es presentado junto con sus tres compañeros: Ananías, Misael y Azarías. Sus nombres fueron cambiados a fin de que se adapten a los deseos y costumbres de los caldeos. Se les quitó toda referencia al Dios de Israel y se les pusieron nombres relacionados a los ídolos babilónicos. "Daniel" quiere decir Dios es mi juez; pero su nuevo nombre fue "Belsasar" que significa: Favorecido de Bel. "Ananías" quiere decir "protegido por Dios" y su nuevo nombre fue "Sadrac" que posiblemente significaba "iluminado por el dios sol". "Misael" significa "¿quién es como Dios?", y su nuevo nombre fue "Mesac" que quiere decir "¿quién es como Shack-Venus- dios de la tierra?" "Azarías" significa "a quien el Señor sostiene", y fue nombrado Abed-nego que significa "siervo de Nego, dios del fuego".

Estas traducciones quizá no son exactas, pero podemos observar que:

- los babilonios no quisieron estar oyendo los nombres hebreos diariamente, porque sabían que Jehová el Señor era el único Dios del cielo y de la tierra y les ofendía a causa de su fe en sus ídolos;
- aunque cambiaron sus nombres, no pudieron cambiar el carácter de los cuatro;
- Daniel siempre se refería a sí mismo por el nombre de Daniel y no por su nuevo nombre pagano.

En este capítulo encontramos lecciones acerca del carácter, el dominio propio y de la separación del mundo, mientras estamos en medio de la tentación. Aquí debemos considerar que el hombre que tuvo tal contacto con Dios y que pudo revelar secretos, fue aquel que determinó no contaminarse ni desobedecer la Ley de Dios, aunque estuvo cautivo y desterrado. El libro menciona a estos cuatro jóvenes fieles, pero sin duda, Dios tuvo allí muchos hijos fieles entre los judíos. Nos damos cuenta pues, que si deseamos andar en íntima relación con el Señor, debemos vivir apartados de las contaminaciones del mundo.

Capítulo 2 - Este es quizá el capítulo más importante de todo el libro. Dios había rechazado a la nación hebrea como Su instrumento a través del cual revelarse al mundo, así que se propuso usar a las naciones gentiles, tratando con ellas directamente y luego también las juzgaría (Mt. 25). Todo esto Dios lo reveló al primer emperador del mundo, a Nabucodonosor. Este debió haberse sometido a Dios en humildad y pedir sabiduría a Jehová para reinar bien.

La historia que Dios reveló a Nabucodonosor a través de la imagen que Daniel vio en visión fue que el imperio babilónico estaba representado por la cabeza de oro; el imperio medo-persa por el pecho y los brazos; el imperio griego, por los muslos y el vientre; y el imperio romano por las piernas y los pies. Vemos un deterioro en el valor de los metales, de oro a plata, de bronce a hierro. El último era fuerte pero común y corriente y se hallaba mezclado con barro en los pies. La interpretación que Daniel dio explica la manera en que está concebido el plan de Dios para el mundo y se extiende hasta la venida del Señor a la tierra por segunda vez, para establecer Su propio reino. En el capítulo siete volveremos a estudiar sobre estos imperios.

Capítulo 3 - En vez de humillarse, el rey Nabucodonosor hizo una estatua colosal que era de oro, con semejanza sin duda a él mismo, y obligó a todos a que adoraran la imagen. No sabemos dónde se encontraba Daniel en aquel tiempo, pues no aparece en todo el capítulo. Pero sus tres compañeros dieron buen testimonio, rehusando adorar a otro Dios que no fuera el suyo, Jehová. Por esta razón los tres fueron atados y echados vivos en el horno de fuego. Allí adentro las llamas rompieron las ligaduras y quedaron en libertad para caminar, y el Señor mismo estuvo con ellos para ayudarles a pasar la prueba. ¡Luego salieron de allí, sin tener siquiera olor a humo! ¡Ojalá que todos nosotros que nos llamamos cristianos, según el Nuevo Testamento, pudiéramos salir de nuestras pruebas sin el olor a humo en nosotros! Esta determinación que ellos hicieron de *no desobedecer a Dios aunque nos cueste la vida,* es algo que todos los cristianos necesitamos hoy en día.

Capítulo 4 - Aquí tenemos una lección sobre el orgullo. Todo rey tiene de qué gloriarse si se compara con los demás hombres, pero también está en una posición tal que le conviene reconocer a cada paso que hay un Dios Soberano en el cielo a Quien debe estar sumiso. Hay muchas lecciones espirituales en estos capítulos, pero no nos vamos a detener más. Note el versículo 17 como exhortación.

Capítulo 5 - Es difícil imaginarse una escena más dramática que la historia de este capítulo. Vemos al rey y a mil de sus príncipes en un banquete bebiendo de los vasos sagrados, cuando de pronto aparece una mano escribiendo en la pared las siguientes palabras: "Mene, Mene, Tekel, Uparsin". Inmediatamente Daniel fue llamado para interpretar las palabras al rey: "Dios ha contado tu reino y le ha puesto fin. Has sido pesado en balanza y fuiste hallado falto. Tu reino ha sido roto y dado a los medos y a los persas". En aquella misma noche todo esto se cumplió. ¡Qué lecciones encontramos en esta historia! ¡Ay de los que no respetan a Dios!

Capítulo 6 - Vino un nuevo reino pero los corazones de los hombres permanecieron siendo los mismos, pues persiguieron al siervo de Dios igual que los caldeos. El nuevo rey Darío era también orgulloso y susceptible a las lisonjas y la vanagloria de la vida le parecía muy atractiva. Para ese entonces Daniel, ya anciano, permaneció fiel y lleno de valentía. Se ha dicho de Daniel que "los leones no le devoraron porque todo él era como una columna vertebral", queriendo significar con esto que era muy valiente. En realidad este fue otro milagro que Dios obró para que otro rey diera testimonio de su fe en Dios.

B. En cuanto a las profecías, capítulos 7 al 12

Capítulo 7 - En este capítulo llegamos a la sección apocalíptica del libro y notamos que estas visiones fueron dadas a un solo hombre que no las predicó, sino que las escribió. Vemos una profecía acerca de los cuatro imperios universales que, vistos desde el punto de vista de Dios, son como bestias. No según el hombre lo ve, como un hombre colosal con cabeza de oro. El versículo 4 describe a la primera bestia, que es Babilonia, como un león con alas que fue humillado, al que le arrancaron las alas y se le proveyó un corazón de hombre. Así es como se describe la historia de Nabucodonosor y del imperio babilónico. El versículo 5 pinta a la segunda bestia, semejante a un oso, la cual se alzaba más de un lado. Efectivamente esto se refería al imperio medo-persa, en el que los persas sobresalieron más que los medos. El versículo 6 nos trae la tercera bestia, representada por un leopardo con cuatro alas y cuatro cabezas, que significaba el imperio griego con su gran ejército y sus rápidas conquistas de las tierras del Oriente. Finalmente, esto fue dividido entre los cuatro generales. Los versículos 7 y 8 hablan del imperio romano, que era el más fuerte y que duró más que otros. Más explicaciones acerca de este imperio las encontraremos en los versículos 19 al 25.

Los versículos 9-14 y 26-28 son una descripción del reino de nuestro Señor Jesucristo. Es otra manera de expresar lo que ya fue dicho en los versículos 2:34-35 acerca de la piedra no hecha de manos, labrada o cortada de la montaña, que cayó sobre los pies de la estatua, y la desmenuzó, y creció luego hasta cubrir toda la tierra.

Capítulo 8 - Esta visión se refiere a los dos reinos, el medo-persa y el griego. El carnero con los cuernos desiguales es el reino medo-persa, que fue luego destruido por el macho cabrío, o sea, Grecia. La historia cuenta que Alejandro Magno vino con su ejército y conquistó rápidamente todas las tierras del Oriente. Según se dice, murió lamentando que no hubiera más tierra para conquistar. Dejó su reino a quien pudiera tomarlo, lo cual dio origen a que se lo dividieran sus cuatro generales. Ptolomeo se quedó con Egipto; Seleuco con Siria y Asia Menor; Lisímaco con Tracia, y Casandro con Macedonia y Grecia.

El noveno de los reyes seleúcidas fue Antíoco Epífanes (175-164 antes de Cristo) quien, al perseguir a los judíos, cumplió todo lo profetizado en los versículos 9-12 y 23-25, y representa al "cuerno pequeño" que profanó el santuario, levantando en el lugar santísimo una estatua de Júpiter. Dos mil trescientos días más tarde el santuario fue reconquistado por los macabeos.

Capítulo 9 - En una ocasión estuvo estudiando Daniel el libro de Jeremías y vio que se acercaban a su fin los setenta años de cautiverio profetizados en Jeremías 25:11-12. El resultado fue que oró fervientemente a Jehová y confesó los pecados de su pueblo, incluyéndose él también en la confesión. Es un ejemplo maravilloso de lo que significa la voluntad de Dios.

La parte principal de esta visión es la revelación de las setenta semanas (séptimas o círculos de siete). Claramente se nota que ninguna de éstas épocas tiene relación con la Iglesia de Cristo y que tampoco aparece la dispensación de la gracia. Así que se refieren únicamente a Israel. Están divididas en tres tiempos: siete semanas y sesenta y dos semanas, y un espacio vacío antes de la última semana. El punto de partida es el edicto de la reconstrucción de Jerusalén. Este hecho es muy importante ya que, si se calcula el tiempo desde el edicto de Ciro a Zorobabel hasta la reedificación del templo, todo cálculo será erróneo.

Por otro lado, en el año 445 antes de Cristo Artajerjes entregó a Nehemías la orden para la reconstrucción de Jerusalén. Ahora, calculando estas semanas o sietes como años en vez de días, observamos que el primer período de 49 años nos llevaría hasta el año 396, que es la fecha en que se levantaron los nuevos muros de Jerusalén según algunos creen, pero que es poco probable. Ignoramos la razón por la cual se forma así la división.

Luego, calculamos que las sesenta y dos semanas o sean 434 años, contando desde el año 396 antes de Cristo, nos llevan al año 32 después de Cristo. Según historiadores, ésta debe ser más o menos la fecha en que nuestro Señor se presentó antes las autoridades en Jerusalén, es decir: "el domingo de palmas", y que fue rechazado y finalmente crucificado antes de terminar esa semana.

Nos queda entonces el último período de siete años. Como dice el versículo 24, al término del tiempo será introducida la justicia perdurable y el Santo de los santos (Jesucristo) será ungido. Es claro entonces, que se está refiriendo a los últimos años de tribulación antes de que nuestro Señor venga a establecer Su reino milenario en la tierra.

Si comparamos el versículo 27 con el libro de Apocalipsis, vemos que concuerda lo que dice Daniel y esa profecía. Los últimos siete años antes del fin serán de mucha tribulación para los judíos y éstos siete años estarán divididos en dos períodos iguales. En el curso sobre profecía estudiaremos sobre estos detalles más detenidamente.

Capítulo 10 - La última visión de Daniel incluye todo el resto del libro. En este capítulo vemos que Daniel se dedicó tres semanas a la oración y cómo el ejército de Satanás en el aire se opone a que los hombres vengan al conocimiento de la verdad. La escritura dice que el ángel salió de la presencia de

Dios el primer día que Daniel se puso a orar a Dios, pero fue detenido por los príncipes o autoridades en los lugares celestiales hasta que los ángeles de Dios ganaron la victoria y el mensajero divino pudo pasar a la tierra con el mensaje.

Capítulo 11 - Este capítulo habla sobre las batallas que iban a librarse entre el rey de Egipto y el rey de Siria. Ya que los judíos estaban en un territorio intermedio entre las dos naciones, se hallaron naturalmente afectados por estos sucesos, de modo que esta revelación preparó al pueblo judío para aquellos días de conflicto. La consideración del carácter malévolo que tenía el rey de Siria, Antíoco Epífanes, lleva a Daniel a la revelación del Anticristo que ha de venir en el tiempo señalado.

Capítulo 12 - Sigue la revelación acerca de los últimos tiempos. No está hablando ahora de las persecuciones bajo Antíoco, sino de los días de la venida de Cristo a la tierra por segunda vez. Habla de la resurrección de los muertos y de la gloria futura de los salvados. Luego hay algunas referencias acerca de ciertos tiempos, junto con instrucciones en cuanto a sellar las palabras hasta el tiempo del fin. Dice que los sabios entenderán.

Repaso de la lección

1. Describa el carácter de Daniel y explique cómo ese carácter le preparó para recibir las revelaciones (12:10).
2. Indique los nombres, en su orden cronológico, de los cuatro imperios mundiales de que se habla en los capítulos 2 y 7.
3. ¿Qué lecciones espirituales ha obtenido usted de los primeros seis capítulos?
4. ¿Qué contestaría usted si un no creyente le pidiera que le adivine y le ayude a interpretar los pensamientos y los sueños?
5. De todas las profecías de los últimos seis capítulos, ¿cuáles no se han cumplido todavía, y cuáles se encuentran también en el libro de Apocalipsis?
6. ¿Qué lecciones acerca de la oración ha aprendido usted de los capítulos 9 y 10?
7. Compare las referencias anotadas al pie de las páginas del libro de Daniel con los pasajes similares en el libro de Apocalipsis.

Lección 16

El libro de Oseas

Bosquejo

A. Vida y matrimonio de Oseas, capítulos 1 al 3

B. Discursos a la nación israelita, capítulos 4 al 14

Oseas es conocido como el profeta de la ira y del amor, y llamado el Jeremías de la nación de Israel. Ejerció su ministerio antes de la caída de Samaria. Llamó al pueblo a que dejara la idolatría y se volviera a Jehová.

Dios le mandó que se casara con una mujer que llegó a serle infiel, pero Oseas la seguía amando, y la compró para restaurarla como esposa y la estableció en su casa. Así Dios le enseñó al pueblo Su amor para con ellos, a la vez que denunció sus pecados.

Los primeros tres capítulos relatan la triste historia del matrimonio de Oseas. El resto del libro se compone de discursos que hablan sobre las transgresiones de la nación, la visitación de Dios y las promesas para una restauración.

Lección 16

El libro de Oseas

El Señor Jesucristo, el Perfecto Israel, cumplió la profecía de Oseas 11:1 que dice: "De Egipto llamé a mi hijo" que se cita en Mateo 2:15. La idea implícita aquí es que Cristo obedeció mientras que Israel desobedeció. Oseas ha sido llamado el profeta del corazón quebrantado. En este particular tiene una ligera semejanza con nuestro Señor, cuyo corazón también fue lastimado. El nombre Oseas significa "salvación", pues viene de la misma raíz que la palabra "Jesús" y "Josué". Es interesante notar que de los tres hombres del Antiguo Testamento cuyos nombres son semejantes al nombre de nuestro Señor Jesús, el uno fue profeta (Os. 1:1), el otro sacerdote (Zac. 3), y el otro un líder, gobernador o rey. En Mateo 9:13 y 12:7 el Señor citó a Oseas 6:6.

Autor

Acerca de Oseas no se sabe más de lo que su libro nos revela, es decir, que fue hijo de Beeri, un hombre desconocido. Sobre el carácter peculiar de Oseas no hay duda alguna, pues su leal obediencia a Jehová fue extraordinaria. Por cierto que Dios sabía con quién estaba tratando antes de encomendar aquellas tareas difíciles. Es claro que Oseas tuvo un concepto bastante alto de la majestad de Dios, a la vez que un profundo amor para con el pueblo errante. Oseas ha sido llamado "El Jeremías de Israel", ya que ministró como profeta en el reino del norte mientras que Jeremías lo hizo más tarde en Judá, el reino del sur.

Época

Oseas vivió entre los años 790 y 725 antes de Cristo, dejando de profetizar poco tiempo antes del cautiverio de Israel. Todos los reyes de Israel se condujeron mal. No hubo ni una sola reforma por aquel tiempo. Dios usó al profeta Oseas como su símbolo o su representante, ya que su esposa, que era infiel, representaba a la también desleal nación; como se portó ella, así se portó el pueblo. El libro de Oseas nombra a los reyes de Judá que reinaron durante su ministerio, pero sólo nombra a Jeroboam II de entre los reyes de Israel. Leyendo 2 Reyes 15:8-31 se ve que Zacarías, Salum, Manahem, Pekaía, Peka y Oseas, hijo de Ela, tomaron el trono durante este tiempo; pero en aquel entonces predominaba más bien una época de anarquía. Ezequías estuvo sobre el trono de Judá antes y después de la caída de Samaria, y para entonces Oseas todavía ejercía su ministerio de profeta. Pero como no menciona la derrota y cautividad de la nación, se calcula que murió antes de ver aquel desastre que era el cumplimiento de sus profecías.

Oseas fue contemporáneo de Amós en Israel durante la última parte del ministerio de éste, y también contemporáneo de Isaías y de Miqueas, quienes profetizaban en Judá.

El libro de Oseas menciona cuatro clases de apostasías que prevalecieron en Israel antes de la cautividad:

- Apostasía política, 7:1. En su necesidad buscaron a Asiria y a Egipto en vez de buscar a Jehová.
- Apostasía religiosa, 8:5-6. Adoraron a los becerros y a Baal en vez de adorar a Jehová.
- Apostasía moral, 4:2. Se enumeran cinco pecados: perjurio, mala fe, homicidio, hurto y adulterio.
- Apostasía en cuanto al pacto, 4:6. Israel se olvidó de la Ley de Dios y por lo tanto tendría que ser castigado.

Comentarios generales

El libro de Oseas levanta una polémica en cuanto a lo que sucedía entre el profeta y su esposa, que era una ilustración de la relación entre Jehová e Israel. Algunas personas quieren negar la historicidad de los hechos, afirmando que todo es alegórico. Hay algunos que se aprovechan de los primeros tres capítulos para acusar a Dios de inmoralidad, y restar así importancia no solamente al libro sino a toda la Biblia, diciendo que contiene un acontecimiento no digno del Ser Supremo. Pero, ciertamente, estas aseveraciones no tienen ningún valor.

Creemos que lo que se relata allí se verídico y digno de Jehová. Es real que Gomer fue el nombre de una mujer virgen con quien se casó el profeta, y así ella sirvió como símbolo de la nación de Israel cuando Jehová la encontró en su juventud e inocencia, y la desposó consigo mismo. Pero Gomer, igual que Israel, aun en su virginidad tenía el corazón malo y con la infidelidad característica de una mujer adúltera. Después de su matrimonio fue infiel y abandonó a su marido para ir en pos de sus amantes. Terminó en el mercado público, como esclava puesta en venta. Oseas la compró, la puso en una casa con todo lo necesario para vivir y le dio instrucciones de permanecer allí fielmente hasta que él regresara de un largo viaje. Israel también cometió adulterio espiritual y moral puesto que abandonó a Jehová para ir en pos de los ídolos, puso su confianza en las naciones para que ellas le salvaran en vez de esperar en Jehová, y se olvidó de la Ley de Dios cometiendo toda clase de inmoralidades. Jehová envió a los profetas para atraer a Israel, a fin de que volviera a Él, ofreciéndole perdón en su perfecta gracia.

Negar el hecho histórico del matrimonio de Oseas y el pecado de su esposa, hace difícil separar en la Biblia lo que es verídico y lo que es simbólico. Las reglas de interpretación bíblica no tendrían valor bajo tal explicación, y quedaríamos al capricho de cada comentarista. Por otro lado, si aceptamos la interpretación de que Dios mandó al profeta que se casara a sabiendas con una mujer adúltera, estamos acusando a Dios de inmoralidad. Además, desaparecería la analogía que hay entre la historia del profeta en los primeros tres capítulos y la historia de Israel en los últimos once capítulos. Si decimos también que Gomer sólo era idólatra (adúltera espiritualmente pero no moralmente) estamos violando el mandamiento de Dios que impedía la unión desigual de los creyentes con los infieles.

Es posible que Gomer fuera una hija ilegítima, según algunos interpretan la frase "hijos de fornicación" en 1:2, pero esto tampoco concuerda con la ley de la interpretación, porque Israel no era "hija ilegítima". Más bien creemos que 1:2 explica que Gomer fue una mujer virgen como era Israel en el principio de su vida nacional pero con un corazón malo y corrompido, así como era el de los israelitas para con Jehová. Así, análogamente, ella era figura o tipo de la nación israelita que no tenía un carácter fiel ni aprecio por la lealtad. Su amor era un amor con interés.

En todo caso nos preguntamos, ¿cuál era el propósito de Dios al poner al profeta ante una experiencia tan dolorosa? Primeramente, fue para dar una lección objetiva a la nación. En segundo lugar, para preparar el espíritu de

Oseas para Su ministerio, a fin de que pudiera pronosticar el castigo que vendría sin odio ni amargura, pero sí con lágrimas. Fue de esta manera que Dios cumpliría Su voluntad para con la nación israelita y revelaría su inmenso amor a la vez que Su determinación para el castigo.

A. Vida y matrimonio de Oseas, capítulos 1 al 3

(Esta parte se ha llamado también la preparación del profeta).

1. Introducción (1:1).

2. Principio de su vida doméstica y su relación con Israel (1:2-3:5).

a. Su matrimonio (1:2-3). Lea Génesis 12:1-3 y 1 Reyes 12:1-24 como referencia acerca del inicio del reino de Israel.

b. Significado de los nombres de su familia (1:3-9).

Gomer	=	"consumación"
Diblaim	=	"tortas de higos conservadas"
Jezreel	=	"Dios esparcirá"
Lo-ruhama	=	"No compadecida"
Lo-ammi	=	"No es mi pueblo"

De este modo Jehová usó estos nombres para advertir a toda la nación de la condenación que recibirían por su mala conducta.

c. Brote de esperanza para el futuro (1:10-2:1). Esta corta profecía da en pocas palabras la seguridad de la restauración y habla de los propósitos que Dios tenía para con Israel y Judá.

d. Infidelidad de la esposa (2:2-23). En esta parte es difícil distinguir entre la voz del profeta hablando de su esposa y la voz de Jehová hablando de Israel. En ambos casos se aprecia la siguiente obra de amor: 1) poner al descubierto la iniquidad; 2) el camino malo se hace duro, ya que el amor exige disciplina; 3) el triunfo de la victoria nacional precede al triunfo personal o particular. Al mencionarse la caída de la nación se habló primero de la tragedia del profeta, pero en la restauración se profetiza primero la de la nación.

e. La restauración de Gomer (3:1-5). Cuando su esposa estaba como esclava Oseas la compró y estableció nuevamente con ella un pacto, antes de irse de viaje. Asimismo hoy en día Israel está sin rey, sin príncipe, sin sacrificio, etc. El versículo 5 promete que Dios será fiel para con Israel, y que hará volver el corazón de ellos a Él.

B. Discursos a la nación de Israel, capítulos 4 al 14

Estos discursos no están en orden cronológico ni clasificados según su contenido. Tomando en consideración el largo ministerio de Oseas, calculamos que en estos pocos discursos se encuentra el resumen de los mensajes del profeta, que abarca lo siguiente: 1) la transgresión; 2) la visitación o manifestación de amor, primero con severidad y luego con ternura; 3) la restauración.

Oseas usa muchas ilustraciones y un lenguaje muy directo, pese a haber sido un poeta talentoso. Note sus expresiones ilustrativas: "novilla indómita" (4:16); "nube de la mañana ... el rocío de la madrugada" (6:4); "horno encendido por el hornero" (7:4); "torta no volteada" (7:8); "paloma incauta" (7:11); "aves del cielo" (7:12); "sembraron viento, y torbellino segarán" (8:7); "asno montés para sí solo" (8:9), etc.

La nación del norte era llamada Israel, Samaria o Efraín. A menudo es difícil saber si el profeta está expresando sus propios sentimientos o citando las palabras que Jehová le había dado. Pero este particular no viene al caso, ya que Oseas estaba tan unido a Dios que pensaba y sentía igual que Él.

No hay manera posible de dividir esta parte del libro, pero sin querer ser dogmáticos, consideremos que son seis los discursos.

1. **Primer discurso (cap. 4)**. Acusaciones contra Israel. Los pecados del pueblo proceden de la ignorancia voluntaria (1-6). Jehová pronuncia el castigo (7-19). Los versículos 6 y 17 son de especial interés en este capítulo.

2. **Segundo discurso (caps. 5 al 7)**.

   a. ***Denuncia contra los sacerdotes apóstatas*** quienes guiaban al pueblo hacia la idolatría (5:1-9).

   b. ***Denuncia contra los príncipes por su avaricia y opresión,*** con el consecuente castigo (5:10-6:3).

   c. ***Los pecados del pueblo y el juicio de Jehová*** (6:4 al 7:16).

Aquí cabe señalar los siguientes versículos:

> "Porque misericordia quiero y no sacrificio, y conocimiento de Dios más que holocaustos" (6:6).
>
> "Efraín se ha mezclado con los demás pueblos; Efraín fue torta no volteada" (7:8). En esta expresión se describe que no hubo arrepentimiento, sino que más bien continuó la degeneración inconscientemente (7:9). Como resultado, la nación se corrompió en extremo.

3. **Tercer discurso (cap. 8)**. El pueblo fue llevado cautivo a causa de Asiria, en quien confiaba, y quien le devoró. El versículo 7 enseña la ley divina de causa y efecto. Muchas veces una cosa pequeña trae grandes resultados, existiendo entre las dos una íntima relación. "Lo que el hombre sembrare, eso también segará". El versículo 12 ilustra cómo el hombre se excusa para no cumplir y obedecer la ley de Dios, apoyándose en su ignorancia o desconocimiento de ella.

4. Cuarto discurso (9:1 al 11:11).

a. ***Los pecados de Israel y el castigo resultante*** (9:1 - 10:15).

b. ***Expresión del amor entrañable de Jehová*** (11:1-11).

El versículo 12 del capítulo 10 es un buen texto para este sermón acerca del amor en el que llama a los reincidentes a volver a Jehová. "Barbecho" es un terreno abandonado, y cuando la escritura dice "haced barbecho" quiere decir que se debe volver a limpiar, a arar y sembrar aquel terreno para que dé fruto. Espiritualmente, significa que debemos volvernos a Dios en arrepentimiento y confesión de pecados para buscar de nuevo la comunión con Él.

Expresiones de amor como se encuentran en 11:4, 8, 9, tomando en cuenta las circunstancias y el carácter de aquellos a quienes fueron dirigidas, no creo que se encuentren en ninguna otra literatura.

El versículo 1 del capítulo 11 es un ejemplo o ilustración clásica de lo que se llama: "El principio de la referencia doble". En el Antiguo Testamento Dios llamó a Israel a ser Su hijo, a salir de Egipto y a hacer Su voluntad. Pero, aquello que Israel no cumplió debido a su pecado, el Señor Jesús lo cumplió a perfección. Acerca de este mismo principio de referencia doble, se puede comparar Oseas 1:10 y 2:23 con Romanos 9:25-26.

5. Quinto discurso (11:12 al 13:16). Estos versículos son una condenación de los muchos pecados de Israel. Dios les llama a que se vuelvan a Él y ellos no responden por estar demasiado ocupados buscando riquezas. El castigo con la destrucción ya está decretado contra Samaria. Note los versículos 12:5-6; 13:4, 14.

6. Sexto discurso (cap. 14). Dios llama nuevamente a Israel para que vuelva a Él. Aun pone en su boca la oración que deberían decir delante de Él, y promete bendecirles en la restauración. Se puede ver que el castigo dará buenos resultados, puesto que Efraín dirá: "¿Qué más tendré ya con los ídolos?", y por eso Dios dijo: "Yo sanaré su rebelión, los amaré de pura gracia".

Repaso de la lección

1. Relate la historia de la vida y matrimonio del profeta Oseas.
2. ¿Cuál fue el propósito de Dios para exponer al profeta a tal experiencia?
3. ¿Qué lecciones ha encontrado usted en cuanto a la reincidencia (el ir hacia atrás, enfriarse o apostatar de la fe)?
4. ¿Cuáles pecados de los que condenó Oseas son comunes hoy en día?
5. Aprenda de memoria por lo menos las siguientes citas: 6:6; 11:4, 8-9.
6. ¿Qué lección espiritual ha aprendido usted a través del estudio del libro de Oseas?

Lección 17

Los libros de Joel y de Amós

Bosquejo

La sinopsis de Joel que más se recomienda depende de la interpretación. Algunos hacen dos divisiones:

En cuanto a lo presente: 1:1 al 2:27
En cuanto a lo futuro: 2:28 al 3:21

Otra división sería según los capítulos:

Capítulo 1 - El día del Señor visto como inmediato. La invasión de las langostas.

Capítulo 2 - El día del Señor visto como inminente. La invasión de los asirios.

Capítulo 3 - El día del Señor visto como futuro. La invasión final.

La frase clave o el tema es: "El día del Señor": "el día de Jehová" (2:1-11). Es un día de juicio a través de la plaga de las langostas y un día futuro de bendición pentecostal. Hay un primer juicio sobre el pueblo escogido, que se ejecuta por la invasión de las langostas, aunque esta plaga no se menciona en los libros históricos. Por esta razón se invitaba al pueblo al ayuno y a interceder. La plaga de langostas se menciona también en relación con un día terrible de juicio final que ha de incluir a todas las naciones. Los fieles serán galardonados y los malos serán castigados.

Texto clave: 2:11, comparado con 3:21: "Y Jehová dará su orden delante de su ejército; porque muy grande es su campamento; fuerte es el que ejecuta su orden; porque grande es el día de Jehová, y muy terrible; ¿quién podrá soportarlo? ... Y limpiaré la sangre de los que no había limpiado; y Jehová morará en Sión".

También se han sugerido los siguientes textos: 1:15; 2:1 y 2:13.

Lección 17

Los libros de Joel y de Amós

Libro de Joel

El Señor Jesucristo es Aquel que, habiendo ascendido al cielo después de Su muerte y resurrección, mandó al Espíritu Santo en el día de Pentecostés, conforme a la profecía de Joel 2:28-32 (Hch. 2:17-21). El Señor Jesús realizó el milagro maravilloso de la salvación en la cruz del Calvario, pero Joel fue el que pudo profetizar del día en que dicha salvación sería ofrecida a todo aquel que invocare el nombre del Señor (Jl. 2:32; Hch. 2:21; Ro. 10:13).

Autor

No se sabe mucho acerca de Joel, pero sabemos que era hijo de Petuel, según lo dice en 1:1. Su nombre significa: "Jehová es Dios", o "Jehová es mi Dios". Su nombre, igual que el de Elías, contiene las palabras "Jehová" y "Elohim", aunque en el caso de Elías: "Elohim" viene primero y Jehová después.

Joel se encuentra entre aproximadamente 14 hombres que llevaron este nombre en el Antiguo Testamento. Vea 1 Samuel 8:2 (el primogénito de Samuel fue el primero que en el Antiguo Testamento llevó ese nombre); (1 Cr. 4:35; 5:4, 12; 6:36; 7:3; 11:38; 15:7; 26:22; 27:20; 2 Cr. 29:12; Esd. 10:43; Neh. 11:9).

Evidentemente Joel no era sacerdote, pero vivía en Jerusalén y era profeta del reino del sur (1:13, 14; 2:17). Una tradición judía dice que era natural de Betom, de la tribu de Rubén.

En 1 Crónicas 24:16 se menciona a un hombre que lleva por nombre Petaías. Algunos intentan relacionar este nombre con el de Petuel que fue padre de Joel, para probar que provenía de una descendencia de sacerdotes; pero esto no es una prueba suficiente para el caso. Algunos comentaristas judíos declaran que Petuel era Samuel, por cuanto Samuel tuvo un hijo llamado Joel, pero siendo que los hijos de Samuel fueron malvados, tal afirmación es incorrecta.

Época

Joel vivió y ministró aproximadamente 800 años antes de Cristo. La mayoría de los eruditos escolásticos judíos y cristianos sostienen que el libro de Joel tiene una fecha adelantada. En vista de que él no hace referencia alguna a Nínive ni a Babilonia pero sí menciona a los filisteos, a Tiro y a Sidón, a Edom y Egipto, su profecía pudo bien haber sido escrita antes de que los imperios mundiales de Asiria y Caldea alcanzaran la cúspide. De esa manera se considera a Joel como el primer autor de profecías escritas, y primer profeta de Judá, con un ministerio que empezó un poco después del ministerio de Eliseo. Algunos comentaristas creen que Amós 1:2 es una cita de Joel 3:16 (cp. Am. 5:16-18). De modo que Joel vivió antes de Amós, y como Amós vivió en los días de Uzías rey de Judá y de Jeroboam II, rey de Israel, el ministerio de Joel seguramente tuvo lugar antes del gobierno de estos reyes.

Sin embargo, los críticos que atacan colocan el ministerio de Joel después de la cautividad, alrededor del año 500 antes de Cristo. Alegan que la mención que él hace de los muros de Jerusalén (2:7, 9) señala una fecha posterior a Esdras y Nehemías. También se oponen a la afirmación de una fecha anterior porque se menciona a los griegos en 3:6. De todas formas, encontramos que se menciona también a los griegos en una inscripción de Sargón (por el año 710 antes de Cristo), y mucho antes de esto, en las Cartas Armana, según el profesor Sayce, autor de "La Alta Crítica y Los Monumentos", hay también la mención de un hombre griego.

Circunstancias

Una sequía muy severa y una plaga de langostas habían causado destrozos por todas partes.

Aunque Moisés (Dt. 28:38-39) y Salomón (1 R. 8:37) habían mencionado las langostas como uno de los instrumentos del castigo divino, el pueblo en esta ocasión no lo reconocía como tal. La misión de Joel en estas circunstancias fue la de manifestar a su pueblo su triste condición espiritual. Dios había causado la plaga y exhortaba a la nación a que se arrepintiera como primer paso para volverse a Dios.

Puntos importantes

Joel es "el profeta del Pentecostés" (compare Jl. 2:28-32 con Hch. 2:17-21). Algunas autoridades literarias competentes declaran que, desde el punto de vista del estilo, este pequeño libro es una joya literaria, ya que su estilo es preeminentemente puro y caracterizado por su suavidad, fluidez, fuerza y ternura.

Se pueden apreciar las tres siguientes características:

1. Contiene la descripción más elocuente, en toda la literatura, de la devastación causada por las langostas, que cubre más de la mitad de esta corta profecía. Se da especial énfasis a la destrucción de las viñas y de los árboles frutales (1:7). Tan densas eran estas nubes de insectos devastadores que el sol se oscureció y se redujo la luz como en un eclipse (2:2). Parece que la plaga fue acompañada de una fuerte sequía (1:18, 20).

2. Comunica por primera vez la venida del Espíritu Santo sobre toda carne (2:28-32).

3. El alcance de las profecías es notable, ya que cubren desde su época hasta los tiempos del fin.

Angus y Green dicen: "el estilo de Joel es notable, claro y elegante; oscuro únicamente hacia el final, donde la belleza está velada por alusiones a acontecimientos que están por realizarse. La gran devastación predicha en los capítulos primero y segundo, causada por las langostas y por los enemigos a los cuales aquella plaga sirvió de heraldo, está pintada en términos metafóricos y admirablemente adecuados al doble carácter de la descripción".

Otras notas

Joel dirige su mensaje a distintas clases o grupos de personas: "Oíd esto, ancianos" (1:2); "todos los moradores de la tierra" (1:2); "despertad borrachos" (1:5); "confundíos labradores" (1:11); "tierra no temas" (2:21); "animales del campo" (2:22); "hijos de Sión" (2:23).

El versículo 3 del capítulo 1 indica el gran alcance del mensaje de esta profecía.

1:4 - En ocasiones las langostas podían cubrir la tierra por varios kilómetros. Dondequiera que se extendían hacían desaparecer todos los sembríos, los árboles y las plantas eran desnudadas de sus hojas. Las ramas quedaban peladas y los retoños desaparecían. La langosta es quizá la peor plaga que pueda venir sobre un pueblo agrícola. Las langostas constituyeron una de las plagas que el Señor envió sobre Egipto, y Moisés había profetizado que Dios las usaría nuevamente si su pueblo fuere desobediente (Dt. 28:38, 42). Dios no necesita llamar siempre a las grandes fuerzas de la naturaleza, como el terremoto, el relámpago o la tempestad, para efectuar juicios contra Sus criaturas rebeldes, pues Él puede hacer que instrumentos muy insignificantes como las langostas lleven a cabo Sus propósitos. Henderson traduce el versículo 1:4 de la siguiente manera: "Lo que dejó la langosta roedora, la langosta enjambradora ha devorado; y lo que dejó la langosta lamedora, la langosta consumidora ha devorado".

Las palabras que se usan en el hebreo no hablan de diferentes tipos de plagas, sino de la misma: es decir, eran langostas en las cuatro etapas de su desarrollo: "Gazam" significa "roer" o "comer poco a poco". "Arbeh" significa "ser muchos"; este es un nombre común para la langosta por su costumbre de enjambrar. "Jélek" significa "lamer" o "comer lamiendo". Y "Chasel" significa "devorar" o "consumir". La langosta pasa por las cuatro etapas en su desarrollo antes de llegar a la madurez. Primeramente al nacer, es langosta roedora; luego crecen muchas a la vez y más tarde reciben sus alas y pueden volar; entonces empieza su obra destructora lamiendo lo que encuentra; finalmente, alcanza su pleno desarrollo y devora todo lo que está en su camino. Estos cuatro tipos de langostas se interpretan a menudo como una profecía relacionada con Babilonia, Persia, Grecia y Roma, que fueron las naciones que invadieron y dominaron a Judá. Cuando alguien diga: "Ved cuán grandes cosas han hecho las langostas", muchos contestarán: "Grandes cosas ha hecho Jehová por nosotros: estaremos alegres" (Sal. 126:3).

1:9 - Tan grande fue la devastación que no se pudo encontrar suficiente harina fina, ni aceite, ni incienso para la "minchah", que era lo que se acompañaba a la ofrenda que se hacía con incienso. Igual ocurría con el vino que se usaba para las libaciones. Interrumpidos de esta manera los actos de adoración, la situación espiritual era calamitosa y reflejaba el alejamiento de Jehová de Su pueblo.

1:15 - Parece que las cinco referencias al "día de Jehová" en Joel son progresivas en su naturaleza. 1:15 es la única vez en Joel donde se emplea la palabra "shaddai" (Todopoderoso) para designar al Señor, y que involucra el concepto de el "más que suficiente" Dios. En este caso, se usa en cuanto al ejercicio de su juicio sobre pecado. Los juicios de Dios son tan seguros como lo son Sus favores y Sus misericordias.

2:2 - Se emplean (como en 1:4) cuatro palabras hebreas distintas con un significado ligeramente diferente para cada una. Si hablamos de la plaga de las langostas, la pregunta es "¿cómo hay que enfrentarlas? ¿Con una escoba se tratará de barrerlas?" Así es como el mundo quiere enfrentar los problemas cuando se debe más bien clamar al Espíritu del Dios Vivo; hay que emplear fuego para contrarrestar el fuego.

A. La invasión de las langostas, capítulo 1

1. Introducción (1:1).

2. La plaga y su significado para el pueblo de Judá (1:2-20).

a. Los versículos 2-14 y 16-20 describen esta plaga como lo peor que puede recibir un pueblo. Los versículos 5 y 6 anticipan aquella enseñanza que se tratará en el próximo capítulo. Del versículo 13 en adelante Dios llama al arrepentimiento al pueblo (Ver la nota de 1:4).

b. Versículo 15 del capítulo 1. Aquí el Espíritu Santo quiere relacionar al "día de Jehová", con la idea de castigo por medio de la plaga. También prepara el camino para la enseñanza del capítulo 2.

B. La invasión del enemigo, capítulo 2

1. El avance del ejército (vv. 1 al 11).

2. Llamamiento al arrepentimiento (vv. 12-17).

3. Grandes promesas de bendiciones materiales y espirituales (vv. 18-32).

Los versículos 28-32 describen la bendición espiritual del derramamiento del Espíritu Santo sobre toda carne. Aquí surge la pregunta, ¿es una promesa para el futuro o ya fue cumplida en Jerusalén en el día de Pentecostés? Ciertamente que en Pentecostés se participó de esta bendición profetizada, pero los versículos 30 al 32 todavía no han sido cumplidos. De manera que su cumplimiento ha de realizarse por completo oportunamente en el transcurso del período señalado por Dios.

C. La invasión final de las huestes enemigas, capítulo 3

Este es el último esfuerzo de Satanás para destruir a la nación antes de que venga el Señor Jesús a establecer Su reino. El enemigo avanza conquistando y oprimiendo. Pero Jehová interviene y pone fin a su existencia. La profecía termina con promesas de bendición para Israel en el día de su gloria futura.

Libro de Amós

El Señor Jesucristo, el Creador de todo (Jn. 1:3), es Jehová el Juez Justo ante Quien los israelitas andaban y a quien Ofendían (Am. 4:12-13). Él es Quien ha de venir otra vez para establecer el reino del que hablaba Amós en 9:11-15. Jesucristo terminará con el cautiverio de su pueblo y lo plantará en su propio suelo. La predicción de Akós contra la hipocresía y la iniquidad de sus días nos hace pensar en la denuncia de las mismas cosas que hizo el Señor en Mateo 23. Sin embargo, en el carácter de Jesucristo siempre hubo un profundo amor para todos, cosa que no encontramos tan manifestado en Amós.

Autor

El nombre Amós significa "una carga" o "un hombre con carga". Por causa de su origen humilde, el profeta no da el nombre de su padre ni de sus antecesores. Amós nació en Tecoa, pequeño pueblo situado a unos 19 kilómetros al sur de Jerusalén y a unos 9 kilómetros de Belén. Su oficio fue el de pastor de ganado. Cuando Amasías el sacerdote, le dijo que se fuera hacia el sur, a la tierra de Judá en donde había nacido para predicar allá, Amós le contestó: "No soy profeta, ni soy hijo de profeta, sino que soy boyero y recojo higos silvestres. Y Jehová me tomó de detrás del ganado y me dijo: Ve y profetiza a mi pueblo Israel". Con esta respuesta vemos que tenía una actitud humilde y a la vez una convicción de su llamado. Es probable que la frase: "hijo de profeta" se refería a aquel grupo o escuela de los que ganaban su vida "profetizando" (2 R. 4:38; 6:1, etc.). Amós entonces no se graduó en ningún seminario ni tuvo título universitario, pero sí tenía un corazón que ardía para el Señor. Él sabía que Dios le había enviado para hablar en contra del pecado y la corrupción prevalecientes en Israel. El oficio de pastor en los campos sirvió mucho a Amós para la reflexión y la meditación, al igual que Moisés y David. Amós fue un estudiante asiduo de los libros de Moisés y los aprovechó mucho.

Compárese Amós 2:10 con Dt. 29:5.
Amós 4:11 con Dt. 29:23.
Amós 5:11 con Dt. 28:30-39.
Amós 5:12 con Nm. 35:31.

El escritor Roberto Lee presenta las siguientes características de Amós como obrero ejemplar:

Humildad - No hizo ningún esfuerzo para ocultar su origen, ni su ocupación. Su llamamiento a ser profeta no se vio arruinado por el orgullo. Cuando mencionó al "sicómoro" o "cabrahigos" hablaba de una fruta que comían los más pobres. Se dice que los cabrahigos no maduraban a menos que se les apretase varias veces durante su desarrollo.

Su oficio y don de observación - Debido a su ocupación, pasaba mucho tiempo a solas, y esto le servía para estar en comunión con Dios mientras observaba la naturaleza. Las ilustraciones que usó en el libro son tomadas de su vida diaria, demostrando la percepción que tenía, y la originalidad de sus pensamientos (2:13; 3:12; 4:9; 5:8; 6:12; 7:1-2).

Su sabiduría - Usó un lenguaje correcto, lo cual demuestra que no fue un hombre sin educación. Sin embargo, no predicaba en términos complicados o fuera del alcance de sus oyentes. Usaba frases similares para todos.

Su tino - Ganó la atención del pueblo desde un principio, al hablar primeramente en contra de las naciones enemigas.

Su fidelidad - No les adulaba, sino que trataba clara y directamente con el pueblo, haciendo caminos derechos para sus conciencias.

Su firmeza - Rehusó ser desviado de lo que Dios le había encomendado (7:10-17). Mantuvo su mirada puesta en el Divino Maestro.

Su mensaje - Provenía directamente de Dios. Así podía decir: "Así dice Jehová". El mensaje se adaptó oportunamente a una época en que los hombres daban la espalda a su Hacedor.

Su éxito - Fue bendecido con resultados maravillosos (7:10). Tuvo una gran influencia sobre todo el pueblo.

Época

Amós vivió y ejerció su ministerio en los días de Uzías rey de Judá, y de Jeroboam II rey de Israel, que sería aproximadamente entre los años 810 y 760 antes de Cristo (2 Cr. 26 y 2 R. 14:23-29). En su juventud seguramente conoció al profeta Elías.

En el primer versículo del libro de Amós dice que profetizó dos años antes del terremoto, y hay indicios acerca de este temblor en los pasajes 5:8-9; 6:11; 8:8 y 9:5.

En aquel entonces el pueblo de Israel se hallaba a la sazón en la cúspide de la prosperidad material, pero se estaba llenando rápidamente la medida de sus pecados. Por este motivo, la misión de Amós fue la de reconvenir antes que la de consolar. Reprendía, entre otras cosas, la corrupción que crecía junto a la prosperidad; acusaba a los principales hombres de parcialidad y a los jueces de violar la justicia en su trato con los pobres. Predijo que Dios iba a castigarles a través de la cautividad de las diez tribus de Israel en un país extranjero, la misma que se cumplió sesenta años más tarde cuando Salmanasar y Sargón, reyes de Asiria, destruyeron y tomaron el reino. El pueblo vivía una decadencia interior mientras exteriormente prosperaba, siendo ésta la causa por la cual Dios envió a Amós con su mensaje a Israel.

Sinopsis

El pasaje más importante del libro es la profecía acerca de la venida del Espíritu Santo sobre toda carne.

Amós fue pastor de ovejas en Tecoa, Judá. Dios le llamó para profetizar a Israel a fin de denunciar los pecados que cometían en medio de la prosperidad que disfrutaban y del lujo material en que vivían. Profetizó unos 60 a 80 años antes de que los asirios destruyeran la nación conforme Amós lo había predicho. Este fue llamado el "profeta de la justicia".

El libro se divide en cuatro partes:

A. Juicios contra las naciones vecinas, 1:1 a 2:5
B. Juicios contra Israel, 2:6 a 6:14
C. Cinco visiones acerca del juicio de Israel, 7:1 a 9:10
D. Profecía acerca de la restauración de Israel, 9:11-15

A. Juicios contra las naciones vecinas, 1:1 al 2:5

Con una evidente sabiduría, Amós cautivó la atención de sus oyentes al pronunciar juicios divinos contra las naciones que circundaban a Israel. Viniendo el sencillo pastor Amós del desierto de Tecoa ubicado en el sur de Judá, a la próspera ciudad de Betel donde los sacerdotes por oficio dirigían el culto idolátrico de la corte y del pueblo, usó de mucho tino para preparar a sus oyentes a fin de que recibieran su mensaje.

Empezó hablando de las naciones más lejanas o de menos peligro para Israel, y luego fue acercándose más y más a la nación misma, que era el objeto principal de su mensaje. Aun Judá, el reino hermano del sur, fue mencionado y recibió su condenación y promesa de juicio antes de que el profeta mencionara a Israel. Puesto que Amós era un ciudadano de Judá, creaba en sus oyentes una predisposición para recibir su mensaje, a más de una convicción de su justicia y rectitud.

Cabe señalar que las causas por las cuales Dios iba a castigar a las naciones fueron muchas, expresadas en forma poética cuando dice: "Por tres pecados ... y por el cuarto...." Pero las causas mencionadas expresamente fueron sus acciones y actitudes hacia Israel, el pueblo de Dios, lo que significaba una postura directa en contra de Jehová mismo.

B. Juicios contra Israel, 2:6 a 6:14

1. Ahora le llegó el turno a Israel. Amós puso de manifiesto sus pecados de injusticia, codicia, inmoralidad e idolatría, diciéndoles que recibirían igual castigo que el resto de naciones. Todo esto iba a suceder a pesar de los largos años de paciencia y misericordia de Jehová, que había tenido para con ellos. Por lo tanto, su castigo era seguro.

2. Tres mensajes sobre el pecado de Israel y su castigo (caps. 3 - 6).

a. Primer mensaje (cap. 3).

- Se pronuncia el castigo (3:1-2).
- El castigo vendría de parte de Jehová (3:3-6).
- La parte del profeta (3:7-8).
- Las causas del castigo (3:9-10).

- El alcance del castigo (3:11-15).

b. Segundo mensaje (cap. 4). Algunos consideran que los versículos 1 al 3 del capítulo 4 se refieren a las mujeres. Pero, puede ser que todo el pueblo haya sido comparado con las vacas de Basán que eran indómitas, ya que siempre querían meterse en los sembrados. Dios declaró al pueblo que Él había traído sobre ellos varias pruebas (hambre, sequía, tizón y añublo, peste, etc.) a fin de que se volvieran a Él. Pero, como no prestaron atención, él pronunció su sentencia en el versículo 12: "Prepárate para venir al encuentro de tu Dios, oh Israel".

c. Tercer mensaje (caps. 5 y 6). Los primeros quince versículos del capítulo 5 son una exhortación al pueblo a que busque a Jehová. Pero en todo el capítulo vemos los resultados que trajeron la indiferencia y la obstinación. Los versículos principales son el 15, 18 y 19.

El capítulo 6:1-6 describe la condición en que se encontraba la alta sociedad de Israel. Salomón hizo su trono de marfil y aquello fue considerado suntuoso, pero aquí se habla de camas de marfil, lo cual era gran lujo pecaminoso. Los versículos 7 al 14 dan más detalles acerca del castigo venidero. El versículo 1 del capítulo 6 es un texto bastante fuerte y que se aplica a todos los que viven entregados a placeres sin tomar en cuenta la responsabilidad que tienen ante Dios. El versículo 10 del capítulo 6 describe la condición miserable en la que iba a estar Israel al llegar el tiempo del sitio y la derrota por parte de Asiria.

C. Cinco visiones del juicio para Israel, 7:1 al 9:10

Primera visión. Habla de la peste terrible de las langostas (7:1-3). La "siega del rey" era la cosecha de los primeros frutos que se realizaba antes de la cosecha plena. El rey demandaba esta parte como impuesto real. El versículo 3 indica que el castigo ha sido limitado debido a la intercesión del profeta.

Segunda visión. Habla del fuego (7:4-6). Nuevamente la oración posterga la ruina completa.

Tercera visión. La plomada (7:7-9). Se refiere a que Dios tiene una medida de rectitud y justicia que el hombre no puede desatender sin ser destruído. De igual manera, es una gran responsabilidad tener la Biblia en nuestras manos, porque ella nos muestra cuán lejos y deformada está nuestra vida en relación con la medida de la santidad de Dios.

Interludio histórico (7:10-17).

Cuarta visión. Del canasto de la fruta de verano (8:1-14). Esto simbolizaba que estaba cerca el fin de la nación, así como en el verano la cosecha llega a ser escasa y miserable. Los versículos 11 y 12 hablan del hambre que tendrían de la Palabra de Jehová que tanto despreciaron antes (vv. 4-6).

Quinta visión. Amós tuvo una visión de Jehová el Señor junto al altar (9:1-10). Esta es una solemne declaración del Juez Supremo acerca de la destrucción de Su pueblo. Con esto se disipó para siempre la idea falsa de que, por ser el pueblo escogido de Dios, nunca vendría mal sobre ellos.

D. Profecía acerca de la restauración de Israel, 9:11-15

Aquí encontramos promesas de victoria y dominio sobre los enemigos, de prosperidad agrícola y económica junto con la posesión permanente de su tierra. De esta manera Amós, como el segundo de los profetas que escribió, añadió su revelación a la de los demás profetas, señalando que Jehová no había de rechazar para siempre a la simiente de Abraham. Él la ha de recoger en su tierra otra vez y la ha de hacer cabeza y no cola de las naciones.

REPASO DE LA LECCIÓN

1. Escriba un comentario sobre Joel 2:28-32.
2. ¿Cuál cree usted que es el significado de la frase: "El día de Jehová", que Joel menciona cinco veces?
3. Haga una lista de los pecados de Israel según el libro de Amós.
4. ¿Qué respuesta se puede dar a las preguntas de Amós en 3:3-6?
5. ¿Qué ilustraciones usó Amós tomadas de su vida como pastor?
6. Nombre las cinco visiones que tuvo Amós.
7. ¿Por qué cree usted que la profecía en Amós 9:11-15 está todavía por cumplirse?

Lección 18

Los libros de Abdías y de Jonás

Bosquejo

Abdías profetizó acerca de la humillación de Edom (Idumea) por la actitud que tuvo hacia Judá, y pronosticó la victoria final del pueblo de Dios. Las ruinas de Petra (Sela) todavía permanecen como monumentos que fueron testigos del cumplimiento de dicha profecía.

A. Humillación de Edom, versículos 1 al 9

B. Las causas de dicha humillación, versículos 10 al 16

C. Promesas de la victoria final de Judá, versículos 17 al 21

Lección 18

Los libros de Abdías y de Jonás

Libro de Abdías

El Señor Jesucristo es Jehová el Señor mencionado en el primer versículo del libro, y es Aquel Rey de cuyo reino se habla en el último versículo. El nombre Abdías significa: "Siervo o adoradores de Jehová". De esta manera Abdías prefigura a Jesucristo como el Siervo perfecto del Padre. Su libro nos hace pensar en las enseñanzas que el divino Maestro dio en Mateo 23 y otros pasajes. También nos recuerda el Salmo 137 y los demás Salmos imprecatorios.

Autor

El nombre Abdías era común entre los judíos y los árabes (1 Cr. 3:21; 27:19; 2 Cr. 17:7; 34:12). Es imposible probar que el autor de este libro sea el mismo o alguno de los que se mencionan en estos versículos. No sabemos nada más acerca de él. Pero ciertamente su libro lleva el sello de la inspiración, puesto que está de acuerdo con los demás libros de las Sagradas Escrituras, condenando al pecado y profetizando la futura gloria del pueblo de Dios. Estos fueron los dos requisitos para que los judíos lo hayan admitido en el canon.

Época

Por lo general se cree que Abdías escribió el libro un poco después de la caída de Jerusalén en el año 586 antes de Cristo. En él se describe la actitud tan hostil que tuvo Edom durante este evento, reflejado en el convenio que hizo con los enemigos de Judá (v. 11); por su regocijo cuando la destrucción vino sobre Judá (v. 12); por el arrebato que hizo del botín (v. 13); y, lo peor de todo, por la matanza o encarcelamiento de los fugitivos (v. 14). Esto cae naturalmente entre los dos grandes eventos: la destrucción de Jerusalén y la caída de Edom bajo Ciro de Persia cuando millares fueron destruídos. Pero hoy se han perdido su nombre e identidad, y sólo quedan las ruinas de Petra (Sela) como testimonio silencioso a su antigua grandeza.

Hay razones por las cuales algunos creen que el libro de Abdías fue escrito durante el reinado de Acaz, cuando los idumeos hicieron estragos en Judá. El rey Acaz empleó los tesoros del Templo para sobornar al rey de Nínive contra Damasco a fin de salvar el reino de Judá (2 R. 16:5-9; 2 Cr. 28:17). Esto marcaría la fecha de 740 a 730 años antes de Cristo, poniendo cronológicamente a este libro más cerca de los dos libros que lo anteceden. En todo caso, la fecha exacta no es de mucha importancia. La hostilidad entre Edom e Israel fue larga y su derrota final fue alcanzada por los judíos bajo los Macabeos.

Tema

Es el antisemitismo. El libro es un comentario o ilustración acerca de lo mencionado a Abraham en Génesis 12:3: "Bendeciré a los que te bendijeren, y a los que te maldijeren maldeciré". El versículo clave es posiblemente el 15: "Como tú hiciste se hará contigo". Véase también Mateo 7:2 y Gálatas 6:7. Este libro que trata del antisemitismo es un buen tratado para las naciones del mundo actual, a fin de que se den cuenta del peligro que corren al proceder de igual forma.

A. La humillación, vv. 1-9

Aquí encontramos una descripción muy vívida de la derrota de Idumea. La ciudad de Petra o Sela estaba ubicada en un valle que era como la hendidura de una gran peña, según dice el versículo 3. Los estudiantes que tengan un Diccionario Bíblico pueden fijarse en los dibujos bajo el nombre de "Sela", a fin de tener una idea más clara de esta descripción. No debe extrañarnos que sus habitantes hayan sido soberbios y con una gran autoconfianza, por saber que estaban dentro de una gran fortaleza. Sin embargo, el versículo 4 nos habla del fallo que Dios había decretado contra ella. Los versículos 5 y 6 describen dicha humillación: es decir, sería peor que una casa robada o saqueada, y peor que una viña vendimiada, porque aun sus tesoros escondidos serían rebuscados. El versículo 7 profetiza la traición de los aliados, es decir, de las naciones amigas de Edom. Aparentemente venían a defenderla, pero en realidad ayudarían a los enemigos a destruirla, de modo que no tuvieran escapatoria. Los versículos 8 y 9 nos aseguran que esto aconteció por disposición de Jehová, Quien frustró la sabiduría de los hombres por haberse independizado de Dios soberbiamente.

B. Las causas de dicha humillación, vv. 10-16

1. **La violencia hecha a su hermano Jacob (v. 10).**
2. **El acuerdo hecho con los enemigos para destruir a Judá (v. 11).**
3. **El gozarse por el desastre acaecido a su hermano (v. 12).**
4. **El saqueo de los bienes del pueblo de Dios (v. 13).**
5. **La entrega de los fugitivos de Judá a los enemigos (v. 14).**

Los versículos 15 y 16 hallan el fallo que dio Jehová, cuya longanimidad había llegado a su fin. "Como tú hiciste se hará contigo; tu recompensa volverá sobre tu cabeza".

C. Promesas de la victoria final de Judá, vv. 17-21

El versículo 17 es otra promesa acerca de la salvación del remanente judío. Allí también dice que en el día de su salvación este remanente será santo y que recuperará sus posesiones. Ciertamente la historia de los hebreos pone de manifiesto el hecho de que nunca entraron a poseer y a gozar de todo lo que Dios había designado para ellos. Esta verdad se puede usar como ilustración para todos los cristianos que no han entrado de lleno en toda la plenitud de la vida abundante que Jesucristo ofrece por medio del Espíritu Santo.

En aquel día de salvación Jehová peleará por Su pueblo y tornará su cautiverio en victoria sobre sus enemigos. Luego el Señor establecerá Su reino, teniendo como centro a Jerusalén, e Israel Le servirá.

Terminamos el estudio de este libro con la pregunta: ¿Por qué Dios se tomó el trabajo de dejar registrado en la Biblia una profecía contra Edom? Creemos que es otra prueba de que Jehová no se había olvidado del resto de las naciones y sólo estaba atendiendo a los hebreos. Edom sabía la verdad pero no quiso seguirla, por lo tanto, era responsable por su actitud hacc Dios y hacia Su pueblo. Edom iba a ser destruído pues había perdido su derecho de existir como nación.

Libro de Jonás

El Señor Jesucristo puso Su sello de aceptación sobre el libro de Jonás como historia real cuando dijo: "Porque como estuvo Jonás en el vientre del gran pez tres días y tres noches, así estará el Hijo del hombre en el corazón de la tierra tres días y tres noches" (Mt. 12:40). Por cierto, no debemos ver estrictamente esta analogía entre el Señor Jesús y Jonás, ya que el Salvador fue un Profeta divino y perfectamente obediente, mientras que Jonás al principio no obedeció. Vemos que Cristo se ofreció gustosamente para morir y salvar así al hombre, mientras que Jonás tuvo que ser enviado dos veces y a más de esto, cumplió su cometido de mala gana. Además, Jesucristo sí amó a todos los hombres, mientras que a Jonás no le importó si milllares morían en Nínive.

Autor

Fue Jonás, hijo de Amitai, de Gat-hefet de la tribu de Zabulón (2 R. 14:25; Jon. 1:1). Esto es aceptado por todos y la tradición judía universal sostiene lo mismo. El nombre Jonás quiere decir "paloma". Este profeta, cual la paloma de Noé (Gn. 8:8-9), que no encontró descanso en las aguas sino que tuvo que volver al arca, nos habla de que él tampoco encontró descanso en el fondo del mar, sino que tuvo que volver a la tierra.

Muchos críticos modernos se esfuerzan por desacreditar este libro, ya que si pueden desacreditarlo, habrían echado por tierra la deidad de Jesucristo Quien se refirió a Jonás y a su experiencia dentro del vientre del gran pez, como una analogía de Su propia muerte, sepultura y resurrección. De todas formas, para el creyente, es suficiente el testimonio del Señor Jesús. El Señor se refirió a Jonás como a un profeta (Mt. 12:39), y dijo que su ministerio había sido una señal para los de Nínive, quienes finalmente se arrepintieron por su predicación (Lc. 11:30-32). Por otro lado, el libro de Jonás relata una historia verídica que no tiene necesidad de disculparse por narrar detalles fuera de lo común, a la vez que es una historia que muestra muchas enseñanzas figurativas.

Época

Se considera que Jonás escribió el libro por el año 824 antes de Cristo, sin embargo, es imposible precisar la fecha exacta. En 2 Reyes 14:25 se relata el cumplimiento de una profecía hecha por Jonás, hijo de Amitai, acerca del rey de Israel, Jeroboam II, lo cual prueba que Jonás vivió antes de aquella fecha. Pensamos entonces que Jonás habría conocido a Eliseo, aquel profeta de Israel.

Políticamente, la nación de Asiria, cuya capital era Nínive, estaba llegando a ejercer mucha influencia en el mundo, y sostenía relaciones amistosas con Israel por lo general.

Sin embargo, los judíos temían que los asirios, quienes eran notables por su crueldad, pudieran convertirse en sus enemigos y oprimirles en cualquier momento. Este hecho, junto con el odio natural que existía en el corazón de todo judío hacia los extranjeros, podría explicar por qué Jonás consideraba la comisión de ir a Nínive como detestable.

Así que, el profeta no quería asociarse con ellos ni mucho menos verles arrepentidos a fin de que recibiesen el perdón de Dios. Hubiese deseado más bien ver la destrucción de Nínive como pasó con Sodoma. Pero sobre todo esto el pecado principal de Jonás fue su crítica hacia Dios y su falta de disposición para que su carácter se amolde a los atributos de Él. Jehová era clemente y compasivo, lento para la ira y grande en misericordia, mientras Jonás era todo lo contrario, es decir implacable, cruel, iracundo y sin misericordia. En si, se reveló contra el mandamiento de Dios porque su corazón no estaba de acuerdo con el corazón de Él.

Sinopsis

A. El mensajero rebelde, capítulo 1
B. El mensajero humillado, capítulo 2
C. El mensajero obediente, capítulo 3
D. El mensajero formado, capítulo 4

Jonás fue enviado a Nínive para predicar juicio contra ella. Él huyó, rumbo a Tarsis, pero Dios se le interpuso y preparó un pez para que le trague. En el vientre del pez, Jonás hizo voto de obedecer a Dios y fue luego arrojado a tierra. Posteriormente se dirigió a Nínive y la ciudad escuchó la predicación y se arrepintió de sus malos caminos, razón por la que Jehová perdonó a la ciudad. El profeta se enojó por aquello y el Señor le hizo ver lo insensato y egoísta de su proceder.

La historia de Jonás es como la historia de la nación de Israel, en el sentido de que ésta ha sido rebelde a la comisión que Dios le dio de llevar el mensaje de salvación al mundo, razón por la cual hasta ahora ha sido tragada por el mar de las naciones, hasta aquel día en que será completamente restaurada. Todo lo que sucedió con Jonás fue una historia verídica tal como lo atestiguó el Señor Jesucristo en Mateo 12:39-41.

A. El mensajero rebelde, Capítulo 1

1. Introducción (1:1; 2 R. 14:25; Mt. 12:39-40; Lc. 11:29-32).

2. La comisión del profeta (1:2). La ciudad de Nínive quedaba a unos 800 Km. al este.

3. La desobediencia del profeta (1:3-16). Tarsis, que posiblemente quedaba en la costa de España, estaría a 1.600 Km. al oeste.

En el versículo 3 se puede ver la facilidad que tenía Jonás para desobedecer a Dios. Encontró inmediatamente un barco que zarpaba para Tarsis y pagó su pasaje. Pero, ¡qué osado!, sabiendo que es inútil tratar de huir de Jehová y de sus designios.

Para poder entender el proceder y la actitud de aquellos marineros paganos, es necesario recordar que en aquellos días cada nación tenía su propio dios, el cual según su concepto gobernaba el país. Si viajaban a otra parte, naturalmente pensaban que tendrían que adorar al dios de aquel país adonde iban. En aquel entonces las grandes naciones tenían muchos dioses: uno para los valles, otro para las montañas, otro para los mares, otro para los cielos, etc. Sólo los judíos adoraban a un Dios Onmipotente, que era Jehová el Creador, Dios del cielo y de toda la tierra, y es más, Él era llamado el Dios de los dioses.

Cuando Jonás fue despertado de su sueño de falsa seguridad y dijo a los marineros que el era judío y que adoraba a Jehová, Dios de los cielos y de la tierra, inmediatamente comprendieron que Jonás era la causa de sus dificultades. Este pasajero era el único, entre todos los que estaban a bordo, que tenía un Dios poderoso capaz de controlar el mar, o el único que podía causar una tempestad o calmarla.

Jonás demostró tener valentía cuando accedió a que le arrojaran al mar. No es que no quiso ir a Nínive porque temía a los asirios, sino porque tenía una idea equivocada de lo que es patriotismo. En este sentido, fue un símbolo representativo de su nación hebrea. Ellos habían sido comisionados para dar testimonio al mundo entero de la existencia de un sólo Dios verdadero, misericordioso y santo, pero al rehusar cumplir con esta comisión, fueron tragados por el mar de las naciones. Sin embargo, en el tiempo señalado, Dios habrá de reunirles y volverá a enviarles a todo el mundo con su mensaje.

Vemos que en este primer capítulo hay muchas lecciones espirituales, pues podemos ver el cuidado de Jehová para con el profeta errante; Su fidelidad al hacer ver a Jonás su pecado y que este pueda ser rectificado; el respeto de los marineros paganos para con un siervo de Judá; etc.

El versículo 17 ha sido causa de mucha controversia, pues algunos críticos dicen que una ballena no puede tragar a un hombre, ya que tiene una garganta demasiado pequeña y por lo tanto la historia de Jonás es falsa y alegórica. Hasta se ha llegado a publicar la teoría de que hubo una nave con el nombre de "Gran Pez", la cual rescató a Jonás del mar. Todo esto es absurdo, por cierto, porque tal barco hubiera tenido la misma experiencia que el primero llevando a Jonás a bordo. Asimismo, tampoco tendría significado la oración que hizo Jonás en el capítulo 2.

Ciertamente el hombre no puede crear un pez ni chico ni grande, pero el Creador sí puede; y aun más, puede hacerlo tragar a un hombre. En abril de

1928 fue publicado en los periódicos el caso del Sr. James Bartley, quien fue tragado por una ballena cerca de las islas Falkland, cuando el barco ballenero "Star of the East" estaba atacándole. Dos semanas después, cuando el animal fue capturado y descuartizado, se halló al marinero vivo, pero loco. En el caso de Jonás, el milagro no fue tanto el aspecto físico de que el pez le hubiese tragado, sino el hecho de que Dios condujera al pez al lugar debido, a fin de poder salvar así la vida del profeta en el momento que fue arrojado al mar embravecido. La cuestión de que si fue una ballena o un gran pez especialmente creado para el propósito, no es de mucha importancia. Nadie sabe el tamaño de Jonás, ni se sabe realmente cuánto puede tragar una ballena si hiciera un esfuerzo extraordinario. El hecho es que Dios no es glorificado por tales especulaciones. Jesucristo dice que Jonás estuvo en el vientre del pez y eso es suficiente para el cristiano. En vez de fijarnos en el tipo de pez, debemos mirar al Señor que usó Su creación para salvar la vida de un hombre, a la vez que le llevó al arrepentimiento y a la obediencia a Él.

"Jonás estuvo en el vientre del pez tres días y tres noches". Algunos creen que entonces Jonás murió y que luego Dios le devolvió el espíritu y revivió. La Biblia no dice nada al respecto. ¿Por qué tres días en lugar de uno o dos? ¿Habrá sido sólo para comparar mejor la muerte y resurrección del Señor Jesús más tarde? (Mt. 12:40). Si hubiera sido sólo para eso estaría bien, pero parece que Dios tuvo también otras razones. Lo más probable era que Jonás mismo necesitó ese lapso de tiempo para recapacitar en su corazón y estar así preparado para retomar su libertad. Su oración no parece ser el producto de un espíritu espantado por el terror al encontrarse en el vientre de un pez, puesto que ya había pasado el susto natural cuando le presentó a Dios esta oración. También Jehová iba a ser glorificado porque los habitantes de Nínive notarían el efecto de los tres días en el vientre del pez sobre el rostro del profeta, ya que lo más probable es que fue con la cara quemada y oscurecida por la acción de los ácidos digestivos del pez. No sabemos con certeza estas cosas, pero sabemos que Dios habrá usado todos estos hechos para llevar a los asirios al arrepentimiento, y así ser glorificado.

B. El mensajero humillado, capítulo 2

La Escritura dice: "Entonces oró Jonás a Jehová su Dios". Parece que hasta entonces no había orado antes de huir, ni siquiera en Jope, ni en la nave. Ahora en una condición de angustia y humillación, y a pesar de haber desobedecido, presenta su oración a Jehová Quien es su Dios. En ella decía que estaba en lo más profundo del infierno; que todas las olas están sobre él. En medio de su aflicción clamó a Aquel que Le había desechado de delante de Su presencia, con la confianza de que sería oído. Hizo votos a Jehová y se ofreció en sacrificio, reconociendo que la salvación pertenece a Jehová. Fue en ese momento que Dios mandó al pez y éste le echó en tierra seca.

C. El mensajero obediente, capítulo 3

En los versículos 1 y 2 vemos que Jonás vuelve a ser comisionado, y en el versículo 3 obedece a Dios y llega a Nínive.

El resto del capítulo relata el resultado que tuvo su predicación. Habiendo sido castigado, y habiendo aprendido lo insensato de la desobediencia, finalmente Jonás fue y predicó lo que Jehová Le había encomendado. El corazón de Jonás no era recto y sus motivos para predicar eran incorrectos. Sin embargo, predicó lo que Dios mandó que dijera y hubo éxito. De esa manera Dios fue glorificado y se alegró porque pudo perdonar a la gran ciudad. En el caso de Sodoma, éste rechazó a los dos mensajeros celestiales y fue destruida (Gn. 19) pero Nínive recibió al mensajero humano y fue prontamente perdonada.

Si alguien duda de la sinceridad del arrepentimiento del rey de Nínive, debe recordar que Dios la aceptó sin ningún reparo. ¿Acaso sabemos nosotros más acerca de los pensamientos íntimos del corazón humano que el Dios Omnisciente, o somos más justos que Él? Por otro lado, sabemos que por dos generaciones Israel no tuvo que temer a los asirios. Fue un siglo más tarde que Asiria saqueó a Samaria y Nahum profetizó acerca de su destrucción irrevocable. Los hombres de Nínive clamaron a Elohim, el Todopoderoso, puesto que no Le conocían como Jehová, y por su sinceridad, fueron aceptados por Dios.

D. El mensajero formado, capítulo 4

Este capítulo es la parte más triste de todo el libro. El versículo 2 puede servir como el versículo clave del libro y allí aprendemos varias lecciones espirituales que serán de gran utilidad para todo obrero del Señor. Podemos darnos cuenta del estado degenerado del corazón de Jonás, pues estimó su propia reputación más que los millares de vidas. Es importante pues, ver que un siervo de Dios puede ser disciplinado, librado a través de un gran milagro, tener experiencias únicas con lo sobrenatural, puede obedecer cuando antes no lo hizo, puede predicar y tener un éxito extraordinario, y a pesar de todo, no tener un corazón recto para con Dios. En si, se ve que lo que hizo no fue motivado por amor (cp. 1 Co. 13:1-2). No tuvo el amor de Jehová para con las almas perdidas y más bien criticó al Señor por Su bondad y misericordia. Se creyó más sabio que su Hacedor y encima de eso deseó la muerte aun sin importar lo que Dios en su designio había decidido.

Por otro lado vemos la paciencia con que Dios le corrigió. Preparó una mata de enredadera, una calabaza, la cual proveyó sombra para el bienestar del profeta, quien se alegró mucho por ello. Pero luego el Señor envió un gusano y un viento abrazador para que secara la calabacera, razón por la que

Jonás se enojó mucho. Luego Jehová le habló y le hizo ver que si por una calabacera él podía tener tanto sentimiento, ¿No debía Dios en Su misericordia preservar a los habitantes de Nínive?

Nos preguntamos, ¿aprendió Jonás la lección? Hemos de suponer que sí, pues no tuvo una sola palabra que decir para justificarse.

Para terminar con la consideración de este interesante libro, me permito recordar a los estudiantes que no debemos reducir el mensaje del libro a una discusión superficial sobre cuál fue el tipo de pez que tragó a Jonás, sino a considerar la grandeza del amor de Dios para con los perdidos, Su paciencia y sabiduría para tratar con su siervo. Tanto las promesas como las sentencias de Jehová están sujetas al tipo de relación que tengamos con Él. El arrepentimiento que mostraron los hombres de Nínive, Asiria, cambió la relación que ellos habían tenido con Dios, de modo que pudieron experimentar su perdón.

Repaso de la lección

1. ¿Que ilustraciones o figuras usó Abdías para describir la humillación y destrucción de Edom?
2. ¿Cuáles fueron las razones que dio el profeta para que Edom haya tenido que ser castigada?
3. ¿Cuál es el mensaje del libro de Abdías, y que lección se puede aprender de él?
4. ¿Cuál es el mensaje principal del libro de Jonás?
5. ¿Por qué huyó Jonás hacia el mar en vez de ir a Nínive?
6. Indique aquello que debió haberles causado impresión a los habitantes de Nínive, para que ellos se hayan arrepentido por la predicación de un judío.
7. ¿Qué lección espiritual ha aprendido Ud. del libro de Jonás?

Lección 19

Los libros de Miqueas y de Nahum

Bosquejo

A. El primer mensaje, capítulos 1 y 2
Predice la caída de Samaria y el avance del ejército asirio hacia Jerusalén, explicando que es un castigo de Dios por los pecados de Israel.

B. El segundo discurso, capítulos 3 a 5
Se habla a los jueces y magistrados, reconviniéndoles por sus pecados. El versículo 3:12 es la profecía acerca de la destrucción de Jerusalén. En el capítulo 4 hay profecías acerca del reino futuro de Jesucristo; y, en el capítulo 5, se ve que todo lo bueno viene por medio del Juez herido.

C. El tercer discurso, capítulos 6 y 7
Contienen el último discurso donde hay un llamamiento al pueblo de parte de Dios a que entre en pleito con Él. Dios expone Sus demandas. En el último capítulo, el profeta expresa la confesión y confianza del pueblo.

Miqueas es conocido más por su profecía (5:2) acerca del lugar de nacimiento del Mesías, que por lo que ha escrito en el resto de su libro. Sin embargo, predijo varios acontecimientos acerca del reino milenario del Señor. Fue contemporáneo de Isaías y predicó entre los años 758 y 695 antes de Cristo.

Lección 19

Los libros de Miqueas y de Nahum

Libro de Miqueas

Miqueas profetizó admirablemente acerca del Señor Jesucristo, pues en 5:2 vemos que predijo Su nacimiento en Belén Efrata, declarando a la vez Su eterna deidad. Así dijo de Aquel que saldría de Belén: "Sus salidas son desde el principio, desde los días de la eternidad". Miqueas también fue considerado y llamado líder en Israel. Cuando los magos preguntaron a Herodes, ¿dónde está el Rey de los judíos que ha nacido?, él pidió a los ancianos de Israel que le informaran al respecto, y respondieron en seguida diciendo que el Mesías habría de nacer en Belén de Judea, porque así fue escrito por el profeta Miqueas, citando el versículo 5:2 de su profecía. También fueron profetizadas muchas cosas acerca del reino futuro del Señor Jesús, especialmente en el capítulo 4. Todas estas glorias del reino milenario se referían al Mesías que vino de Dios al mundo para efectuar nuestra salvación.

Autor

Miqueas fue natural de Moreset, un pueblo localizado a 32 kilómetros al suroeste de Jerusalén, y que estaba en territorio filisteo. Como no se dice nada de su parentela, es probable que haya sido de ascendencia humilde, y aunque fue campesino, vino a Jerusalén para ser profeta (1:9; 3:8-10, y otros).

El nombre de Miqueas significa: ¿Quién es semejante a Jehová? (Ex. 15:11), y hay otros hombres que llevan este mismo nombre en las Escrituras (1 R. 22:8-28; 2 Cr. 17:7-9; Jer. 36:11-14), pero no tuvieron ningún parentesco con éste, según lo revelado.

Miqueas escribió con un estilo claro y convincente. Aun cien años más tarde (Jer. 26:17-19) se cita a Miqueas como un profeta o predicador que habló clara y fielmente la Palabra de Dios. Siempre tuvo una convicción fuerte de su llamado, dándole la gloria a Dios por todo (3:8). Fue contemporáneo de Isaías y se cree que mientras Isaías predicaba a los cortesanos y gente de nobleza, Miqueas predicaba al pueblo común. Sus ilustraciones son tomadas más bien de la vida del campo (3:12; 6:15; 7:1). Tuvo un concepto muy alto de la justicia de Jehová (6:8), pero supo también que Dios se complace en perdonar (7:18) y, por lo tanto, vemos solemnes sentencias y denuncias junto con las promesas de bendición en cuanto al futuro.

Época

Su vida y ministerio transcurrieron entre los 758 y 695 antes de Cristo (1:1). Fue contemporáneo de Isaías en Jerusalén y de Oseas en Samaria. Predicó durante los reinados de Jotám, Acaz y Ezequías, de los cuales fueron buenos el primero y el último, y Acaz muy malo. Según vemos en Jeremías 26:18 parece ser que Miqueas fue respetado por el rey y que probablemente influyó mucho en las reformas religiosas que hizo Ezequías.

El libro de Miqueas encierra una temática doble: una en cuanto a la condenación temporal y la otra referente a la bendición duradera. Esto lo vemos si tomamos como texto clave los versículos 3:12 y 4:1: "Por tanto, a causa de vosotros Sion será arada como un campo, y Jerusalén vendrá a ser montones de ruinas, y el monte de la casa, como cumbres de bosque. Acontecerá en los postreros tiempos que el monte de la casa de Jehová será establecido por cabecera de los montes, y más alto que los collados, y correrán a él los pueblos".

El Dr. R. Lee divide el libro de la siguiente manera:

Denuncia, capítulos 1 al 3;

Consolación, capítulos 4 al 7.

Se puede subdividir de la siguiente manera:

En cuanto a testificar, caps. 1 al 3. Clave: 1:2.
En cuanto a consolar, caps. 4 a 5. Clave: 4:4.
En cuanto a suplicar, cap. 6. Clave: 6:2-3;
En cuanto a perdonar, cap. 7. Clave: 7:18.

El Dr. G. C. Morgan por otro lado, habla de autoridades falsas y verdades, y las divide así:

A. En cuanto a las naciones: Sobre el pueblo escogido, capítulos 1 y 2.
B. En cuanto a los gobernantes: Sobre Él que ha de venir, capítulos 3 al 5.
C. En cuanto al pueblo escogido: Sobre la controversia, capítulos 6 y 7.

El primer versículo sirve de introducción indicando el nombre del autor y la época en que profetizó.

El resto del libro consta de tres distintos discursos, y cada uno empieza con la palabra "Escuchad" u "Oíd". Por esta razón el libro se ha llamado "sinopsis de Isaías".

A. Primer mensaje, capítulos 1 y 2

1. Introducción (1:1).

2. La destrucción de Samaria, que fue anunciada por Jehová (1:2-7).

a. El Señor sale para juzgar (1:3-4).
b. El pecado del pueblo (1:5).
c. La ruina de Samaria y la destrucción de sus ídolos (1:6-7).

3. Lamentación del profeta al ver que la calamidad llega hasta las puertas de Jerusalén (1:8-16).

a. La lamentación en sí (1:8).
b. Las razones (1:9). El avance de Senaquerib hasta Jerusalén, según 2 Reyes, capítulos 18 y 19.
c. El pánico del pueblo a medida que el enemigo avanza (1:10-16).

En este pasaje encontramos varios juegos de palabras. Según la versión que se use, encontramos que Gat quiere decir "prensa de vino", donde los campesinos se congregaban para trabajar. Este fue una de las ciudades principales de los filisteos, los enemigos antiguos de Israel y hogar de Goliat, el gigante a quien David mató. "No lo digáis en Gat" quiere decir más o menos: "No anunciés la derrota de Judá en el lugar donde anteriormente venció". Bet-le-afra quiere decir: "Pueblo de polvo"; Safir significa "hermosura"; Zaanán es "salida" o "marcha", etc. Lo que se refleja en el libro es que a causa del pecado, Judá sufrirá cuando los asirios tomen las ciudades del campo y lleguen hasta las puertas de Jerusalén (2 R. 18 y 19), y se hallará llanto en vez de gozo, polvo para la humillación, desnudez por hermosura, estrechez en lugar de libertad, desconfianza en lugar de seguridad, amargura por esperanza, y el caballo servirá para la fuga en vez de para la carrera. Aun su propio pueblo de Moreset-Gat (posesión de Gat) ya no será su posesión. Aczib (engaño) será un engaño a los reyes de Israel.

4. Los pecados de Israel y su castigo (2:1-11).

a. Los pecados (2:1-2):

- Iniquidad premeditada (2:1),
- Codicia (2:2),
- Opresión (2:2).

b. El castigo (2:3-5):

- La humillación (2:3).
- El saqueo (2:4-5).

c. La triste condición del pueblo (2:6-11).

El pueblo buscaba a los falsos profetas haciéndose así enemigos de Jehová, maltratando a las mujeres y a los niños. Por lo tanto, vivieron en vergüenza y fueron condenados a una espantosa devastación.

5. Promesa en cuanto a ser restaurados y recogidos (2:12-13). Jehová su Rey los ha de recoger como a ovejas y los ha de pastorear.

B. Segundo mensaje, capítulos 3 a 5

1. Mensaje a los magistrados (3:1-4). Los magistrados gobernaban a través de la opresión y no con justicia.

2. Mensaje a los falsos profetas (3:5-8). Estos profetas practicaban la mentira, la avaricia. Por lo tanto, fueron condenados a la obscuridad y a la vergüenza (vv. 6-7). En contraste con ellos, Miqueas estaba lleno del poder del Espíritu de Jehová y les hacía darse cuenta de sus pecados (v. 8).

3. Llamamiento a todos para escuchar la sentencia de Jehová (3:9-12). Los magistrados que eran corruptos y los falsos profetas, debían saber el fallo que Dios había decretado sobre ellos, a pesar de que no creían que el mal les alcanzaría. Jehová les dijo: "A causa de vosotros Sion será arada como campo, y Jerusalén vendrá a ser montones de ruinas".

4. La futura gloria de Israel (4:1-8).

- Será en los postreros días (4:1).
- El centro de la adoración será la casa de Jehová (4:3).

- La ley saldrá desde Jerusalén hacia todo el mundo (4:2-3).
- Habrá paz mundial (4:3).
- Habrá prosperidad material (4:4) y no será a través de ningún sistema político, incluyendo el comunismo, pues cada hombre será propietario.
- Jehová será conocido y obedecido (4:5).
- Habrá justicia y saneamiento de todo mal (4:6-7).
- Jehová reinará y usará a su pueblo como administrador.

5. La cautividad babilónica llegará a su fin y se tornará en victoria (4:9-13).

6. El Juez herido, cap. 5.

a. El pueblo de Dios sitiado y el Juez herido (5:1). Sin duda este capítulo presenta dificultades para su interpretación. Creo que todo, menos el versículo dos, hace referencia al futuro, esto es, a los días de la tribulación de Israel y la segunda venida de Jesucristo. En este primer versículo tenemos al pueblo de Dios en apuros, a causa de verse sitiado. En el versículo 5 dice que son los asirios los enemigos. También el rey del Norte ha de invadir a Israel en el futuro (Ez. 39:1-2 etc.). Luego vemos que es el mismo pueblo de Israel el que hiere en la mejilla al Juez (Jn. 1:11; Zac. 13:6); años más tarde sería herido en sus manos en la cruz.

b. El versículo 2 nos dice Quién es este Juez de Israel. Es el Señor Jesucristo quien nació en Belén Efrata de Judea (Mt. 2:4-11; Lc. 2:1-7). Pero su encarnación fue solo el principio. Su procedencia es desde tiempos antiguos, desde los días de la eternidad, la cual es una prueba indiscutible de Su deidad.

c. Lo que el Juez hará (5:3-15).

- Primero, entregará a Israel al cautiverio hasta el tiempo señalado, a fin de dar a luz al Prometido. Esto no se refiere al nacimiento virginal de Cristo, sino a la nación misma de Israel quien dará a luz (al remanente santo), según Jeremías 30:5-7 y otros pasajes.
- Al venir Jesucristo por segunda vez, ha de pastorear al rebaño de Jehová, librándoles de sus enemigos y haciéndoles que sean respetados por todo el mundo. Habrá paz y seguridad, y no habrá más idolatría.

C. El tercer mensaje, capítulos 6 y 7

1. Jehová llama a cuentas a Su pueblo (6:1-5). En forma de juicio entra en pleito con Israel, convocando a las montañas como testigos. Les recuerda Sus misericordias desde el éxodo de Egipto hasta este tiempo, y les pide que testifiquen contra Él.

2. La respuesta del pueblo (6:6-7). El pueblo se muestra dispuesta a ofrecer el sacrificio que Jehová mandare, incluso a sus propios hijos al igual que los paganos solían hacer; sin embargo, no se ve arrepentimiento ni confesión de pecado.

3. Lo que Jehová, el gran Juez, demanda (6:8-16). El versículo 8 es muy precioso pero no debe ser mal interpretado. Estas demandas incluyen también los sacrificios de sangre. La salvación no se puede comprar ni merecer, pues se recibe por pura gracia para luego andar en luz y en el poder de una nueva vida.

El resto del capítulo habla de las maneras en que el Señor juzga a Su pueblo.

4. La triste condición de Sion (7:1-6). Aquí es el profeta quien habla, pero en representación del remanente santo. Era hacia esta confesión lo que los profetan apuntaban a través de su predicación. En los versículos 7 al 10 se expresa la confianza de que Jehová oirá la humilde confesión. Luego, vemos delineado el regreso del pueblo esparcido y, aunque encuentran su tierra desolada, tendrán a Jehová como su Pastor. Él les perdonará y hará maravillas a favor de ellos, dándoles completa victoria.

No es extraño entonces, que exclamen: "¿Qué Dios como tú, que perdona la maldad y olvida el pecado del remanente de su heredad? No retuvo para siempre su enojo, porque se deleita en su misericordia". Los versículos 18-20 constituyen un final consolador, probando que Jehová jamás Se olvidará de Su pueblo. Él cumplirá con ellos todo lo que tiene pensado, una vez que el castigo haya obrado la confesión que se necesita para que haya perdón y bendición.

Libro de Nahum

Este libro nos enseña que el Señor Jesucristo es el que trae buenas nuevas y publica la paz (1:15). Este primer capítulo de Nahum nos hace pensar en el Salmo 2, donde se ve que los reyes de la tierra se amotinan contra Jehová y contra Su Ungido, pero son llamados a "Honrar al Hijo, para que no se enoje, y perezcáis en el camino". Cuando el Señor predicó en la sinagoga de Capernaum, usó como texto Isaías 61:1-2, y se detuvo en la mitad del versículo 2 diciendo: "Me ha enviado ... a predicar el año agradable del Señor". Buscando en Isaías encontramos que lo demás de la profecía dice: "Y el día de venganza del Dios nuestro ...", de tal manera que vemos que en Su primera venida Jesucristo vino, no para condenar, sino para salvar. Pero al venir por segunda vez, ha de llevar a cabo la segunda parte del versículo, es decir, ejecutará la venganza de Dios sobre los enemigos (Nah. 1:2; 2 Ts. 1:6-10).

Autor

Lo único que se sabe es lo que dice en la introducción de su mensaje. Su nombre Nahum quiere decir consolador, o consolación. Su mensaje de condenación a Nínive por parte de Dios, fue un consuelo para Israel. Nahum era natural de Elcos, un pueblo pequeño de Galilea. Es interesante notar que los dos profetas que eran de Galilea tuvieron un ministerio relacionado especialmente a Nínive. En cuanto al estilo literario de Nahum, el Sr. Milman comenta en su historia de los judíos: "Nahum describió la suerte de la vasta ciudad con figuras retóricas que la imaginación humana o el lenguaje humano jamás han podido superar.

Época

Generalmente se cree que Nahum profetizó durante el reinado de Ezequías (726 a 698 antes de Cristo), aunque no hay prueba de ello. Según la historia pagana No-Amón o Tebas fue capturada y destruida en el año 663 antes de Cristo, y Nahum (3:8-10) parece describir su caída como una historia muy conocida. Nínive cayó un poco antes que Jerusalén, tal vez en el año 607 antes de Cristo. Asiria fue seriamente amenazada por los medos en el año 625, pero no había caído en sus manos todavía. En todo caso, la visión de Nahum fue para que ellos, tanto como los judíos, supieran el fallo que Dios había decretado: que la gran ciudad inicua y cruel no iba a escapar del castigo. Esta profecía data de un siglo y medio después de la de Jonás. Aquella generación que se había arrepentido delante de Jehová ya había muerto. Varias generaciones pasaron, y se olvidaron del mensaje de Dios, y ahora la apostasía se había apoderado de los habitantes de Nínive. Se puede apreciar por el lenguaje de Rabsaces y de Senaquerib en 2 Reyes 18:25, 30, 35; 19:10-13 que ellos rechazaron y desafiaron a Jehová, Quien aceptó el reto (2 R. 19:22-23) y les castigó (2 R. 19:35-37). Sin embargo, la ciudad volvió a recuperarse y siguió con sus crueles invasiones.

Tema

Lo encontramos expresado en las primeras palabras del libro: "Profecía sobre Nínive". Junto con los versículos 7 al 9 dan el resumen de todo el libro. "Jehová es bueno ... El hará consumación". Vemos aquí no sólo un mensaje de consuelo para los judíos, sino una verdad dirigida a todo el mundo, es decir, que el apóstata incorregible sufrirá una destrucción completa de manos de Jehová.

Sinopsis

El libro de Nahum es un poema que habla acerca del Juez (1:1-7) y del juicio (1:8 al 3:19). Consideremos la sinopsis que nos da el Dr. Morgan:

A. Mensaje de consolación a Judá, capítulo 1.

B. La destrucción de Nínive en visión profética, capítulo 2.
C. Razones para el castigo de Nínive, capítulo 3.

A. Mensaje de consolación a Judá, capítulo 1

1. Introducción (1:1).

2. Dios, el Juez, y Su poder (1:2-7). Aquí vemos su carácter y Sus caminos. Es verdad que Jehová es poderoso y bueno, y prefiere usar Su poder a favor del bien; desea socorrer a los afligidos. También es omnisciente y conoce a los que confían en Él. Además, Él es lento para la ira y como es Todopoderoso, no tiene razón para temer nada, sabiendo que puede crear o destruir en un momento según Su voluntad. Sin embargo, su paciencia tiene un límite. La Escritura dice: "No contenderá ... con el hombre para siempre". Cuando un pueblo o nación llega a tal medida de pecado que su carácter se corrompe por la maldad, y su espíritu se ha apegado a los ídolos a pesar de haber conocido una vez a Dios, dicho pueblo llega a ser incorregible y constituye una llaga infecciosa para las demás naciones. Por esto, a su debido tiempo, Jehová Dios ejecutará juicio contra él. "Jehová es Dios celoso y vengador ... se venga de sus adversarios, y guarda enojo para sus enemigos".

3. La sentencia del Juez contra Nínive (1:8-14). Jehová decreta la completa destrucción de la ciudad enemiga, y promete que no se levantará otra vez para afligir, sino que será devorada como un pan remojado en la sopa.

El consejero inicuo del cual se habla en el versículo 11 puede referirse a Senaquerib (2 R. 19:10-13, 22), o a Asurbanipal, rey de Asiria entre los años 667 y 626 antes de Cristo. Este último fue el rey más cruel e implacable que conquistó a los caldeos y a los elamitas. El versículo 14 expresa el fallo oficial del Juez Supremo del universo, ordenando la muerte y sepultura de Nínive.

4. Mensaje de consuelo para Judá, en el que se le da buenas nuevas de paz, puesto que Nínive nunca más le oprimirá. Por tanto, Judá puede cumplir tranquilamente con sus deberes para con Dios, guardando las fiestas solemnes (1:15).

B. Destrucción de Níneve en visión profética, capítulo 2

Nínive estaba situada en la ribera del río Tigris, entre Kalchu y la ciudad de Sargón. La ciudad descansaba a lo largo del Tigris y era atravesada por un río más pequeño, llamado Choser. Su perímetro era de 12 kilómetros que encerraba el mayor espacio fortificado que existía en el Asia Occidental, y con capacidad para unos 300.000 habitantes. Todavía están en pie las ruinas del muro occidental que miden de 3 a 6 metros de alto, y las demás miden desde 8 a 18 metros sobre la superficie, y de vez en cuando se pueden ver las ruinas más altas de alguna torre. Alrededor de todos los muros menos del occidental, corría un foso de 46 metros de ancho, a 18 metros de distancia del muro. El río Choser suplía el agua para los fosos al sur, mientras que para los del norte había canales desde el Tigris, manejados con represas y llaves. Por fuera del foso, el muro del este estaba protegido por una línea doble de muros o fortificaciones casi tan altos como el gran muro de la ciudad. Luego, más afuera había otra línea de fortificaciones que protegían la puerta, y al sur una línea doble de muros o fortificaciones casi tan altos como el gran muro de la ciudad. Y alrededor de todo esto, había otra línea de fortificaciones con dos muros, uno bajo interior, y el exterior de 15 metros de altura, separados por un foso de 46 metros de ancho. Según Diodoro Sículo, las murallas principales eran colosales, y alcanzaban una altura de más de 30 metros, y eran tan anchas en su cima que por ella podían transitar 3 carros de frente. Habían 1.500 torres que desafiaban a todos los enemigos.

Cuando los medos atacaron, en vez de venir por el sur, como era de esperarse ya que ahí había una llanura, se acercaron desde el norte y el este. Por allí estarían al nivel del punto más alto de la ciudad y controlarían los acueductos hacia los fosos. Nahum describió la batalla, y parece que todo el conflicto tuvo lugar en estos sitios por fuera, es decir en las "plazas o caminos anchos" como dice en el hebreo: "los varones de su ejército, vestidos de rojo, los carros que centellan y vuelan, los caballos que corren" (2:3-4; 3:2-3). Una vez vencidos en las partes de afuera, los asirios se habían retirado de los muros grandes, y los acueductos habían caído en manos de los medos, los cuales habían quitado el agua de los fosos. En la actualidad, hay un lugar en que el foso está lleno de maleza frente a una brecha que fue abierta en el muro del norte.

Diodoro Sículo describe el fin del sitio con estas palabras: "Había una leyenda antigua de que Nínive no podría ser tomada hasta que el río mismo llegara a ser el enemigo de la ciudad. Y así fue en el tercer año del sitio, cuando el río había crecido por las continuas lluvias, que se desbordó y corrió por todas partes de la ciudad, destruyendo 4 kilómetros del muro. Entonces el rey, creyendo que dicha leyenda se había cumplido, puesto que el río se había convertido en el enemigo de la ciudad, hizo una gran pira en el palacio, y juntó todo su tesoro, con sus concubinas y eunucos, y quemó al palacio y a su gente y a sí mismo. De esta manera, el enemigo entró por la brecha que había hecho el agua y tomó la ciudad".

La historia dice que los cortesanos y todo el pueblo de Nínive estaban borrachos celebrando una gran fiesta, cuando de repente oyeron la caída del muro y corrieron a verlo. Pero ya era demasiado tarde, pues los babilonios estaban entrando triunfantes. Los soldados echaron fuera a los ejércitos ebrios quienes fueron fácilmente destruidos por los invasores (3:11-14), como una higuera echa abajo los higos maduros a la boca del que los sacude (3:12). La gloria de Nínive desapareció como la hoja verde comida por la langosta (3:16). Los mismos príncipes de Nínive fueron como las langostas que pasan la noche en un campo, pero al calentar el sol por la mañana, vuelan a quién sabe dónde (3:17).

Así que, al leer la visión que Dios había dado al profeta, y comparar la historia de la captura de Nínive, ¿quién puede dudar de su inspiración? Es maravilloso ver cómo todo fue cumplido.

C. Razones para el castigo de Nínive, capítulo 3

1. El pecado de Nínive (v. 1) y el castigo resultante (vv. 2-3).

2. La fornicación de la hechicería (v. 4) y el castigo resultante (vv. 5-7).

3. La justicia de Dios demanda venganza contra Nínive. Jehová como el Dios Soberano vio que Egipto, Etiopía, Fut y Libia habían sido castigados severamente, y Asiria por supuesto no era mejor que ellos. Por esta razón el Juez hizo que llegase la hora de castigar a Nínive, pues sólo su completa destrucción podía hacer que el mal fuera quitado. Tan cruel y opresora fue la ciudad que todos se alegraron de oír las noticias de su caída.

Repaso de la lección

1. El estudiante aprenderá de memoria: Miqueas 5:2; 6:8; 7:18 y Nahum 1:3.
2. Cuando el profeta Miqueas habla del nacimiento del Salvador en Belén, ¿cómo declara la deidad de Jesucristo?
3. Haga una lista de las cosas que Miqueas profetizó acerca del reinado futuro del Mesías.
4. Describa qué se narra en el libro de Miqueas entre Jehová y Su pueblo. Detalle los testigos, las acusaciones y el resultado.
5. ¿Qué dice Nahum acerca del Juez que decretó la destrucción de Nínive?
6. Haga una lista de los pecados de la ciudad de Nínive que causaron su destrucción.
7. ¿Cuáles fueron los detalles acerca de la caída de Nínive que Nahum había profetizado, y que luego fueron cumplidos cuando la ciudad fue capturada?

Lección 20

Los libros de Habacuc y de Sofonías

Bosquejo

El libro de Habacuc es un diálogo entre Jehová y el profeta, en el que Dios contesta sus oraciones dando la solución divina a las inquietudes presentadas por el profeta. Habacuc quería saber por qué Jehová, siendo tan perfecto y santo, no corregía a su pueblo pecaminoso. Dios le informó que iba a levantar a los caldeos para castigar a Judá.

Habacuc entonces preguntó que cómo era posible que Dios usara a una nación mucho más pecadora que ellos, en contra de los judíos. La respuesta divina fue que a su debido tiempo Dios juzgaría también a los caldeos.

El último capítulo es un Salmo de alabanza y una visión de la venida de Jesucristo.

A. El diálogo entre Habacuc y Jehová, capítulos 1 y 2

B. La oración consecuente de Habacuc, capítulo 3

Lección 20

Los libros de Habacuc y de Sofonías

Libro de Habacuc

En Habacuc 1:5 el profeta habla acerca de la redención maravillosa que obró el Señor Jesucristo, según dice también el apóstol Pablo en Hechos 13:40-41. De esta manera vemos cómo la profecía de Habacuc nos toca a nosotros hoy día, haciéndonos la misma exhortación que en Hebreos 2:3: "¿Cómo escaparemos nosotros, si descuidamos una salvación tan grande?" El versículo 2:4 de Habacuc que dice "el justo vivirá por su fe" es aplicado al Evangelio de Romanos 1:17. También se ve en Habacuc 3:17 a 19 que la expresión de confianza de parte del profeta fue inspirada por el concepto que tenía de Jehová como Salvador. Conocerle a Él es más que la fama, la comodidad, y aun que la vida misma (Fil. 3:7-10).

Autor

El nombre de Habacuc significa "luchador" o "abrazar". No hay duda de que él fue un hombre erudito y con un profundo conocimiento de Dios en cuanto a Su justicia y majestad. Aunque el profeta tuvo sus problemas, siempre vino a Dios mismo para hallar la solución. Habacuc ha sido llamado el "libre pensador" entre los profetas, y tiene una similitud con Juan el Bautista, por cuanto llevó sus dudas al Señor y recibió la luz necesaria para llegar a descubrir la fe inquebrantable. Su estilo literario fue bello y sublime y escribió en el hebreo más puro.

Época

Se estima que el tiempo pudo haber sido antes de la conquista de Jerusalén por parte de Nabucodonosor. La expresión en 1:6: "He aquí, yo levanto a los caldeos", da la idea de que esta nación no era todavía tan fuerte ni se perfilaba como que llegaría a ser un imperio mundial. De modo que, parecería que Habacuc fue contemporáneo de Jeremías, alrededor del año 625 antes de Cristo. Los pecados de Judá mencionados en 1:2-4 están de acuerdo con las condiciones prevalecientes en aquella época.

Tema

En este corto libro tenemos profetizada la destrucción de los caldeos, igual como Nahum predijo la derrota de los asirios y el profeta Abdías la de los idumeos. Sin embargo, por medio del diálogo entre Jehová y Habacuc, y la última oración, se puede ver que el gran tema es la verdad acerca de la justicia de Dios. Su santidad absoluta y Su justicia perfecta son siempre compatibles. Dios se muestra fiel en todos Sus atributos.

Sinopsis

Los primeros dos capítulos son un diálogo entre el profeta y su Dios, en el que primero habla Habacuc y luego Dios le contesta. El último capítulo es la oración sublime del profeta en la que alaba a Jehová y expresa su confianza en Él. Este capítulo ha sido llamado el trozo más glorioso en toda la literatura humana.

A. Diálogo entre Habacuc y Jehová, capítulos 1 y 2

1. Anuncio del juicio que vendrá sobre Judá por medio de los caldeos (1:1 al 2:1).

a. Introducción (1:1).

b. El profeta expone su primer asunto delante de Jehová (1:2-4).

Habacuc estaba muy preocupado por la iniquidad que reinaba entre su pueblo, los judíos, y no comprendía cómo es que Dios no hace nada. Preguntó la razón por la cual hay tanta indiferencia ante la opresión, la violencia, la perversión de la justicia, etc. De allí la pregunta: "¿Hasta cuándo, oh Jehová, clamaré?"

El profeta no demanda a Dios que acabe con la nación, ni le dice qué es lo que debería hacer, pero sí le urge que haga algo para corregir al pueblo y haga cesar el pecado.

c. Dios contesta diciendo que los caldeos castigarán a Judá (1:5-11). El Señor no era indiferente ni sordo a los clamores de Su siervo, sino que tenía un plan cronológico y exhorta a todos a creer lo que Él va a hacer. El hecho es que Él levantaría a los caldeos, que era una nación despiadada y cruel, como látigo para castigar a varias naciones. Allí describe el carácter de los babilónios y predice la rapidez con que iban a conquistar y dominar el mundo.

d. El profeta expone la siguiente preocupación. ¿Cómo puede Dios usar a los Caldeos para castigar a Judá, cuando ellos han sido peores que los mismos judíos? (1:12 al 2:1). ¿Cómo es que el Dios Santísimo puede usar a una nación inicua como instrumento de castigo, cuando Él es Todopoderoso y puede hacer lo que quiere con los hombres? Si Él no es limitado en Su poder, ¿por qué entonces va a usar un látigo tan doloroso y violento?

2. Anuncio del juicio futuro que vendrá sobre los caldeos (2:2-20).

a. Exhortación como preparación para el anuncio (2:2-4). Aquí vemos una visión que constituye un mensaje para todos, que debía ser escrito en letras claras para que el pueblo pudiera leerlo sin dificultad y luego obedecer. Se trataba de una visión segura, aunque no acontecería inmediatamente. La tardanza no quiere decir que Dios se ha olvidado, sino que Él tiene un tiempo señalado para todo (2 P. 3:9). La última exhortación es semejante a la introducción de la primera visión en 1:5. Debemos tener cuidado de no dejar que la soberbia y la confianza propia nos ciegue, cortándonos de la fe en lo que Jehová ha declarado: "mas el justo por la fe vivirá". Vea Romanos 1:17 donde el énfasis está en la palabra "justo"; Gálatas 3:11 donde está enfatizada la palabra "fe", y Hebreos 10:38 la palabra "vivirá" es enfatizada.

b. Jehová pronuncia cinco "ayes" contra los caldeos (2:5-20).

(1) "¡Ay del que multiplicó lo que no era suyo!... Por cuanto tú has despojado ... te despojarán!" "Todo lo que el hombre sembrare, eso también segará" (vv. 5-8).

(2) "¡Ay del que codicia ganancia injusta para su casa, para poner en alto su nido!..." (vv. 9-11). Véase Daniel capítulo 4. El confiar egoístamente en uno, la soberbia y la falta de dependencia de Dios, son pecados graves y conducen a la humillación (Pr. 16:18).

(3) "¡Ay del que edifica la ciudad con sangre y del que funda una ciudad con iniquidad!" (vv. 12-14). La cultura babilónica no tenía fundamento sólido de trabajo y honradez, sino que se fundó sobre la opresión y el pecado. Por tanto, había de caer.

(4) "¡Ay del que da de beber a su prójimo!" (vv. 15-17). Se refiere a lo malo que es emborracharse, y de la costumbre que tenían los caldeos de esparcir entre las naciones conquistadas sus propios vicios, para luego reírse de ellos y sacar provecho de su debilidad.

(5) "¡Ay del que dice al palo: Despiértate; y a la piedra muda: Levántate!" (vv. 18-20). Se refiere a la idolatría que es la raíz de los demás males.

Los versículos 14 y 20 explican cómo Dios, a pesar de ver todo esto, deja que la historia humana se desarrolle lentamente. Pero finalmente llegará el tiempo cuando "la tierra será llena del conocimiento de la gloria de Jehová, como las aguas cubren el mar". Entre tanto: "Jehová está en su santo templo; ¡calle delante de El toda la tierra!"

B. La oración coherente de Habacuc, capítulo 3

Habiendo entrado en los pensamientos íntimos de Jehová y visto que Sus planes son justos y gloriosos, Habacuc compuso este Salmo para ser cantado "sobre sigayones" (Sal. 7).

Sus primeras palabras son: "Oh, Jehová, he oído tu palabra y temí", lo cual nos trae a la memoria las palabras de Job después de que Jehová le habló: "De oídas te había oído; más ahora mis ojos te ven. Por tanto me aborrezco". Luego, Habacuc pide a Dios que avive Su obra. A esta altura es claro que el profeta está vivificado, que reconoce que Dios ha hecho una obra en su corazón y que ha rectificado su modo de pensar, pero ahora le ruega que haga Su obra en los corazones de sus compañeros.

En los versículos 3 al 15 se describe la venida del Señor. Unos lo consideran como un repaso poético de cómo Dios les guió desde Egipto hasta Canaán, mientras otros lo ven como una profecía de Su venida en el tiempo del fin para acabar con los enemigos y establecer Su reino de paz.

La última parte, especialmente el versículo 16, respalda el hecho de Su futura venida. Véanse Deuteronomio 33:2; Salmos 18:8-19; 68:8; 77:16-20; y también 1 Tesalonicenses 4:14-16; Judas 14:15 y Apocalipsis 1:7.

Los versículos 17-19 son la expresión más sublime de toda la poesía en que se ve la confianza que un hombre puede tener en su Dios. Es música, es un canto del alma, es el corazón haciendo música y hablando con sinceridad... es un credo. Aun más, es vida espiritual y adoración, un testimonio y acción de gracias a Dios. Si las verdades aquí mencionadas se posesionaran de nuestros corazones, uniríamos nuestras voces a la de Habacuc y glorificaríamos a nuestro Bendito Señor.

Libro de Sofonías

El ministerio de Sofonías ayudó en la preparación del remanente (el pequeño grupo de judíos fieles que nunca adoraron a los baales), para que estuviesen listos para recibir al Señor Jesucristo en Su primera venida. Ciertamente es en la persona de Su hijo Jesucristo que Dios estará otra vez en medio de Su pueblo, pues Él es el Rey de Israel (3:15).

Autor

Esta profecía la escribió Sofonías, de la línea real de Judá, descendiente del rey Ezequías. Aunque de estirpe real, no dejó de amonestar a los príncipes y a los ricos que habían en Judá (1:8, 13, 18). Los primeros capítulos contienen sentencias y condenaciones de las más severas, sin querer conectarlas con algún acontecimiento local del día. Sofonías dio su mensaje de un modo directo y claro. La última parte, sin embargo, es un dulce canto del amor a Jehová y acerca de Su presencia que está en medio de Israel. Sofonías fue un buen patriota, sin embargo anunció al pueblo su castigo y también el glorioso porvenir que tendría el remanente preservado por Dios.

Época

En el primer versículo dice: "en los días de Josías, hijo de Amón, rey de Judá". Amón reinó entre los años 640 y 609 antes de Cristo, así que fue escrito probablemente a mediados de su reinado, es decir, alrededor del año 624. Josías fue uno de los buenos reyes que tuvo Judá, ya que efectuó reformas desde el año 18 de su reinado en adelante (2 R. 22 y 23; 2 Cr. 34 y 35). Sin embargo, Sofonías no mencionó tales reformas, quizás porque profetizó antes de que éstas se hayan dado, aunque él mismo debió haber sido una influencia poderosa para efectuarlas. También, por ser profeta, debió haber sabido el carácter superficial de las reformas, y cómo el corazón del pueblo seguía tras los ídolos.

Aunque probablemente Sofonías fue el último de los profetas menores que profetizó antes del cautiverio babilónico, algunos creen que fue el primero después de medio siglo de silencio profético, ya que durante el largo reinado de Manasés, quien corrompió a la nación judía, no hubo voz profética.

Tema

El tema se basa sobre varias frases que Sofonías repite a menudo tales como: "celo": "el día de la ira": "en medio de", etc. El celo puro por Jehová le obligó a "mostrarles la cara más seria del amor", esto es, que por medio del castigo, Dios purifica al hombre y le hace que se vuelva a Él. Pero la frase que más ayuda en el estudio del libro es "El día de Jehová". Los acontecimientos predichos en cuanto a aquel día se cumplieron parcialmente durante el cautiverio babilónico, pero esperan su cumplimiento total cuando el Señor

Jesús regrese. El libro de Sofonías ha sido llamado: "Toda la profecía en resumen", debido a su alcance tan amplio.

Sinopsis

Dividiremos el libro de la siguiente forma:

A. El día de Jehová en relación con el remanente falso de Judá, capítulo 1.
B. El día de Jehová en relación con las naciones rebeldes a Dios, 2:1 al 4:8.
C. El día de Jehová en relación con el remanente fiel, 2:1 al 3:8.

A. El día de Jehová en relación con el remanente falso de Judá, capítulo 1

1. **Introducción** (v. 1).

2. **Anuncio del juicio general** (1:2-3). Compare con 2 Pedro 3:4-13.

3. **El juicio contra los falsos judíos** (1:4-13). El juicio ha de caer sobre el mismo pueblo de Dios para así limpiar de entre ellos a los hombres falsos y a los idólatras. Este fue el mismo propósito de la cautividad babilónica, es decir, quitar la idolatría de entre los judíos y parece que sí tuvo éxito. Cuando ellos regresaron de Babilonia, regresaron muy celosos de la ley y formaron los dos grupos de fariseos y saduceos. Por el odio que llegaron a tener hacia todo lo que fuese idolatría, rehusaron hacer reverencia al emperador. Lucharon fanáticamente en el tiempo de los macabeos a fin de limpiar el Templo de la contaminación de la idolatría. De tal manera que cuando Jesucristo vino a la tierra no hubo idolatría visible en Palestina. Hasta la fecha parece que se mantiene igual, pero estas profecías indican que la idolatría podría ser restablecida, aunque en forma distinta, pues estarán preparados para aceptar al anticristo. Estarán acostumbrados a deificar al hombre, pero siempre habrá un remanente fiel.

Vemos tres distintas formas de idolatría.

a. ***La adoración a Baal*** (que quiere decir Señor o poseedor). Esta era la religión de los cananeos y filisteos que fueron los habitantes de Palestina antes de que vinieran los hebreos.

b. ***Los Kemarim o Chemarim eran los sacerdotes idólatras*** (2 R. 23:5) y que fueron constituidos por los reyes de Israel. Su nombre significa "ennegrecidos" o que se vestían de negro.

c. ***El versículo 5 habla de los astrólogos,*** que eran los que adoraban al sol y a las estrellas y adivinaban a través de los astros (2 R. 21:3-5; Jer. 44:25; Ez. 8:16). Milcam era el "ídolo detestable de los amonitas" (1 R. 11:5). "Los que saltan la puerta" en el versículo 9 son los que adoraban a Dagón, el dios-pez de los filisteos (1 S. 5:3-5).

4. El día Grande de Jehová (1:14-18).

Aquí se refiere al día del juicio, que es el mismo día al que se refiere el credo cuando dice: "Creo ... en Jesucristo ... que ascendió al cielo de donde a de venir para juzgar a vivos y a muertos". Se debe comparar este pasaje con los versículos 2 y 3 del mismo capítulo y con Isaías 13:9-10; 66:16; Joel 2:11; 3:1-16; Amos 5:18-20; 8:9-10.

B. El día de Jehová en relación con las naciones rebeldes a Dios, capítulos 2:1 a 3:8

1. Encontramos una exhortación a buscar a Jehová (2:1-3). En vista de la destrucción que viene, el profeta amonesta a todos a que se humillen delante de Jehová. La última frase del versículo 3 es un ejemplo acerca del significado de la palabra "Sofonías", que quiere decir: "Escondido por Jehová".

La exhortación fue hecha primero a los judíos de su día, para que buscaran a Jehová, ya que se aproximaba la inminente invasión de los Caldeos. Pero tiene también una implicación más amplia en el futuro, puesto que se refiere al día de Jehová, cuando Jesucristo regresará a la tierra.

2. El juicio sobre los filisteos (2:4-7). Véanse Amós 1:6-8 y Zacarías 9:5. Allí dice que Gaza será desamparada y despojada de su rey. En la actualidad sólo permanecen unas ruinas de mármol que atestiguan de su gloria pasada. También encontramos predicciones acerca de Ascalón y de Asdod, que dicen que quedarían sin morador y así es como se encuentran hoy en día. Sólo Gaza está habitada y se pueden ver sólo las ruinas de Ascalón y Asdod.

Por otro lado la ciudad de Ecrón tendría un destino diferente, ya que sería desarraigada, y de hecho su nombre se ha perdido y se ignora el lugar donde estuvo. Todas estas son pruebas claras de que tanto la profecía y la providencia, como las predicciones y los acontecimientos históricos que las cumplen, han sido guiados por la misma mano.

3. El juicio de Moab y Amón (2:8-10).

Esta ciudad Moab a llegado a ser como Sodoma y Amón como Gomorra, de tal forma que su destino debía ser el mismo que tuvieron aquellas dos ciudades corrompidas, pues durante su historia se rebelaron contra Dios y Su pueblo.

4. El juicio contra Etiopía y Asiria (2:11-15). Nínive ha sido convertida en un lugar de desolación, donde la sequía es como el yermo. Etiopía también fue traspasada pero hasta hoy no ha dejado de ser una nación.

5. ¡Ay, de Jerusalén, la rebelde ...! (3:1-8). El estudiante debe hacerse una lista de los pecados de los judíos que se mencionan en los versículos 1 al 4. En el versículo 7 vemos que el castigo que Jehová envió sobre los judíos fue para corregirles. A la vez, muchas naciones habrían de ser devoradas también por su rebeldía.

C. El día de Jehová en relación con el remanente fiel, 3:9-20

En esta visión del tiempo del fin, vemos que las naciones gentiles traerán a los judíos como ofrenda a Dios (Is. 66:20). Los santos que queden (el remanente) vivirán con Jehová en Palestina donde habrá paz y seguridad. Para esto ya su corazón habrá sido purificado, y Dios confirmará Su amor para con ellos. Siempre protegerá a Israel y hará de ella la primera nación entre las demás naciones.

Repaso de la lección

1. ¿Por qué llaman algunos a Habacuc el "libre pensador" entre los profetas?
2. ¿Acerca de qué nación en particular profetizó Habacuc, cuando anunció su destrucción a través de cinco ayes?
3. Aprenda de memoria Habacuc 3:17-18.
4. ¿Cuáles fueron las inquietudes que Habacuc tuvo? y, ¿cuáles las soluciones?
5. ¿Por qué se dice que el libro de Sofonías es el resumen de la profecía?
6. ¿Cuál es para usted el mejor tema que trata Sofonías?
7. ¿Cuales profecías de Sofonías se han cumplido?

Lección 21

Los libros de Hageo y de Zacarías

Bosquejo

A. El primer mensaje, 1:1-11

B. El segundo mensaje, 1:12-15

C. El tercer mensaje, 2:1-9

D. El cuarto mensaje, 2:10-19

E. El quinto mensaje, 2:20-23

Hageo y Zacarías profetizaron en los días de la construcción del nuevo Templo en Jerusalén, después de que los judíos regresaron del cautiverio en Babilonia. Hageo exhortó al pueblo a poner manos a la obra sabiendo que Jehová estaba con ellos. La causa por la que no habían prosperado antes se debió a que se habían ocupado en sus propios negocios e intereses y no se habían dedicado a construir la casa de Jehová.

Lección 20

Los libros de Hageo y de Zacarías

Libro de Hageo

El profeta Hageo habló del Señor Jesucristo como el "Deseado de las naciones", Quien vino al Templo del que habló Hageo, y llenó la casa de gloria. Fue porque Él vino al Templo, que ése tuvo mayor gloria que el de Salomón (2:7-9). Jesucristo estuvo con ellos fortaleciéndoles mientras edificaban el Templo (2:4). Treinta y cuatro veces en este corto libro, el escritor usa el nombre de Jehová. Veinticinco veces se refiere a la revelación que recibió de Él, a Su voz, a Su mensaje, y a la expresión: "dice Jehová". Es por medio de Jesucristo que Dios se ha revelado al hombre, y aun desde antes de su encarnación, Él es el Verbo, esto es, la expresión de la Deidad. Jesucristo fue entonces Quien habló por medio de Hageo revelándole la voluntad de Dios.

Autor

El autor es el profeta Hageo y no se sabe más que esto acerca de él. Su nombre significa "mi fiesta". Como es probable que Hageo haya nacido en Babilonia, es posible que sus padres le hayan llamado así por la expectativa que tenían en cuanto al regreso del cautiverio. Hageo ha sido llamado el obrero modelo porque:

- No buscaba sobresalir sino que Dios sea el que sobresalga. No dio detalles acerca de su persona, y se llamó a sí mismo profeta y mensajero de Jehová.
- Su mensaje siempre fue: "dice Jehová", cuya frase usó repetidas veces.
- No solamente reprendía sino que también animaba. No criticaba únicamente, sino que aprobaba y motivaba.
- No sólo predicaba, sino que practicaba lo que predicaba (Esd. 5:1-2).

Época

Hageo profetizó en el sexto año del rey Darío, que sería el año 520 antes de Cristo. Habían pasado dieciséis años desde que el primer grupo de judíos había regresado de Babilonia a Palestina, bajo el gobernador Zorobabel y el sumo sacerdote Josué. Apenas llegaron, edificaron un altar y celebraron la Fiesta de los Tabernáculos. El siguiente año (535 antes de Cristo) pusieron el fundamento para el nuevo Templo, pero los samaritanos se opusieron tan enérgicamente, que los judíos detuvieron la construcción. Con el transcurso de los años, los emperadores fueron cambiando, hasta que Ciro, emperador persa que derribó a Babilonia, permitió que los judíos regresaran a Jerusalén (Esd. 1:1-4). Años después de que los samaritanos escribieron al emperador Artajerjes, éste ordenó que cesara la edificación del Templo (Esd. 4). Mientras tanto, Darío había llegado a ser emperador, y Dios sabía que era tiempo para animar al pueblo a que empezara de nuevo la construcción. No era que el Todopoderoso estaba sujeto a los caprichos del emperador, ni que haya sido más fácil para Dios influir en el corazón de Darío que en el de Artajerjes; sino que los mismos judíos tuvieron que aprender muchas lecciones antes de que estuvieran aptos para tener su Templo otra vez y celebrar debidamente las fiestas.

Hageo empezó a profetizar dos meses antes que Zacarías, pero mientras éste último profetizó durante tres años, Hageo tuvo un ministerio de casi cuatro meses.

Tema

Trata acerca de la construcción del Templo en Jerusalén. La lección espiritual que sobresale en el libro es que Dios demanda el primer lugar en nuestras vidas. Si deseamos que Dios nos prospere, debemos poner a Dios en su debido lugar. Sin duda, desde el punto de vista del escritor, su carga fue la de explicar al pueblo la razón por la cual no habían sido bendecidos, ni prosperados, y estimularles a la obediencia. Es decir, la revelación de Jehová.

Sinopsis

El libro puede dividirse en tres, cuatro o cinco partes, según quiera el estudiante. En el primer capítulo encontramos dos mensajes o revelaciones. El segundo es tan corto y unido al primero, que es posible considerar a los dos como uno solo. En el capítulo 2 hay tres mensajes, dos de los cuales llevan la misma fecha, de modo que algunos los juntan en uno solo. Nosotros consideraremos los cinco mensajes por separado.

A. Primer mensaje, 1:1-11

Este mensaje es de reprensión y exhortación.

1. **Introducción** (1:1).

2. **Reprensión** (1:2-6).

a. ***Primero, el Señor reconviene al pueblo por la excusa que presenta para no edificar el Templo*** (v. 2). Ellos decían: "no ha llegado aún el tiempo, el tiempo de que la casa de Jehová sea reedificada". Algunos creen que en realidad estaban sacando la cuenta de los 70 años mencionados en Jeremías 25:11-12. Decían que como el Templo fue destruido en el año 588 (o un poco más tarde), se debía esperar un par de años más para la reconstrucción. Pero la primera derrota de Jerusalén por Nabucodonosor fue en el año 606, y en el año 536 los judíos ya habían regresado a Judea según la profecía de Isaías (cap. 45), con órdenes del emperador Ciro de reedificar la casa de Jehová. Así que, no había necesidad de esperar. Sucede que, cuando uno no quiere hacer una cosa, siempre consigue una excusa y se convence de que es razonable.

b. ***El interés propio fue la verdadera razón*** por la cual fueron indiferentes en cuanto a la condición en la que se encontraba la casa de Dios (vv. 3 y 4). Estaban ocupados en edificar sus lujosas casas, mientras la casa del Señor permanecía desolada (1:9).

c. ***Llamamiento a evaluar los resultados*** (vv. 5-6).

- Sembraban mucho, recogían poco.
- Comían pero no se hartaban.
- Bebían pero no se saciaban.
- Se arropaban pero no se calentaban.
- Ganaban dinero, pero era como que lo echaban en un saco roto.

De esta manera el profeta les hizo ver que no prosperaban porque no tenían la bendición de Dios.

3. **La exhortación** (vv. 7-11). Dios les exhortó a que considerasen sus caminos y cambiasen de proceder. Les dijo que subiesen a la montaña para cortar madera para la casa de Dios, y que la edificaran, y entonces Él los bendeciría. Jehová les dijo abiertamente que Él era quien les había castigado

con escasa cosecha y con sequía, porque no se habían preocupado por la casa de Dios.

B. Segundo mensaje, 1:12-15

El efecto del primer mensaje fue muy bueno, pues tanto el gobernador Zorobabel, como el sumo sacerdote Josué y el pueblo, atendieron a la exhortación, e inclinaron sus corazones para obedecer. Entonces vino el mensaje divino diciéndoles: "Yo estoy con vosotros, dice Jehová". Así, todos fueron animados y emprendieron de nuevo la obra de la reconstrucción. Esto sucedió 24 días después del primer mensaje.

C. Tercer mensaje, 2:1-9

Un mes más tarde, el profeta recibió una nueva revelación para todo el pueblo. Fue un mensaje en extremo alentador. Primero hizo la pregunta: "¿Quién ha quedado de vosotros que haya visto esta casa en su gloria primera...? ¿No es ella como nada delante de vuestros ojos?" Y continúa diciendo: "... yo estoy con vosotros, dice Jehová de los ejércitos ... la gloria postrera de esta casa será mayor que la primera". Sin duda que tal mensaje ayudó a los trabajadores y animó a los dirigentes.

En los versículos 6 a 9 encontramos unas predicciones que no se pueden limitar al Templo ni al tiempo de Zorobabel ni al pasado. Es verdad que Jesucristo vino a ese Templo, aunque había sido bastantemente cambiado por Herodes quien trabajó 46 años agrandándolo y embelleciéndolo. Sin embargo, es cierto que Jesucristo no sacudió los cielos ni la tierra en aquel entonces, sino que más bien obró la paz en el Calvario, sin traer paz a Jerusalén como lo hará en Su segunda venida. En Hebreos 12:26 y 27 se citan estos versículos, como acontecimientos que todavía están por cumplirse. De tal manera que, como los últimos tres versículos del libro fueron cumplidos sólo en parte cuando Jesucristo realizó Su ministerio en la tierra, el Señor regresará por segunda vez para establecer Su reino.

D. Cuarto mensaje, 2:10-19

Esta revelación tuvo lugar dos meses más tarde, y debió haber iluminado a los judíos en cuanto a su condición espiritual, que era causa de su pobreza material.

El punto de contacto fue muy sabio, pues a Hageo le gustaba hacer preguntas, no sólo para despertar el interés, sino también para enseñar. Primeramente, el profeta preguntó a los sacerdotes lo siguiente: "Si alguien llevare carne santificada en la falda de su ropa, y con el vuelo de ella tocare pan, o vianda, o vino ... ¿será santificada? Los sacerdotes contestaron correctamente que no. La santidad no se comunica así tan fácilmente.

La segunda pregunta era la misma pero al revés: "Si un inmundo ... tocare alguna de estas cosas, ¿será inmunda?" Los sacerdotes contestaron otra vez correctamente diciendo que sí, quedaría inmunda.

Luego, basado en esta verdad, el profeta da el mensaje y les dice que el pueblo ha sido inmundo (tal vez por la muerte espiritual), por lo tanto, todo lo que hacía era inmundo, ya sea la obra de sus manos, sus ofrendas y sacrificios, y por lo tanto todo estaba contaminado y era inaceptable ante el Señor Dios. En días pasados Jehová les había hablado por medio de la escasez, la peste, etc., sin embargo, ellos no habían escuchado ni se habían convertido de sus malos caminos. Pero ahora, que habían atendido a la voz del profeta y cambiado de actitud y manera de obrar, dejando su indiferencia para ocuparse en la reconstrucción de la casa de Jehová, de aquí en adelante Dios les bendeciría.

E. Quinto mensaje, 2:20-23

Este fue el segundo mensaje en el mismo día, y fue dirigido sólo al gobernador Zorobabel. Primero se repite la frase del versículo 6: "Haré temblar los cielos y la tierra". Luego se describe una escena de confusión y derrota de un ejército, que termina destruido. En el último versículo, Zorobabel, hijo de Salatiel y descendiente también del rey David, recibe la autoridad representada por el anillo donde se encuentra el sello. Estos acontecimientos fueron fortalecidos en relación con la segunda venida de Jesucristo (Zac. 12:9; Mal. 4:2-3; He. 12:26-27; Ap. 17:14; 19:19-21, etc).

Libro de Zacarías

El Señor Jesucristo es el tema de muchas profecías de Zacarías, en algunos casos indirectamente y otras directamente. En 3:8, Josué el sumo sacerdote y sus compañeros son llamados "varones simbólicos", de modo que podemos aplicar enseñanzas proféticas en cuanto a las experiencias entre él y Zorobabel. En el mismo versículo Dios promete enviar a Su siervo, que es el Vástago o Renuevo; y en 6:12-13, Josué el sumo sacerdote con las coronas sobre su cabeza, simboliza el Vástago, quien será el Sacerdote que reinará sobre Su trono, es decir, el Señor Jesucristo.

En cuanto a lo que se refiere al primer advenimiento del Señor, Zacarías profetizó algunos acontecimientos, tales como su humildad, que iría montado sobre un pollino (9:9), que sería vendido por treinta piezas de plata (11:12-14), que sería herido y sus discípulos esparcidos (13:7), y sería como la fuente abierta hacia la casa de David para purificación del pecado (13:1).

En lo relacionado al segundo advenimiento del Salvador, lo vemos profetizado de la siguiente manera: Su venida con todos los santos (14:5); Sus pies sobre el Monte de los Olivos, el cual se partirá con los resultados físicos consecuentes (14:4-8), y el reinado justo del Señor, de mar a mar (9:10), luego de haber recogido a los Suyos con quienes habitará como Rey y todas las naciones le buscarán (8:19-23; 9:10; 10:12; 14:9).

Autor

El autor es Zacarías, que significa "Jehová se acuerda". Fue hijo de Berequías, que significa "Jehová bendice", quien fue hijo de Iddo cuyo nombre significa "el tiempo señalado". Zacarías es llamado el profeta de la restauración y de la gloria. Nació probablemente en Babilonia, y su nombre es mencionado en Esdras 5:1 y 6:14 donde es llamado hijo de Iddo. Según la costumbre de aquellas tierras a menudo se usaban los nombres famosos de la ascendencia de la persona, pasando por alto los demás. Zacarías fue un gran profeta cuyas visiones del Mesías se asemejan a las que tuvo el gran profeta Isaías. Fue a la vez práctico y trabajó con Hageo y Zorobabel en la reconstrucción del Templo. Según la tradición judía Zacarías fue miembro de la Gran Sinagoga y preparó en parte el ritual para el Templo.

Época

Entre los años 520 y 515 antes de Cristo, fue contemporáneo de Hageo pero empezó sus predicaciones dos meses más tarde que él, cuando el pueblo había reanudado sus esfuerzos para edificar el Templo, animándoles con sus visiones acerca de la futura gloria de la nación.

Sinopsis

El libro puede dividirse de la siguiente forma:

A. Introducción, 1:1-6
B. Las ocho visiones, 1:7 al 6:15
C. Instrucciones acerca del ayuno y del culto a Dios, capítulos 7 y 8
D. Los dos énfasis proféticos, capítulos 9 a 14

A. Introducción, 1:1-6

Este mensaje sirve de prólogo para los mensajes que siguen y tiene que ver sólo con el pasado, a la vez que es complementario al mensaje de Hageo. En él da una breve reseña de la historia de Israel, en la que pone de manifiesto la rebeldía y desobediencia de los padres a los profetas, con los consecuentes castigos. Zacarías exhorta al pueblo para que se vuelva a Jehová, puesto que sólo así tendrán Su presencia permanente.

B. Las ocho visiones, 1:7 a 6:15

1. Zacarías vio un hombre montado sobre un caballo rojo (1:7-17), y este era el ángel de Jehová según el v. 11. Por la intercesión que hizo en el v. 12 y por aparecer en el centro y como líder de los demás mensajeros divinos, parecería que era el Señor Jesucristo en su gloria preencarnada. Los demás jinetes representan los servidores de Dios que hacen Su voluntad y velan por los intereses del Señor en todo el mundo. El informe que dieron al ángel de Jehová fue que toda la tierra estaba sosegada y reposada. En primera instancia este informe debería haber sido causa de gozo, pero en lugar de esto el ángel de Jehová intercedió inmediatamente por Jerusalén. El hecho es que el pequeño grupo de judíos se encontraba intimidado, pobre y en derrota frente al resto de naciones.

El ángel encargado de explicar todo al profeta, le mandó a predicar un mensaje alentador al pueblo diciendo: "Así ha dicho Jehová de los ejércitos: Celo con gran celo a Jerusalén y a Sion. Y estoy muy airado contra las naciones que están reposadas.... Me he vuelto a Jerusalén ... en ella será edificada mi casa".

2. Visión de los cuatro cuernos y los cuatro carpinteros (1:18-21). Así como Daniel vio cuatro imperios que iban a dominar a Judá, Zacarías vio cuatro cuernos o poderes que iban a dispersar al pueblo de Dios; pero para cada cuerno o enemigo, Dios tenía un carpintero o instrumento para vencerle.

3. Visión del hombre con la orden de medir (cap. 2). La lección que aquí se enseña es que la condición de la Santa ciudad, con la pobreza, sus pocos habitantes y su Templo incompleto, no tenía que ser considerada como una condición normal, pues es la ciudad escogida por Dios para reflejar Su gloria. De hecho la voluntad de Dios era, y la profecía incluía, que la ciudad fuera prosperada y bendecida de tal manera que las demás naciones se unirían y vendrían a Jehová al ver esto.

¡Que bueno sería que hoy en día muchas personas corrieran hacia el pueblo de Dios, la iglesia cristiana, y vieran en ella la gloria de Dios que será perfeccionada en el futuro!

4. Visión de la purificación del sumo sacerdote (cap. 3). Aquí se ve a Josué el sumo sacerdote, como representante del pueblo escogido, que está en pie delante de Jehová vestido de ropas viles. A su mano derecha estaba Satanás para acusarle, pero Jehová (o sea el Ángel de Jehová, quien es Jesucristo) no le dio oportunidad para hablar. El Señor ya sabía la condición de su pueblo y también había provisto un intercesor, quien era el que iba a morir como el Cordero de Dios que quita el pecado del mundo. Luego se ve que los siervos que están delante del Señor, quitan a Josué sus ropas viles y le ponen ropas nuevas de gala y una mitra limpia sobre su cabeza.

Esta visión en realidad expresa lo que acontece en la regeneración y justificación cuando una persona confía en el Señor Jesucristo como su

Salvador y Señor. Sin embargo, la aplicación tiene que ver también con los judíos cuando dice: "Quitaré el pecado de la tierra en un día" (v. 9). El Espíritu Santo tiene cuidado en aclarar que esta regeneración viene por medio del "Vástago", la Piedra Única, el Señor Jesucristo (Sal. 118:22; Is. 28:16; Hch. 4:11; 1 Co. 3:11). Acerca de esta futura limpieza de Israel, (cp. Jer. 31:33-34; 50:20; Zac. 13:1-2 y Mi. 7:19).

5. Visión del candelabro y los dos olivos (cap.4). Después de la limpieza, de la justificación y la santificación, viene el servicio, que es la luz del testimonio y la acción de gracias a Dios. La visión muestra un candelabro con siete lámparas, semejantes al candelabro del Tabernáculo, con la diferencia de que este tiene una fuente inagotable de aceite. Se ve además que dos olivos crecen, uno a cada lado del candelabro y vierten su aceite constantemente sobre la taza central del candelabro y luego pasa por medio de conductos a cada una de las siete lámparas.

Ahora nos preguntamos, ¿Qué significado tiene todo esto? Al igual que las otras visiones, ésta tiene que ver con los acontecimientos relacionados con aquella época, pero también con acontecimientos que tienen que ver con el futuro. Lo primero que vemos es que la obra de Dios no se hace con esfuerzo ni con poder humano (esto es, la energía de la carne), sino por el Espíritu de Dios. Vemos que aun la obra de la construcción del Templo hecha por Zorobabel, en la que hubo que vencer obstáculos, no se debió al esfuerzo o iniciativa humana, sino al impulso y a la motivación que venía de Dios. Zorobabel puso el fundamento y se dedicó a edificar el Templo, porque estaba impulsado por Dios. A las naciones les pareció una cosa pequeña e insignificante lo que acontecía en Jerusalén en aquellos días, pero el hecho es que fue una obra del Espíritu de Dios, y su presencia estaba allí.

En el capítulo 11 de Apocalipsis se habla de dos testigos poco comunes, los cuales profetizarán durante el tiempo de la gran tribulación, que antecederá al establecimiento del reino de Cristo. El versículo 4 dice: "Estos son los dos olivos y los dos candelabros, que están delante de la presencia de Dios...." Así vemos entonces, que Dios tendrá sus testigos en la tierra en medio del gobierno del anticristo y serán llenos del Espíritu, siendo sostenidos diariamente por Él, hasta cumplir su misión entre los hombres.

Cada cristiano debería aprender de memoria el versículo 6 de este capítulo, puesto que contiene varias lecciones espirituales de gran importancia para nosotros hoy en día.

6. La visión del rollo que volaba (5:1-4). El profeta volvió a alzar los ojos y vio una gran rollo que volaba y que entraba en ciertas casas y las consumía. El ángel explica que este rollo es la maldición de la Ley de Dios sobre todo el que es ladrón, que no cumple el juramento o que es una persona falsa.

7. La visión del efa (5:5-11). Después de la condenación y castigo de los hombres malvados que había en Israel, Zacarías vio la visión de un efa o medida redonda, en la que cabían unos nueve galones. Dentro del efa había una mujer llamada "Maldad", sobre la cual pusieron un peso de plomo para encerrarla dentro del efa mientras dos mujeres, que eran siervas celestiales, la llevaban volando a la tierra de Sinar.

Esta visión es tal vez la más discutida de todo este libro. Generalmente se estima que el efa representa las gestiones comerciales, hasta el punto que hay una secta falsa que va al extremo de decir que todo acto comercial es malo y diabólico. Pero sabemos que el Señor Jesucristo no sostenía tal opinión, sino que mandó a sus siervos a que negociaran hasta que Él regrese.

En todo caso, vemos que después de la justificación representada en el capítulo 4, hubo la visión del castigo de la Maldad, la cual fue quitada por acción divina y castigada. Muchos identifican a esta mujer con la ramera del capítulo 17 de Apocalipsis, y afirman que es la Iglesia Católica, apostólica y romana, la Babilonia espiritual apóstata, sucesora de la antigua religión de Nimrod y de la torre de Babel. Por esta razón Zacarías 5:9-11 constituye una profecía en la que muchos se basan para asegurar que llegará el día en que el Vaticano tendrá que salir de Roma para instalarse en su antigua base en Babilonia, que está en el Valle de Sinar. Creen que el versículo 11 sostiene la idea de que la construcción de su nueva casa y su mudanza se hará en forma rápida.

8. Visión de los cuatro carros (6:1-8). En esta última visión, como en la primera, el profeta ve caballos de distintos colores que cabalgan sobre las naciones. En la primera visión los jinetes montados sobre las bestias recorrían la tierra y daban informes al Señor. En ésta, los carros tienen la tarea de ejecutar juicio sobre las naciones hasta sosegar la indignación del Espíritu del Señor. Son los instrumentos de juicio en las manos de Dios que cumplen Su voluntad.

Vemos también la coronación del sumo sacerdote (6:9-15). Jehová manda al profeta a recibir de los mensajeros, vendimias del cautiverio y ofrendas de plata y oro. Con los metales hace coronas y las pone sobre la cabeza de Josué, quien es el sumo sacerdote, y sobre las de sus compañeros. Luego habla en cuanto a Josué, pero señalando a Uno mayor que él diciendo: "He aquí el varón cuyo nombre es Renuevo". Lo cual se refiere al Señor Quien ha de venir en gloria para sentarse sobre Su trono como Real Sacerdote.

C. Diferentes tipos de instrucciones, capítulos 7 y 8

1. La pregunta hecha a los sacerdotes (7:1-3).

La ciudad de Betel había enviado a una delegación a Jerusalén con el propósito de preguntar si debían o no seguir ayunando y afligiéndose en el mes quinto como era la costumbre antigua. Desde la destrucción de Jerusalén por los caldeos, los judíos habían observado el aniversario de su ruina en el mes quinto, el día décimo, con ayuno y lamento. Como los judíos habían trabajado ya más de dos años en la construcción del nuevo Templo, fue entonces muy apropiado hacer la pregunta: ¿se deberá continuar con la lamentación por la destrucción del antiguo Templo, ahora que pronto tendremos uno nuevo? Por otro lado, nunca hubo en las Escrituras una instrucción de Dios en cuanto a implementar este ayuno.

2. La contestación de Dios por medio del profeta (7:4-14).

a. La reprensión (7:4-7). El mensaje habla del ayuno que se hacía en el mes séptimo lamentando la muerte de Gedalías (Jer. 41). En 8:19 también se mencionan los ayunos del cuarto y del décimo mes. Como estos memoriales recordaban los pecados y desobediencias del pueblo, significando aniversarios de castigos, Dios no los puso como ordenanzas, pues consideraba que no Le glorificaban. En realidad el pueblo no los observaba para honrar a Jehová sino para lamentar humanamente su castigo. Dios exige un culto sincero y según Su ordenanza, y no un culto humano.

b. Las demandas de Dios (7:8-14). Todo estudiante debe anotar las cuatro demandas razonables que Dios había indicado en cuanto a la conducta de los unos para con los otros, según los versículos 8-10. El Señor les recordó la obstinación de los hombres en el pasado, razón por la cual la tierra que era buena y rica fue convertida en un desierto.

c. Mensaje de Jehová acerca del futuro de Sion y del pueblo (8:1-17). Esta revelación del futuro de Jerusalén es en extremo alentadora. La ciudad no sólo será habitada, sino que de todas partes vendrán los hijos de Israel y vivirán en ella. Los ancianos tendrán paz, los niños jugarán en las calles, habrá prosperidad y abundancia. En los versículos 16 y 17 vemos otra exhortación para que ésta vez obedezcan en las cosas en que sus padres fracasaron.

d. Fin del ayuno y establecimiento de la paz (8:18-23). Con estos versículos el Señor concluye Sus instrucciones acerca de los días de ayuno que los judíos se habían impuesto. Ahora estos días serán convertidos en días de gozo y de fiestas, porque ya habrán sido aprendidas las lecciones espirituales. De esta manera, todo el mundo reconocerá que los judíos son el pueblo que conoce a Jehová y goza de Su bendición.

D. Los dos énfasis proféticos, capítulos 9 al 14

1. **Primer énfasis profético** (caps. 9 al 11).

a. Profecía contra las tierras vecinas, en las que se anuncia su destrucción, pero Jerusalén no será dañada (9:1-8).

Probablemente esta porción se refiere a la campaña que hizo Alejandro Magno y que fue la que cumplió todo lo profetizado. Aunque pasaron varias veces cerca de Jerusalén cuando estaban realizando su conquista de las otras ciudades ya mencionadas, sin embargo, no tocó a la santa ciudad. Josefo dice que Alejandro inclusive protegió a Jerusalén debido a una visión que tuvo de Dios.

b. Profecía acerca de la venida del Rey Mesías (9:9-12). En los Evangelios, este pasaje es citado refiriéndose al día en que Jesucristo entró en Jerusalén cabalgando sobre un pollino (Mt. 21:4-9; Jn. 12:12-15). Sin embargo, vemos que todos los acontecimientos no fueron cumplidos, sino que están por cumplirse totalmente en aquel día cuando el Señor venga con poder y gloria.

c. Profecía acerca de la lucha entre Judá y Grecia, que es símbolo de la batalla y la victoria final de Judá (9:13-17).

Cuando el general griego Antíoco Epífanes quiso subyugar completamente a los judíos, trató de quitarles su religión y substituirla por la religión griega; profanó el Templo e hizo muchas abominaciones. Sin embargo, un pequeño grupo de judíos bajo los Macabeos, le resistieron y ganaron para Judea una independencia relativa que duró más de un siglo. Después de esto, los romanos conquistaron tanto al imperio griego como a Palestina.

d. La victoria de Israel al ser recogida por Jehová (cap. 10). En los primeros versículos de este capítulo se le exhorta al pueblo a pedir las lluvias tardías de Jehová, que son necesarias para la prosperidad. En 12:10 Jehová promete darles en los postreros días el espíritu de gracia y de oración. De modo que, estas profecías tienen el propósito de preparar los corazones de los judíos para los acontecimientos que tendrán lugar cuando Su rey Mesías regrese por segunda vez. Es decir, lo que tiene que ver con la piedra angular y el clavo (cp. Is. 22:23 y Ef. 2:20).

Dios prometió victoria completa sobre los enemigos, y tanto José como Judá, serán recogidos de entre las naciones y vivirán juntos en paz (Is. 43:1-7).

e. El pastor rechazado y el rebaño asolado (cap. 11). Nuevamente la visión del profeta vuelve a las condiciones más inmediatas: el hecho era que los pastores espirituales del pueblo no protegían ni alimentaban al rebaño. Esta situación prevalecería desde sus días hasta el rechazo del pueblo al Mesías. El profeta hace las veces de pastor del rebaño, el cual era destinado para el matadero, dándoles así una poderosa lección objetiva al pueblo.

Los versículos 11:12-13 prefiguran el rechazo o el hecho de que el Salvador sería vendido por treinta piezas de plata, y la forma en que se dispondría ese dinero (Ex. 21:32; Jer. 18:1-2; Mt. 26:15; 27:9-10). Así que, puesto que el pueblo rechazó al pastor fiel, el profeta hizo las veces de pastor necio, lo cual es símbolo de aquel a quien la nación recibirá en los últimos tiempos (11:16-17).

2. Segundo énfasis profético (caps. 12 al 14).

a. Este último discurso profético empieza con unas declaraciones extrañas acerca de Jerusalén (12:1-9). Dice que Jerusalén será una copa que hará temblar a todos los pueblos de alrededor... una piedra pesada a todos los pueblos... y vemos que eso es lo que está sucediendo en estos días. Aunque la ciudad está ya en manos de los judíos, desde "la guerra de los 6 días" ocurrida en 1967, el panorama mundial y la intervención de la ONU, todavía ofrece muchas posibilidades para armar el rompecabezas; y el hecho es que no habrá paz permanente hasta el regreso de Cristo.

b. Lamentación por Aquel a quien traspasaron (12:10-14). Esta profecía está relacionada con la crucifixión (Jn. 19:37). Según Zacarías, la nación entera se lamentará sintiendo una fuerte culpabilidad y mirarán con sus ojos al Señor herido y traspasado. Vemos una íntima relación entre el versículo 9 y el 10, donde da a entender que será después de la victoria de los ejércitos internacionales que vendrán contra Jerusalén, y verán al Señor viniendo sobre las nubes y se arrepentirán genuinamente. Estos son por supuesto acontecimientos que están por ocurrir en el futuro (Ap. 1:7).

c. Tan pronto como vean a su Salvador herido, se arrepentirán, y cambiarán de mente o de actitud. En vez de negarle, creerán en Él; y entonces el Señor proveerá una fuente para su limpieza continua (13:1-5). Esta vez no será un arrepentimiento superficial, sino más bien un avivamiento o un verdadero renacimiento.

d. Profecía acerca del Pastor herido (13:6-9). Jesucristo es el que fue herido en casa de sus amigos; el Pastor herido cuyas ovejas fueron dispersas (Mt. 26:31). Jehová es quien establece el sacrificio del Pastor por las ovejas (Jn. 1:29; 3:16), y los que rechacen al Salvador serán exterminados, pero los que le reconozcan serán aprobados y salvados.

e. Resumen de los acontecimientos proféticos relacionados con la segunda venida (cap. 14). Cuando la escritura se refiere al "día de Jehová", se está refiriendo a dichos acontecimientos. Es el tiempo conocido como la gran tribulación, en el que los ejércitos sitiarán a Jerusalén, la tomarán y luego aparecerá el Señor con sus ejércitos celestiales obteniendo la victoria completa sobre sus enemigos.

En este último capítulo tenemos los eventos delineados con bastante claridad.

No se dice cúando será, puesto que la fecha sólo lo sabe el Padre Celestial (Hch. 1:7). Como ya habíamos visto algo anteriormente, Jerusalén será sitiada por un ejército internacional, será tomada y saqueada. Cuando la mitad de la ciudad sea destruida y toda esperanza humana haya desaparecido, El Señor Jesucristo aparecerá desde el cielo a la vista de todos. Sus pies se posarán sobre el Monte de los Olivos, el cual se partirá como por un terremoto. Luego se formará un valle grandísimo del este hacia el oeste y el pueblo que haya quedado huirá por ahí de Jerusalén.

Los fenómenos físicos del terremoto se describen en los versículos 6 al 10. El significado exacto del día descrito en el versículo 6 no se sabe (Jl. 2:31; Am. 5:18; 8:9), pero vemos que empieza con tinieblas y termina con luz, conforme Dios hizo también la creación. La escritura dice que saldrán aguas perennes de Jerusalén según Ezequiel 47; será formada una gran llanura y Jerusalén estará elevada en el centro; y será habitada y engrandecida otra vez. El versículo 11 describe la paz que tendrá la ciudad y asegura que no habrá más maldición. Los versículos 12 a 15 describen una plaga con la que Jehová destruirá a los enemigos, la cual consumirá sus carnes y afectará sus espíritus de tal modo que en su desesperación se matarán unos a otros. Luego el Señor Jesucristo se sentará en su trono en Jerusalén y todas las naciones tendrán que adorarle o sufrir el castigo. En la ciudad todo será santificado a Jehová y el culto será con sinceridad y verdad. Todos verán al Señor y se someterán a Él y así finalmente reinarán la justicia y la santidad en el mundo.

Repaso de la lección

1. Explique las condiciones políticas prevalecientes en el tiempo en que Hageo y Zacarías empezaron a profetizar.
2. Cada estudiante debe aprender de memoria ciertos versículos claves de cada libro, tales como Hageo 1:5; 2:19; Zac. 2:4; 3:8; 4:6; 6:12; 7:10, etc.
3. ¿Cuántas veces se encuentra en el libro de Hageo la frase: "dice Jehová"?
4. ¿Asegura Dios hoy en día que todo aquel que se ocupa en la obra del Señor, tendrá prosperidad?
5. Se aconseja al estudiante que vuelva a leer el libro de Zacarías sin ver comentario alguno y se fije en las profecías que para él son claras y evidentes, anotando así su significado.

Lección 22

El libro de Malaquías

Bosquejo

Malaquías escribió en los tiempos de Nehemías, y aseguró al pueblo que Dios les amaba y que iba a venir para establecer Su glorioso reino entre ellos. Sin embargo, les reprendió fuertemente por su hipocresía, por ofrecer animales imperfectos como ofrendas, y por su desleal comportamiento y falta de agradecimiento. Sin embargo, entre ellos hubo algunos fieles a quienes Dios tomó en cuenta en Su libro de memorias.

En términos generales, notamos que los primeros dos capítulos son sentencias al pueblo y los últimos dos son profecías. El estilo que se usa es el de un diálogo, pero no como el de Habacuc en el que sinceramente presentó sus problemas a Dios. En este libro, debido a la condición espiritual en decadencia del pueblo, el Señor les refuta sus argumentos para ver si se despiertan de su indiferencia y corrupción en muchas áreas. A continuación seguiremos la siguiente sinopsis:

A. Introducción: El amor de Jehová para con Su pueblo, 1:1-5

B. Mensaje en el que se censura a los sacerdotes, 1:6 al 2:9

C. Reprensión por las condiciones sociales, 2:10-17

D. El mensajero, el Ángel del Pacto, y el Día del Señor, 3:1-4

E. Reprensión por haber robado a Dios, 3:5-18

F. El día del Señor, y el Sol de justicia, 4:1-6

Lección 22

Libro de Malaquías

El Señor Jesucristo es el Sol de Justicia que trae salud eterna en Sus alas, y es Aquel quien ha de venir en aquel gran día en que todos los enemigos serán hollados. Era delante de la faz de Jesucristo que Dios enviaría el mensajero "Elías", profecía que se cumplió con el ministerio de Juan el Bautista (Mt. 17:10-13). También Jesucristo es el Ángel del Pacto, el Señor que repentinamente vendrá a Su Templo: "y ¿quién podrá soportar el día de su venida? ...

Porque El es como fuego purificador ... y se sentará para afinar ..." (Mal. 3:1-5). El es Quien hará grande el Nombre entre las naciones (1:11).

Autor

Malaquías quiere decir: "Mi mensajero". No sabemos nada de su parentela ni de su vida, pero el Talmud dice que hubo un hombre llamado Malaquías en la "Gran Sinagoga". Su estilo literario es didáctico, claro y vigoroso, a más de que expone muchos argumentos.

Época

Es imposible precisar la época, pero se cree que fue más o menos un siglo después de Zacarías. Fue el último de los profetas del Antiguo Testamento, probablemente contemporáneo de Nehemías. Se ha dicho que si comparamos Nehemías 5:15,18 con Malaquías 1:8, parecería que Nehemías ya no era gobernador de Jerusalén. Los abusos que Nehemías encontró al regresar a Jerusalén, son los mismos que el profeta condenó, y lo podemos ver al comparar:

Nehemías 13:10-12	con	Malaquías 3:8-10
Nehemías 13:23-28	con	Malaquías 2:10-16
Nehemías 13:29	con	Malaquías 2:8

Sólo vemos que falta la profanación del sábado (Neh. 13:15-22) cuando el profeta describe los pecados del pueblo. Algunos creen que Malaquías profetizaba mientras Jeremías estaba en la capital, esto es, durante sus dos períodos como gobernador en Jerusalén, alrededor del año 425 antes de Cristo. Otros creen que fue después de la muerte de Nehemías, ya que ninguno de los dos hace referencia entre sí, o sea que fue escrito cerca del año 400 antes de Cristo.

Si bien es cierto que el pueblo ya tenía su Templo y los cultos funcionaban normalmente, los sacerdotes y el pueblo estaban en una condición de mucha hipocresía, y se cometían muchos abusos. Tan endurecidos estaban en sus pecados que aun osaban preguntarle a Dios: "¿En qué nos amaste?" Por esta triste condición de sus corazones, Dios se dirigió a ellos con palabras fuertes a través de la boca de Su mensajero. Dios se había dado cuenta de todas las críticas del pueblo, siendo que la frase "dijisteis y decís" se encuentra diez veces en el libro. Así que, Dios no sólo registró sus quejas, sino que las contestó y las combatió.

Malaquías fue el último de los profetas del Antiguo Testamento. Por tanto, sus profecías son muy importantes y solemnes, ya que evidencian el estado en que se encontraba el remanente que, en las tiernas misericordias de Dios, había regresado de Babilonia, y también reflejan la relación entre el remanente y el pueblo de Dios en aquel momento de la historia. Como no faltaba nada por cumplirse de la revelación para que el primer advenimiento del Señor tuviese lugar, así tampoco deberá haber nada que interfiera entre nosotros y la segunda venida de Jesucristo.

El hecho es que si ellos no obedecieron a lo ya revelado, entonces serían juzgados por ello, porque no iban a tener una nueva revelación hasta el aparecimiento del Señor. Lo mismo es verdad en cuanto a nosotros, puesto que si no obedecemos la Palabra inspirada, seremos condenados porque la revelación ha sido sellada.

A. El amor de Jehová para con su pueblo, 1:1-5

Este último libro del Antiguo Testamento empieza con la declaración: "Yo os he amado, dice Jehová". En lo cual se ve el amor de Dios a pesar de los pecados, la rebeldía, la desobediencia y la iniquidad de los hebreos. Sin embargo, los judíos en general y aun el pequeño remanente que había regresado del cautiverio y que vivía en relativa paz y libertad, con su Templo y los sacerdotes levitas, se habían alejado tanto del Señor y estaban ya tan endurecidos en su letargo espiritual, que preguntaron a Dios diciendo: ¿En qué nos amaste? Tanto su pecado y su propio interés habían cegado sus ojos al cuidado y a la misericordia de Dios para con ellos.

Luego encontramos la frase: "Yo amé a Jacob, y a Esaú aborrecí", lo cual ha causado mucha discusión. A pesar de que es más fácil comprender cómo el Dios pudo haber aborrecido a Esaú, que explicar cómo pudo haber amado a Jacob, parece que los términos más bien son usados comparativamente, es decir, expresa que aborreció a Esaú en el sentido de que no le escogió como lo hizo con Jacob; apreció la fe como un grano de mostaza que tenía Jacob y vio que podía hacer algo con él, mientras que Esaú nunca dio a Dios una sola alabanza ni esperó en Él, sino que vivió como si no hubiera Dios en el universo. No buscó al Señor, y por eso Jehová le dejó seguir su propio camino.

B. Discurso censurando a los sacerdotes, 1:6 al 2:9

Aquí vemos una descripción de la torpeza, hipocresía y desdén o desafío de parte de los sacerdotes que llega a ser inconcebible. ¡Sirven al altar, ofreciendo sacrificios, y a la vez condenan su oficio detestable! Respetan más a su gobernador que a su Creador. El Nombre sagrado que debían amar y engrandecer, lo profanaban. Aun los paganos respetaron más a Dios que Sus propios sacerdotes.

En 2:1-9 Jehová pronuncia el castigo sobre ellos. El oficio de sacerdote era ser mensajero de Jehová, pero ellos fueron mensajeros falsos, desobedientes, indignos, apartados del camino e inútiles. Por lo tanto, deshonraron a Dios delante del pueblo.

C. Reprensión por las condiciones sociales, 2:10-17

El pueblo también fue censurado porque profanaban el Santuario; el repudio era demasiado común. Llamaban a lo malo bueno, y decían que Dios no sabía lo que es mejor. Le desafiaron diciendo: ¿Dónde está el Dios de justicia? No socorrían a sus hermanos necesitados, sino que cometían actos de violencia. Era en realidad una condición triste y funesta la que había en Jerusalén.

D. El mensajero, el ángel del pacto y el día del Señor, 3:1-4

La primera parte del versículo 1 se cita en Mateo 11:10, Marcos 1:2 y Lucas 7:27, y se refiere a la primera venida del Señor Jesús. El resto del versículo 1 y los versículos 2-4 hablan sin duda alguna de Su segundo advenimiento. Cristo vendrá y dará a Israel un nuevo corazón hasta que sus ofrendas sean gratas a Jehová.

E. Reprensión por haber robado a Dios, 3:5-18

Cuando el Señor llama al pueblo a que se vuelva a Él, éste tiene la osadía de responderle: "¿En qué hemos de volvernos?" Así, dan a entender que no eran conscientes de haber fallado a Dios. Querían recibir de Dios Su protección y bendición, pero no daban el diezmo para sostener el culto, y por lo tanto Le habían estado robado.

Sin embargo, no era todo el pueblo el que vivía así, sino que sí había un remanente que guardaba los preceptos de Jehová y vivían agradecidos a Dios por sus bondades, hablando acerca de Él con sus compañeros. Estos fueron para Jehová como un especial tesoro.

En cuanto a la enseñanza que habla acerca del diezmo, toda ella estaba bajo la ley de Moisés. Por otro lado la ley de la ofrenda para el cristiano está encerrada en la declaración: "Cada uno dé como propuso en su corazón: no con tristeza, ni por necesidad; porque Dios ama al dador alegre ... asimismo se dieron primeramente al Señor ... para poner a prueba la sinceridad del amor vuestro ... será acepta según lo que uno tiene ..." (2 Co. 8:5, 8, 12; 9:7). En otras palabras, el cristiano debe dar por amor y con gozo, reconociendo que él mismo y todo lo que tiene pertenece al Señor, Quien no solo ve la cantidad que uno da, sino cuánto retiene para sí. Por cierto, si bajo la ley el diezmo era la manifestación individual de su agradecimiento a Dios por la manera en que Él les había prosperado, bajo la gracia el cristiano debe sentir mayor agradecimiento todavía, y no hacerlo por obligación.

F. El día del Señor y el Sol de justicia, 4:1-6

Una vez más Dios revela a Su pueblo los tiempos difíciles que les espera y la victoria final de los fieles por medio de Jesucristo, Quien es el Sol de justicia, y que viene para establecer Su reino. La escritura dice primero que enviaría al profeta Elías, quien preparía el corazón del pueblo para recibirle. En Mateo 17:10-13, Marcos 9:11-13 y Lucas 1:17 se puede ver que Juan el Bautista cumplió en parte esta profecía, porque vino en el espíritu y poder de Elías. Sin embargo, Cristo repitió la profecía después de la muerte de Juan el Bautista, diciendo: "Elías viene primero, y restaurará todas las cosas".

Aunque el Antiguo Testamento termina con la palabra "maldición" se puede considerar como una promesa de redención a fin de que no haya más maldición.

OBSERVACIONES FINALES DEL CURSO

Aquí preguntamos: ¿por qué el Espíritu Santo terminó la inspiración del material escrito del Antiguo Testamento cuatro siglos antes de la venida de Jesucristo? Hemos visto que desde Génesis 3:15 la profecía ha formado una parte íntegra del Antiguo Testamento. La predicción de los acontecimientos no sólo sirvió para preparar algunos corazones para recibir al Mesías en Su primera venida, sino también para que los apóstoles pudieran usarlo para convencer a los judíos que Jesús de Nazaret era el Cristo. En Isaías, por ejemplo, vemos que la profecía sirve como una prueba infalible de que hay un Dios omnipotente, omnisciente y personal en el cielo, Quien inspiró la Palabra revelada.

Puesto que median cuatro siglos entre el último escrito en el Antiguo Testamento, y el aparecimiento de Juan el Bautista, ningún crítico ni incrédulo puede alegar que las profecías son falsas o que fueron escritas después de la venida del Salvador.

Señalamos también que el Señor Jesucristo es el tema, tanto de la poesía hebrea como de la profecía. Job, que fue el primer libro escrito de la Biblia, expresa claramente una importante verdad: "Yo sé que mi Redentor vive". Job deseaba encontrarle a fin de presentar su causa delante de El, pero se dio cuenta que el Señor le había estado oyendo continuamente, y finalmente, le contestó en palabras preciosas y sublimes. El arrepentimiento de Job fue motivado por el Redentor vivo, y no por un Redentor que vendría en el futuro. Posteriormente, vemos que en el mensaje del Antiguo Testamento, Dios se manifestó a través de Jesucristo, aun en Su vida pre-encarnada.

Los Salmos cantan acerca del Señor Jesucristo como el Ayudador en el eterno presente, como el que había de venir en humildad y gloria. Los Salmos 23, 91 y 121 alaban al Pastor divino y hablan de Su cuidado constante para con los Suyos, mientras que el Salmo 51 requiere de un Mediador vivo que pueda oír y salvar. Note el Salmo 50:23: "El que sacrifica alabanza me honrará, y al que ordenare su camino, le mostraré la salvación de Dios". Ciertamente, es un Salvador vivo el que habla.

El Señor Jesucristo estaba al lado del Padre Celestial aun antes de que todo existiese, según Proverbios 8. Cuando en Proverbios 29:1 dice que: "El hombre que reprendido endurece la cerviz de repente será quebrantado, y no habrá para él medicina", presupone la existencia de un Dios que vela sobre los hombres, que constantemente les reprende y les conduce hacia la verdad y el camino recto.

Muchos de los Proverbios exigen la presencia constante de un Dios justo, como en el capítulo 11. Pero el versículo 11 prueba que el Señor tiene mayor interés por las cosas espirituales: "El fruto del justo es árbol de vida, y el que gana almas es sabio".

El Señor Jesucristo es Dios revelado al hombre y si el predicador hubiera puesto su vista en Él, hubiera llenado su mensaje con su frase favorita: "¡Vanidad de vanidades, todo es vanidad!" Pero aun siendo hombre debajo del sol, pudo averiguar que el Todopoderoso traerá toda obra a juicio, y que Dios vive y pesa las vidas de los hombres.

El Señor Jesucristo es el Lirio de los Valles; la Rosa de Sarón; el más hermoso entre todos; el más digno de recibir el amor fiel y sincero por parte de los Suyos, aun más que el amante de la sulamita, en el Cantar de los Cantares. Debemos a Jesús más que a padre, madre, esposa, hijos o posesiones. El amor del cristiano hacia el Salvador debe sobrepasar todo amor humano, que es el único amor que permanecerá más allá de la muerte. Por este amor fue que el Señor Jesús fue crucificado desde antes de la fundación del mundo (Ap. 13:8), e inspiró la suficiente confianza para ser el Único capaz de ofrecer una Salvación eficaz durante los siglos antes de que fuera efectuada. Si hoy experimentamos esta salvación como una posesión presente, a pesar de que no se complementará enteramente hasta cuando seamos resucitados con cuerpos glorificados o arrebatados de la presencia del pecado, ¿por qué no podían los patriarcas cantar con Job: "¡Yo sé que mi Redentor vive!"?

El Señor Jesucristo es también el tema central de las profecías. La mayoría de los libros proféticos no hablan de Él directamente, sin embargo, Él ocupa el lugar de mayor importancia, pues se habla de Su poder y de Su gloria. ¡Qué incompleto sería si en las profecías acerca de la futura restauración y unión de Judá e Israel no se mencionara también que el mismo Señor es el que los pastoreará, el que habitará con ellos, y el que establecerá Su trono en Jerusalén!

Terminamos esta introducción al Antiguo Testamento con la sincera petición al Padre Celestial en el Nombre del Señor Jesucristo, de que cada estudiante encuentre en medio de sus páginas una visión más clara de su Señor y Salvador Jesucristo, y un amor cada vez más creciente hacia Él.

Repaso de la lección

1. ¿Qué dice Malaquías acerca del amor de Dios para con Su pueblo?
2. ¿Qué parte del libro consta de sentencias o censuras, y qué parte de profecías?
3. ¿Cuál es la profecía más sobresaliente de este libro?
4. Indique una razón por la cual se terminó el canon del Antiguo Testamento cuatro siglos antes de la venida de Jesucristo.
5. ¿Cuál ha sido la mayor bendición que ha recibido usted del estudio de este curso?